四特 教育系列丛书 SITEJIAOYUXILIECONGSHU

永葆教育激情

《"四特"教育系列丛书》编委会　编著

吉林出版集团股份有限公司
全国百佳图书出版单位

图书在版编目（CIP）数据

永葆教育激情／《"四特"教育系列丛书》编委会编著 .
—长春：吉林出版集团股份有限公司，2012.4
（"四特"教育系列丛书／庄文中等主编 . 课堂教学与
管理艺术）
ISBN 978-7-5463-8716-1

I.①永… Ⅱ.①四… Ⅲ.①中小学教育 Ⅳ.① G63

中国版本图书馆 CIP 数据核字（2012）第 044144 号

永葆教育激情
YONGBAO JIAOYU JIQING

出 版 人	吴 强	
责任编辑	朱子玉 杨 帆	
开 本	690mm×960mm 1/16	
字 数	250 千字	
印 张	13	
版 次	2012 年 4 月第 1 版	
印 次	2023 年 2 月第 3 次印刷	

出 版	吉林出版集团股份有限公司
发 行	吉林音像出版社有限责任公司
地 址	长春市南关区福祉大路 5788 号
电 话	0431-81629667
印 刷	三河市燕春印务有限公司

ISBN 978-7-5463-8716-1 　　　　定价：39.80 元

前　言

　　学校教育是个人一生中所受教育最重要的组成部分,个人在学校里接受计划性的指导,系统地学习文化知识、社会规范、道德准则和价值观念。学校教育从某种意义上讲,决定着个人社会化的水平和性质,是个体社会化的重要基地。知识经济时代要求社会尊师重教,学校教育越来越受重视,在社会中起到举足轻重的作用。

　　"四特教育系列丛书"以"特定对象、特别对待、特殊方法、特例分析"为宗旨,立足学校教育与管理,理论结合实践,集多位教育界专家、学者以及一线校长、老师们的教育成果与经验于一体,围绕困扰学校、领导、教师、学生的教育难题,集思广益,多方借鉴,力求全面彻底解决。

　　本辑为"四特教育系列丛书"之《课堂教学与管理艺术》。

　　目前,在我国的学校教育中,课堂教学仍然是一种主要的教育教学活动,要想有效地提高课堂教学质量与效果效率,就必须充分尊重和应用教育科学理论,系统学习、研究、提高课堂教学艺术水平,这不仅是对课堂教学的客观要求,而且是教育教学研究的发展趋势之一。因此,有志于从事教育事业去当一名教师的教育专业学生,都有必要去学习、研究课堂教学艺术,为今后做一名合格的教师进行充分的准备。本书把教育教学理论和教育教学实践有机地结合起来,系统地研究课堂教学的规律和实践,研究教学过程中的各种实际问题。

　　本书还有另一个很明确的目的,那就是:确立班级管理的专业地位,提升师生教学质量。我们分别从学生、教师(班主任)的角度分别进行说明。班级管理是门艺术,大凡艺术殿堂的攀登,都需要自觉的奉献;班级管理又是门科学,涉及科学领域的探索,必依赖智慧的涌动。希望本书的出版,能为工作在第一线的广大中小学班主任提供一个支点,同时,能唤起一部分对班主任工作感兴趣的专家学者的热情,共同来研究这个新课题,让班主任班组管理这项至关重要的工作,更具科学性和艺术性。这也是本书编写的意义所在。

　　本辑共20分册,具体内容如下:

　　1.《怎样把课说好》

　　"说课"是深化教育改革,探讨教学方法,实践教学手段,提高教育教学业务水平的一种好方法,也是教师进一步学习教育理论,用科学的手段指导教学实践,提高教学科研水平,增强教学基本功的一项重要方法。本书主要从说课准备、精心设计与组织说课材料、幽默为教法服务、情感学法说课、辅助教学程序、互动教学目标、应对说课失误和总结说课经验等方面来进行铺垫和阐述。我们站在说课者的角度,多层次地模拟了说课中遇到的各种问题,并提出了相应的改进措施,希望教师在说课中少走弯路,对于日后的说课教学能起到更大的帮助。

　　2.《怎样设计教学情境》

　　本书着重探讨了如何使新课程提倡的自主学习、探究学习、合作学习真正进入到课堂之中。通过介绍西方课堂设计的理论和教学策略，总结国内课堂教学改革的成功经验，为教师进行有效的课堂设计提供切实的指导和帮助。

3.《怎样把课备好》

备课能力是一个教师最基本的业务能力。备课是教师教学活动的一个重要组成部分，也是上好一堂课的前提和重要保证。教师要上好课，首先必须备好课，备课是一项深入细致的工作，是教师达成良好教学效果的关键。教师备课最需要用"心"、用"情"、用"力"和重"思"。

4.《怎样把课上好》

课堂动了，学生活了，互动、对话成为课堂教学的常态了，课堂上出现一系列变动不居的场景也就在情理之中了。教师根据课堂教学中生成的各种资源，形成后续的、新的教学行为。动态成为常态，生成成为过程，这些教学的新要求，是上课时教师需要加以灵活掌握的，也是本书所要介绍的。希望通过本书，教师不仅能获得教学的新理念，同时能获得基本的教学策略。

5.《走出教学雷区》

由于学识、经验、能力、性格、思维等诸方面的限制，教师由于认识和行动上产生了偏差，在教学过程中走入误区在所难免。本书列举了日常教学工作中教师常出现的一些问题甚至错误，分析这些问题产生的根源及这些问题在教学中的呈现形式，提出解决的方案，引导教师避免或者走出误区，通过"行动—反思—再行动—再反思"，引导教师做一个反思型教师。促进教师在专业化的道路上更快的成长和进步。

6.《让学生出类拔萃》

在学校里，尖子生往往是重点培养对象，集"万千宠爱于一身"。但是作为教师，不能被尖子生"一俊遮百丑"而忽视对他们的培训和教育。教师应该正确认识和了解尖子生，做好培优工作，积极引导，严格要求，满足他们强烈的求知欲，充分施展其才能并通过尖子生积极进取的态度、较好的学习方法影响和帮助其他同学共同发展，使全体学生成绩不断地推进。

对尖子生的培养是一项艰巨而漫长但又极具乐趣的工程，希望通过本书的学习，我们的教师都能发现千里马，精心、尽力培养，让他们跑得更快、更远！

7.《一对一教学》

在中国，"一刀切"式的教学方法普遍存在于课堂中，然而，每个学生特点各异，只有建立在了解学生基础上的个性化教学才能使学生受益无穷。

不是崭新的课本、新潮的教学技巧，也不是最新的教学设备，唯有优秀的教师才是学生成功的关键。坚信我们有责任坚持不懈地寻找和发现优秀的孩子，我们也要认识到每一个孩子都与众不同。本书致力于了解我们的学生并找到适合各个学生的教学方法，因材施教。

8.《让课堂动起来》

教师如何形成新的课堂教学艺术技巧、如何让课堂变得更加生动有趣，这正是本书论述的要旨所在。

教师要上好一堂课，除了要有热情与高度的责任感之外，还要有渊博的知识和一定的讲课技巧，教师必须认真备课、多动脑、多想办法，有了一定的授课技巧，课堂就会时时呈现出精彩！

9.《不怒自威》

本书以清新的笔调、详实的案例向教师娓娓道来:要树立起自己的威信,教师除了要师德高尚、敬业爱生,专业精湛、诚实守信、仪表得当,还要宽严有度、教管有方、赏罚分明、公平公正。只有这样,学生对教师才能心悦诚服,也只有这样,教师才不会在"学生难管"的哀叹中失落教育的权威。

10.《好学生是怎样炼成的》

行为变为习惯,习惯养成性格,性格决定命运。一个动作,一种行为,多次重复,就能进入人的潜意识,变成习惯性动作。习惯对每个人梦想的实现,命运的选择起到了决定性作用。青少年正处于一个习惯的塑造和培养期,养成良好的习惯会让每个孩子都成为好学生,会使其受益终生。

11.《与差生说拜拜》

本书以新颖的创作手法和情真意切的教育语言从多个方面阐述了怎样对后进生进行转化,如何正确认识后进生,坚守对后进生的教育之爱,唤起后进生向上的信心,解开后进生的"心结",有针对性地解决后进生的"问题"行为,加大对后进生的学法指导,提升后进生的自身能力,善用工作技巧来解决后进生问题,走出教育后进生的误区。本书有较强的可读性、针对性、实用性和操作性,对教师转化后进生的教育工作有实际性的参考和切实有效的帮助。

12.《从管到不管》

课堂管理艺术和技巧是以学生发展为本的,是教师教学智慧的新表征,是教学实践和经验概括和理性提升,本书所阐述的艺术和技巧是简约的,实用的,可操作的,可借鉴的。教师通过本书的阅读和借鉴,能够在新课程实践探索的道路上,不断更新课堂管理理念,优化课堂管理行为,形成新的教学本领和新的课堂管理艺术,让课堂教学焕发出生命的活力。

13.《把握好教学心理》

为了帮助读者成为"有意识的教师",作者提出了若干问题以引导学生思考和学习,并列举大量课堂实例,作为实践范例。本书鼓励教师去思考学生是如何发展和学习的;鼓励教师在教学之前和教学过程中做出决策;鼓励教师思考如何证明学生正在进行学习、正在迈向成功。本书反映了当前有关的新理论与新进展,所介绍的各种研究结论在课堂实践中得到了验证与应用。该书所倡导的兼收并蓄的均衡教学为教学的专业化发展奠定了基础。

14.《完美的班规》

优秀的班集体需要制订切实可行、行之有效的好班规。本书采用了通俗的创作方法,把死板的道理鲜活化,把教条的写法改变为以案例为主,分析、评点为辅,把最先进的教育理念和方法融入有趣的情境中。经典的案例,情境式的叙述,流畅的语言,充满感情的评述,发人深省的剖析,娓娓道来、深入浅出,让教师更充分地领会先进、有效的教育方法。

15.《让问题学生不再成问题》

班级里总有那么些学生:有的顶撞老师,经常迟到;有的迷恋网络,偷拿钱物,早恋;有的对同学暴力相向,甚至离家出走;教师在他们身上花费很多精力,然而收效甚微。教育这些学生,需要耐心,更需要教育的智慧。

本书是一部针对这一现象为教师提供方法的教育研究专著,也是一部关于问题学生的教育学通俗读物。本书以教师最头痛的问题学生为突破口,努力在这个问题上把智慧型教育理论化、具体化、可操作化,且适当规范化。这既是教育问题学生的一本"医书",也是教师科学思维方式的培训教材。

16.《消除师生间的鸿沟》

本书在编写中,尽力以轻松的笔调来"海阔天空"地谈论教育中的师生关系这一敏感问题,以求能让读者在阅读中有快乐、有启发、有思辨。本书每一篇章采用夹叙夹议的编写风格,叙述的是事例,议论的是道理。为了最终能让读者更广泛、更深刻地明白教育道理,本书一般通过"生活事例——生活道理——教育道理——教育案例"这种内外结合、纵横交错的行文方式,实现"顺理成章"的阅读品质。

17.《用活动管理班级》

随着社会和教育的发展,我们对班级的认识也经历着一个相应的发展历程。班主任的角色定位与对班级性质的认识应该是相匹配的。班级活动作为班级功能主要的承载体,在功能、形式和内容上同样需要在新课程背景下重新定位。本书紧扣班主任专业化发展这一核心理念,从班主任实际工作需要出发,由案例导入理论问题,又理论联系实践,突出案例教学与活动的组织和设计;不仅贯彻教育部提出的针对性、实效性、创新性、操作性等原则,而且便于进行系统、有选择性的培训。

18.《学生奖惩艺术》

现在的学校普遍提倡激励教育,少用惩罚性处罚手段,认为处罚只能打击学生的自尊心,使学生丧失上进和改正缺点的动力。但是,激励不是万能的。教育不能没有处罚,没有处罚的教育是不完整的教育。本书针对教师如何奖励和处罚学生进行了系统而深入的分析和探讨,并提出了解决这一问题的新思路、可供实际操作的新方案,内容翔实,个案丰富,对中小学教师颇有启发意义。本书体例科学,内容生动活泼,语言简洁明快,针对性强,具有很强的系统性、实用性、实践性和指导性。

19.《永葆教育激情》

谁偷走了中小学教师的激情?生命中不能承受之重对教师起到了什么影响?教师职业倦怠的原因在哪里?克服倦怠的具体行动有哪些?如何正确认识和驾驭工作压力? ……这些问题就是本书要为你回答的。本书对教师的职业倦怠进行了系统而深入的分析和探讨,并提出了解决这一问题的新思路、可供实际操作的新方案,内容翔实,教案丰富,对中小学教师颇有启发意义。

20.《超级班级管理法》

班级管理是门艺术,大凡艺术殿堂的攀登,都需要自觉的奉献;班级管理又是门科学,涉及科学领域的探索,必依赖智慧的涌动。本书是多位优秀班主任集思广益、辛勤笔耕的结晶。一是实用性,所选的问题都来自班主任的实际工作,容易引起班主任的同感。二是可操作性,提出的应对方法都简便易行。三是时代性,所选问题与当前课程改革,与学生实际相结合具有浓厚的时代气息。

由于时间、经验的关系,本书在编写等方面,必定存在不足和错误之处,衷心希望各界读者、一线教师及教育界人士批评指正。

编者

C目 录
ONTENTS

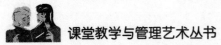

职业倦怠的定义

国外研究人员对职业倦怠的含义认识不一，有关职业倦怠的定义并没有完全统一，常见的几种观点有：

一、职业倦怠的静态定义

有些研究者认为职业倦怠是静态的。例如 Farbet 认为职业倦怠是一种来自个体对付出和获得严重失衡的认识，是一种与工作有关的综合症。此外还有众多的研究者诸如 Pines、Aronson 等从倦怠的表现、影响因素等方面加以阐述。虽然各种静态职业倦怠定义在范围、维度和表述上有所差异，但是却具有以下共同特征：存在典型的疲劳症状，如心理或情感耗竭、疲倦和抑郁；可能会发生各种各样的非典型的身体症状；倦怠症状是与工作相关的；症状出现在没有精神病理学原因的"正常人"身上；由于负性的工作态度和行为导致个体有效性和工作绩效下降。

二、职业倦怠的动态定义

与职业倦怠的静态定义相比，动态定义更多着眼于倦怠的形成和发展过程。Etzion 认为，职业倦怠是一个缓慢的发展过程，开始时毫无警报，在个体没有觉察到的情况下发展，一旦达到一个特殊的临界点，个体突然感觉到耗竭，并且不能把这种破坏性的体验与任何特殊的应激事件联系起来。总的来说，大多数认为职业倦怠最初以应激的形式出现，是从应激到倦怠的动态发展过程。

三、职业倦怠的常用定义：

实际上，越来越多的研究者已经认识到，职业倦怠的动态定义和静态定义并不是相互排斥的，而在一定的意义上它们是互补的。在众多的文献中，最为广大学者所广泛引用的是 Maslach 和 Jackson 的职业倦怠定义："在以人为服务对象的工作领域中的个体的一种情绪衰竭（emotional exhaustion）、人格解体（depersonalization）和个人成就感降低（reduced personal accomplishment）的症状"。情绪衰竭是指个体的情感资源过度消耗，情感处于极度疲劳状态，工作热情完全丧失；人格解体指个体以一种负性、冷淡、过度疏远的消极态度对待服务对象；个人成就感降低指个体的胜任感和工作成就感下降，消极评价自己工作的意义与价值的倾向。在教育领域，教师职业倦怠研究普遍采用 Maslach 和 Jackson 的三个维度构造的操作定义。

职业倦怠的症状

当与日俱增的疲乏取代了原本旺盛的精力，当冷漠和疏离取代了原本亲切的面容，当自我怀疑取代了原本的自信，当效率低下取代了原本的聚精会神，三尺讲台一时之间变得难以掌握，在倦怠、脾气暴躁、无法放松，还有身体不适的纠缠下，工作日益成为一种心理负担，既而在职业倦怠的道路上渐行渐远。

Potter（1985）将职业倦怠的可能症状列为 7 项：a 挫折感，工作的期望无法达到，如果挫折持续而无法突破，则工作者会感到自己的无能、无助、对工作不满意。b 人际关系问题，工作者会因喜怒无常、情绪不稳，因而影响其人际关系。c 情绪的退缩，对服务对象的感受和困难采取漠不关心的态度。人格解体即为情绪退缩的一种状态，把服务对象当成"物体"看待，甚至对其采取敌视的态度。d 忧郁感，对自己的工作感到不满，过去感兴趣的事情已经无法引起兴趣，可能导致身体健康问题和工作表现低落。e 身体的不适，由于心理的情绪的症状持续下去，会损害工作者身体健康，如受凉、感冒、过敏、失眠、心肺功能异常、消化不良及其他严重的健康问题。f 滥服药物，开始时使用药物企图克服情绪的困扰和心理的压力，以后大量服用镇静剂和安眠药，而且大量抽烟、酗酒、喝咖啡也较常见，使得本已脆弱的生理系统负荷更加严重。g 工作效率低落，工作质量大受影响，由于工作愈来愈痛苦、愈缺乏激励，致使旷职的现象可能增加，即使勉强应付，但却心不在焉。

刘淑慧（1988）综合若干学者的研究，归纳出职业倦怠的症状如下：

一、生理症状

这方面的症状反映出生理能量耗竭的状态，其主要症状是：耗竭感、缺乏精力、持续疲乏、虚弱；对疾病的抵抗力差，常感冒或有各种生理上的小毛病；有如偏头痛、紧张性头痛、肠胃不适、失眠等心身症状；滥用药物、酒精或其它刺激性食物；饮食习惯或体重骤然改变。

二、认知症状

反映出心智耗竭的状态，在自我态度方面，倾向于低自我概念，包括不适感、无能感、失败感；在对他人态度方面，对服务对象采取非人性化的态度，常归咎于对方以合理化自己的失败；在工作态度方面，因不满意而常迟到、请假、离职，失去理想、动机、热情和人道主义；在生命态度方面，采取悲观、否定、愤世嫉俗的态度。

三、情绪症状

反映出情绪耗竭的状态，包括各种纷扰、矛盾的情绪，如，感到沮丧、无助、无望、失去控制感，乃至被极端的心理病态或自杀想法所困；罪恶感，想逃避服务对象却又觉得不应该；无聊、空虚，觉得自己无法给任何人任何东西；易怒、神经质、缺乏耐性、冷漠、悲观。

四、行为症状

在人际关系上变得疏离、退缩、摩擦增多，在工作上变得机械化，工作能力降低，此外，可能采取一些冒险行为，以求打破长期以来单调的例行工作。

职业倦怠的界定

一、职业倦怠与疲劳

个体若长期工作过度劳累可能会导致生理（甚至是认知）出现疲倦，但是这并不能等同于职业倦怠。正如 Hobfoll 和 Shizom（1993）指出的那样，身体症状，如慢性疲劳症状（CFS）是指：环境长期对个体有一定的要求但个体无法达到这些要求，因此出现失衡后导致身体疲惫，其表现一般有疲劳或缺乏活力、行动和行为上受到影响，以及总体能量损耗。然而，职业倦怠还应包括情绪的疲惫和损耗（如同生理和认知的损耗），特别是表现在人际问题上，但 CFS 仅仅是由工作压力过大而引起。

二、职业倦怠与抑郁

依据 Freudenberger 的观点，职业倦怠是与工作相联系的，具有明显的情境指向性，相反，抑郁则具有普遍性，存在于生活的各个领域。Maslach 和 Schaufeli（1993）研究发现，虽然抑郁质高的人更易发生职业倦怠，但这仍是两个不同的概念：与弥散性的抑郁相比，职业倦怠更具工作相关性和情境特殊性。他们提出，与抑郁相比职业倦怠有明显的与工作相关的烦躁不安症状，并且重要的是精神和行为方面的症状而非生理上的症状。warr（1987）也认为，抑郁没有情境的限制和要求，在经典的抑郁症表现中，个体的症状表现是跨情景的。

抑郁和倦怠的症状表现也是不同的。抑郁的典型症状如下：消沉的情绪、不能从事物中获得快乐、体重减轻或增加、失眠或嗜睡、易激惹或心理迟缓、疲乏或精力不足、感觉不足或负罪感、不能决策或集中注意力、死亡和自杀的意念。而倦怠的症状则是：心理和情感的耗竭（空洞或疲乏）、人格解体（对待工作或他人的负性的犬儒主义的态度）和降低的个人成就感（对待自身工作成就的负性的评价）。在这些特征之中，烦躁不安的症状如疲乏、情感耗竭和消沉的情感体验被认为是倦怠的核心特征。

然而，尽管职业倦怠是与抑郁不同的现象，但它们在内容上存在一定的重叠：无望感、无助感、空虚和悲伤；心理抱怨和植物性神经系统的症状（睡眠和饮食障碍、精力缺乏、性趣丧失）。正如 Leiter 和 Durup 所说，情感耗竭包含有精力衰退和慢性疲劳等内容，而这些被认为是抑郁的典型症状；而人格解体则包含有社会退缩和习得性无助的含义在内，而这些内容在理论上又被认为是抑郁状态的重要成分。事实上，正如 Meier（1984）所说："抑郁被认为是倦怠的一种症状……是倦怠的最终状态……是倦怠的同义词"。但他自己的研究结果却是模糊不清的，他说他的数据支持了"倦怠是一个独立的心理结构"的观点，但同时他也指出，倦怠与抑郁之间有重要的关系。他总结道："这是非常可能的，倦怠与所谓的负性情感状态显示出中到高等水平的相关……倦怠和抑郁，许多人都会体验到的相似的状态，可能……有不同的原因"。实证研究表明，抑郁与职业倦怠的情感耗竭维度具有较高的相关，但与人格解体和个人成就感降低的相关较低。

尽管倦怠与抑郁之间具有较高的相似性，这两个概念在很多方面还是有很大区别的。与抑郁的个体相比，高倦怠的个体：给人以较有生机的印象，更能享受生活的乐趣；很少有体重下降的情况发生，也很少表现出心理上的压抑或报有自杀的意念；如果有负罪感的话，他们的负罪感更为现实；倾向于将他们的决策无能或消极行为归因于疲乏而不是疾病（抑郁的个体倾向于归因为疾病）；经常有入睡困难，而抑郁的个体常常是过早醒来。

基于 12 项实证研究的结果，Schaufeli 等（1998）总结说，抑郁与职业倦怠的情感耗竭维度的共享方差为 26%，而与人格解体和个人成就维度的共享方差只有 13% 和 9%，所以它们是不同的心理结构。与此相似，Glass 和 Mcknight（1996）在回顾了 18 项同时包括职业倦怠和抑郁的研究后作出结论："倦怠和抑郁并不是表示同一种烦躁不安的状态的两个不同的名词。在考虑到情感耗竭因素的情况下，它们确实能解释共同的变异，但是，结果并不能证明，它们是完全的同一结构。"换句话说，由于情感在倦怠和抑郁中都具有重要的位置，因而倦怠和抑郁是相关的，但它们并非相同的概念，而是可以分辨开来的两个心理学概念。

三、职业倦怠与工作应激

"应激"是由英文"stress"一词翻译而来，主要包括三个方面的含义，造成生理、心理功能紊乱的紧张性刺激物；刺激物所导致的适应不良反应；介于两者之间的一种状态。为了对这三种含义进行区别，人们用应激源来表示第一种含义，用应激反应表示第二种含义。现代应激理论认为，应激是有机体对应激源（stessor）应答反应的综合表现，是机体在环境适应过程中实际上或认识到的要求，与适应或应付能力间不平衡所引起的心身紧张状态。应激的结果可以有适应和适应不良两种情况，人在长期持续性应激或强度较高的应激情况下所表现出的不良适应称为应激效应。

现代应激理论研究的先驱者Selye（1956）认为，可以将应激划分为良性应激和不良应激两种类型。良性应激（Eustress）是指积极的、令人满意的、挑战性的应激，这种应激是符合人们期望的，它在一定程度上对个体加以唤醒，提醒个体动用各种心理资源，应对来自身体内外环境的挑战。不良应激（Distress）是指使人不愉快的、坏的、破坏性的应激，这种应激是人们所力图避免的。在不加说明的情况下，学者们所提到的应激主要是指不良应激。另外，在长期的研究中，人们还形成了对于应激巨砾和应激细砾的不同认识。应激巨砾模式认为，应激是由一些巨大刺激所引起的现象，虽不经常发生，但是一旦发生，就会由于其影响巨大而难以应对。Holmes 和 Rahe（1967）的社会再适应评定量表就是典型的应激巨砾研究模式。他们认为，不论是良性应激还是不良应激同样需要个体努力来加以应对，因此，在该问卷中同时包含有正性生活事件（良性应激）和负性生活事件（不良应激）。正性的生活事件如复婚、新添家庭成员等，负性的生活事件如丧偶、离婚等。但无论是正性的生活事件还是负性的生活事件都会影响个体的健康水平。与应激巨砾研究模式相对应，Lazarus 等（1984）提出，应激是许多小的、琐碎的生活事件的累积。他们也将这些事件从性质上加以区分将负性小事件称之为烦恼，而将正性小事件称之为振奋。烦恼如在上班的路上自行车轮胎爆了、下班后回到家门口发现钥匙丢了之类，振奋如测验得分高于期望值、买彩票中了一个末等奖等。细砾模式认为，负性事件会消耗个体的精力和体力，长期积累，达到某一程度就会导致个体健康问题的出现，与之相反，正性事件带给个体的是积极的情绪体验，有益于保持和提高个体的身心健康水平。

发生在工作领域之中的应激，就称之为工作应激。工作应激是一个与职业倦怠相关的概念，Cherniss 认为职业倦怠起始于工作应激，他指出倦怠并不是全面的和持久的，而且工作应激并不一定最终必定导致职业倦怠，倦怠只是未被处置好的应激，是个体未成功应对负性应激环境的最后阶段。也正是在这种理论推论的基础上，有关职业倦怠的原因研究主要集中在对从业者工作应激源的寻找上。

职业倦怠与工作应激的差异主要体现在三个方面：首先，应激是指个体伴随有心理和生理症状的短期的适应过程。按照应激的资源理论，当工作环境等外部因素对个体的要求（Demands）超过个体所具有的有效应对资源（Resources）时，工作应激就会产生。而职业倦怠是应激适应过程的崩溃阶段，是长期的、持续的工作应激的结果；其次，工作应激的发生对象范围较广，每一个人都可能因为工作而体验到应激，而只有那些成就动机过高，具有较高职业目标或自我期望与现实差距较大的个体才有可能体验到职业倦怠。例如，Pines 认为，那些希望从工作中获得重要性体验的个体更容易感到职业倦怠，而对于工作没有期望的个体所体验到的疲劳感只是工作应激，不是职业倦怠；第三，职业倦怠与工作应激最显著的差异表现在个体的态度和行为上。职业倦怠包含有个体对待服务对象、所属组织和工作本身的负性态度和行为的形成和发展；而工作应激并不一定伴随有这些态度和行为的变化。由此看来，职业倦怠可以看成是特殊的、长期的、具有多侧面本质的工作应激，而其中包含的负性态度和行为通常发生在具有较高成就动机的个体身上。也就是说，每一个人都可能体验到工作应激，而只有那些带着较高目标和期望，满怀热情进入到职业领域的人才会体验到职业倦怠。

四、进一步的讨论

即使在权威的出版物和专业著作中，也经常把应激和倦怠的概念相混淆。有些学者采用应激问卷来对被试的倦怠水平加以调查，也有学者采用倦怠的测量工具来考察被试的应激水平。事实上，倦怠并非应激的必然后果，Cherniss 指出，"倦怠并不是全面的和持久的。工作应激并不必定导致严重的疲劳，即使导致疲劳，这种疲劳也并不一定导致倦怠。最后，即使疲劳产生了一些与倦怠相关的症状，这种改变也可能是温和的和暂时的"。因此，倦怠只是未被调停的应激，是个体陷入应激状态之中无法脱身，缺乏干涉，没有支持系统的一种状态。当环境要求和个体应对能力之间存在不平衡的时候，应激就发生了。当环境的要求增加或者个体的应对能力减弱，应激转变为负性的经验，最终导致倦怠状态的可能性就大大增加。因而，倦怠被认为是不成功的应对负性应激环境最后阶段。这就意味着，在实证研究中，可以把工作应激，特别是长期的不良应激细砾当作倦怠的前因变量来加以处理。

最后，在倦怠与抑郁的关系问题上，Iacovieds 等（1999）发现，大多数倦怠的个体并不一定表现出抑郁的症状，而遭受抑郁困扰的个体也不一定具有倦怠的体验。他们在随后的研究（2003）中指出，在倦怠与抑郁的先后关系上，虽没有一个明确的先后顺序问题，但从理论上看，抑郁应当是出现在倦怠之后，而不是出现在之前。而这一论断与 Glass 等（1993）的研究结果则是相吻合的。Glass 等（1993）在研究中发现，把抑郁看作为倦怠的后果变量，比将其看作为倦怠的前因变量，结构方程模型的拟合程度更好。

依据上述讨论，我们基本上可以认为，工作应激，特别是长期的琐碎的不良工作应激的累积，是导致职业倦怠的主要原因，工作应激是倦怠的前因变景。虽然不是所有的抑郁都来源于倦怠，但是倦怠却是导致抑郁的重要原因，也就是说，在研究中可以把抑郁作为倦怠的后果变量来加以处理。当然，这种"应激—倦怠—抑郁"的理论构想还需要更多的实证研究来加以支持。

职业倦怠成因的理论研究

对职业倦怠成因的研究首先是从理论上开始的，这种理论上解释往往是以当前存在的某种理论为依据进行的，但是也有一些研究者从个体生存的现实环境来对职业倦怠的形成进行了探索，这种探索更多的是一种解释性的或描述性的。因此从本质上来看仍然是理论研究的一部分，本部分就以往对职业倦怠成因的理论研究进行回顾和总结。

一、精神分析的倦怠观

对职业倦怠进行系统描绘和研究的是美国的临床心理学家 Herbert Freudenberger。1973 年，他在一家心理学期刊上对"倦怠"的症状作了详细的说明，最初他用"倦怠"描绘的是那些关注健康的机构中的工作者因与药物滥用者长期的接触而形成的某种生理、心理状态。

精神分析观假定，那些几乎能够承担任何环境（除了仅有的如奴役性的和监禁式的工作环境外）中的任务的人，在某种程度上是由个人在意识水平上的选择（受无意识的控制）而决定的。人们选择不同的职业是为了解决那些在童年期未能解决的问题，教师职业揭示了一种与负性注意点—羞辱、焦虑、孤独等有关的创伤性的体验，也就是说，一个人选择教师作为自己的职业可能是为了解决自己童年期因为长辈（如父母、老师等）的存在而未能受到别人的尊敬与瞩目这一问题，因为作为一名教师能够站在一群接受教育，并被塑造的学生面前，受到学生的尊敬与崇拜，这是令人鼓舞的，而这正好可以缓解或解决童年期的那些焦虑、紧张等负性体验。另一方面，精神分析认为，任何职业选择的无意识决定反映了个体本身的经历以及家庭的历史，人们通常会选择那些能够让他们复制童年重要经历的职业。根据精神分析的这些观点，Herbert Freudenberger 认为，那些极度富有责任感和具有献身精神的人，把工作作为了他们社会生活的一种替代品，认为工作是极其重要的。因此，这些人最有可能对工作产生倦怠感，原因是他们把工作看得高于一切，是自己价值的最高体现，当他们屈服于苛刻的要求和恶劣的工作环境，而预先的期望没有顺利实现时，也就是说童年的某些问题仍然存在，倦怠就不可避免地发生了。Fisher（1983）也指出，那些容易对工作产生倦怠的人倾向于有"浮夸幻想"（the illusion of grandiosity）的发生。在正常的发展过程中，这种妄自尊大（megaiomania）会有所缓和，并可能变得更加隐蔽，最终将会以某种理想化的形式再次出现，对这种"浮夸幻想"的确认将有助于维持人的基本自尊感，如果幻想得不到满足，倦怠将会发生。

Freudenberger 作为精神分析观的代表，第一次系统地诠释了倦怠的原因、症状。他认为社会价值的变动导致了我们人生目标的含糊不清，并为倦怠的成长提供了一个肥沃的土壤。那些最初只关注工作的人，最终为解决早期问题的"高热情"而付出了"高代价"——倦怠的发生。同时，精神分析的倦怠观也受到了人们的指责，最明显的就是这一理论过分的关注了个体的早期经验，而对现在的环境因素则关注甚少。正如我们在现实中所看到的，许多人从事某种工作或职业并不是为了解决童年时期未能解决的问题，也并未因奉献或热情而引起太多的不适。这种倦怠观的理论依据是以弗洛伊德的精神分析为基础的，因此，具有很强的思辨性，缺乏严格的实验研究的支持，尤其是在职业倦怠的成因上。不过，这种倦怠理论还是为人们开启了对倦怠进行研究的大门。

二、存在主义的倦怠观

根据存在主义的观点，倦怠的根源在于人们相信他们的生活是有意义的，他们所从事的工作是有价值的，而且是重要的，甚至具有"英雄般的意义"。

人们选择某种职业或工作是因为他们感觉到这项工作或职业对他们的整个生活而言是非常有价值的，因此他们会带着理想化的期望和高涨的热情投入到工作去。当他们在工作中遇到了失败或遭受到了挫折时——现实与期望产生了不一致时，他们开始感到了无助和失望，当失败或挫折经常发生时，最终的结果就是倦怠的产生，也就是说，倦怠的产生的基本原因在于人们对工作的一种理想化的重要感的无法顺利实现，即当个体投身工作后的现实与预先的期望产生不一致时，倦怠就会发生。

可以看出，存在主义的倦怠理论与精神分析指导下的倦怠观的某些观点是相似的，于是，当前出现了一种对精神分析和存在主义整合的倦怠观，这种观点认为，对职业做出选择是受精神动力学的原因影响的，也受现实存在性的影响。由于受到这两方面的影响，人们会带着很高的目标和期望投入到他们所选择的职业当中，这些目标和期望反映了人们对来自于他们的工作中的一种存在性的重要感。当这些目标和期望不能物化时，即不能顺利转化为一种实际的价值时，倦怠就会光临。这种倦怠观既考虑到了个体过去的经验，也注意到了个体现在的状况，相比前两种观点而言，是一种较全面的观点，但从整体上来看，这种倦怠观关注的只是个体的因素，而对环境因素则关注甚少，甚至忽略，所以也具有一定的局限性。

三、环境化的倦怠观

对倦怠的研究和普及做出重大贡献的 Maslach 与 Pine 从个体的工作环境的角度对倦怠现象进行了研究。他们运用调查研究的方法来对倦怠进行了探索，并尝试找出导致倦怠的特定的环境因素及其典型症状。他们通过问卷和访谈，发现了倦怠的三个核心特性：情感耗竭（感到自己失去了活力，燃烧殆尽）、失去人性化（感到自己变得铁石心肠，对待他人就像对待一件物体一样）、个人成就感的降低（感到自己不能胜任工作和取得成功），并从这三个维度对倦怠进行了操作上的定义。Maslach（1978）曾指出，要找到情感爆发的原因，最好的途径就是从分析不健康的人曾经工作过的环境入手。也就是说，工作环境的特性是个体是否具有发展为职业倦怠的一个最初的决定性因素。他们研究发现，员工与接触的顾客人数比例、与顾客直接接触的时间都与倦怠的发生存在着显著的正相关。Cary Cherniss 以 Maslach 以倦怠的原因学观点为基础，开始关注组织的本质以及社会文化环境对倦怠的影响，并试图揭示这些背景特性是怎样影响一个人对工作作出的反应。在 20 世纪 70 年代，他就"公众职业者"的特殊的工作压力展开了研究，在 Cherniss 等人看来，在这种环境下进行工作的人，在心理上不可避免的产生压力是受两个因素影响的：工作者角色的频繁变动；要为他人或自己提供基本的服务时，官僚机构则提出了某种挑战。关于第一点，Cherniss 解释到，角色的频繁变动导致了角色压力的产生，于是在个体的心理上也会形成某种压力；对于第二点，Cherniss 认为，官僚化的管理机构、行政部门与员工的矛盾是不可避免的，个体为了能够生存，必须学会适应这些体制，但这种压抑长期积累的最终结果也只能是倦怠。

此外，Cherniss 也认为，人们对工作的不现实的期望也会导致倦怠的发生。他们本来认为，为他人服务是永远有趣的，这种工作是灵活的，而且具有很大的独立性，他人对此行业的反应通常是感激和赞赏。这种假设对某些个体也许是真实的，但对多数人来说，这种美好的假设在现实生活中遭到了无情的否定。相对于教师而言，他们不能自由地选择学生，不能拒绝执行某些行政命令，并且除了在某些极其有限的范围内，他们也很少能够影响教育政策的制定，而这些正与他们预先的假设相矛盾，正如 Lortie（1975）所指出的，教育更倾向于是一种相当孤立的职业，在学校的日子里，许多教师与校外的其他人存在着很少的联系，他们被限制在了狭小的校园之内，而这一切的最终结果就是老师对工作产生倦怠。从这一点上看，Cherniss 的倦怠观与存在主义的倦怠观是相似的，即个体都认为工作或社会生活是有意义的，但由于他把倦怠放在了社会环境这个前提下进行研究的，所以他更加强调社会环境因素对倦怠的影响。

同时，在 Cherniss 看来，倦怠是由于工作者感到了他们的付出与他们的获得之间的失衡所致。这种失衡可能被两种相反的情形所激化：个体面对的是过度刺激的环境（如学生太多）；个体面对的是刺激或挑战非常有限的环境（如长年累月地教同一个班级或一门科目）。当教师不能通过有效的手段来缓解所面临的这些压力或紧张时，倦怠就会发生。他也提出了倦怠的三个变化模式：教师对受教育者丧失了同情心和忍耐，倾向于把责任"客观化"；在一种新的变化的环境里，他们丧失了自己的理想与乐观；他们在工作之外找到了完成人生目标的方法。Cherniss 认为，这三种模式没有必要同时发生，它们可能是独立的，它们仅仅代表了一个在公益行业中的个体对工作压力、挫折或单调的工作环境所发生的三种可能性的反应。他并不同意 Frendenberger 所认为的，倦怠是一种因过度约束（overmmitment）而产生的疾病。相反，他认为倦怠是由于"平衡的丧失和工作伦理问题"所引发的，在个人、群体和社会中都存在着倦怠发生的源头。

Cherniss 与 Maslach、Pine 一样，都强调了环境因素对倦怠的影响，但他的环境因素相比后者而言，含义更加广泛，包含的内容也更加的全面，从团体和社会两方面来考虑倦怠产生的原因。Cherniss 在强调环境因素的同时，也注意到了个体的主观期望和需求，从而他的观点显得更加完整，这也与当前对职业倦怠影响因素的研究结论相吻合，但在整个环境视角下的倦怠理论在很大程度上是一种描述性的，他们的许多观点都是对生活中的倦怠现象进行观察，然后再进行理论上的描述，而缺少足够实证支持。不过他们的研究有力的推动了人们对倦怠研究的进程，后来的许多研究都是以此为依据进行的。

四、历史化的倦怠观

Senmour Sarason 对特定社会的传统、价值观以及历史是否会影响倦怠的产生进行了研究。他认为倦怠并不是一个个体或个体内的一种特性，而是整个社会属性反映在个体身上的一种复杂的心理特性。在 Samson 看来，二战后，对国家资源与个人潜能无限性的盲目乐观导致了对个体需求的重视和对建立一种广泛的社会支持网络的忽视，以及对个体在工作中所面临的压力和孤独感的忽略，只有当人们对工作感到强烈不满时，这些问题才引起人们的注意。个体认识到不可能对工作做出某种强烈的承诺（make a strong commitment to work），一个非人化的社会造成了个人的无效能感与依赖性，并且挫伤了个人成长的欲望。随着政府干涉的增长，以及工作者需求的增加，人们逐渐对人类服务业能解决所有的社会问题的信仰产生了怀疑，开始质疑服务业的重要性以及能否顺利发展。Farber 也指出，西方社会强调的是个人的独立性和自我价值的重要性，这不仅让人们在社会团体中产生了一种疏离感，而且从本质上来看，也妨碍了一种团体心理感甚至是同事支持系统的形成。同时，这种观念使得个体对团体事务变得漠不关心，对他人的关心也变得不情愿，显示了一种不确定的自我感。随着社会的发展，人口的增多，人们的美好期望与实现这些期望的日益减少的资源产生了矛盾，有些从业者发现，他们实现期望与自我价值的机会变得越来越少。于是，他们就对当前工作状况的不满日益增长，挫折感逐渐增多，倦怠感也就会随之产生。

从以上介绍可以看出，历史化的倦怠观强调的是，当社会资源不能提供一个有助于形成对他人进行亲自关注的环境时，那么把人类服务工作看作一种责任（commitment）是多么的困难。当一个人理想化的期望放在真空状态之中，在一个体制中的另外每个人——同事、管理者、社区工作者、朋友——似乎都是"处于一种为本人着想的体系之中"，从而疏远了自身与他人、社会等的关系，以及放弃了帮助别人的责任，这可能是痛苦的，但这对保持平衡感是很重要的。此种倦怠观，把职业倦怠放在了整个的社会背景之中进行了研究，强调的是社会历史及其价值观对人们在工作中所面临的困境时做出的反应会有什么影响。

五、与资源有关的倦怠观

1. 资源保存理论

近年来，人们开始逐渐从一个更为广阔的视角来研究职业倦怠问题，开始关注社会文化因素对于职业倦怠的影响，比较突出地表现是以需求（demands）和资源（resources）的角度来解释职业倦怠的机制。资源保存理论（conservation of resource theory，COR theory）正是这样一个日益受到人们关注的理论。

资源保存理论的基本信条是个体努力地获得、保持、保护和促进他们认为有价值的事情，当个体失去特定的资源，工作要求无法充分满足，或是在投入了大量的资源如时间、精力、为了支持工作失去的与家庭共享的机会、时间和亲密关系等，而没有所需资源的获取，这时倦怠就会产生。资源对倦怠有双重作用：具有更多资源的个体，不仅较少经历倦怠，而且即使遭遇倦怠，也更可能恢复。

COR（资源存储理论）认为，人们往往会寻找、维持、保护以及积累资源，资源可能由作为个体实现目标的有价值的实物（object、个人性格、条件或精力组成。Laura Riolli 与 Sacramento Victor Savicki 认为，COR 理论框架为倦怠的研究提供了一种重要的理解途径。从 COR 理论来看，倦怠可以界定为内在能量资源（主要是情感资源）的耗尽和情感、生理、认知能量的侵蚀。压力和倦怠的产生在于资源持续不断的丧失，使得个体或组织抵抗新的压力源的能力逐渐减弱或降低，并体验到了倦怠和其它与压力有关的问题。以COR 理论为依据，Shirom 等人得出了一个重要推论，即应激并不是作为一种个别现象产生，而是表现为一个不断演变的过程。在这个过程中，那些缺少重要资源储备的人就有可能经历资源的反复丧失，造成一种恶性循环。当个体在工作中长时期经历不断循环的资源丧失时，职业倦怠就可能产生。Shirom 等人进一步指出，与职业倦怠有关的只是人的精力资源，其中又包含了生理的、情绪的以及认知上的精力。因此，Shirom 等人就以此三方面的精力为主要内容来对职业倦怠进行说明，职业倦怠即表现为身体上的疲倦、情绪上的衰竭与认知上的厌倦相结合的一种状态。

Maslach & Leiter 据此提出了职业倦怠的结构模型：

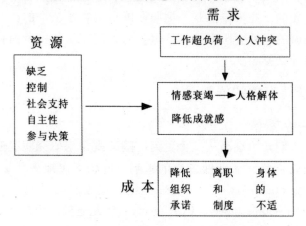

图1　职业倦怠的结构模型（structual Model of burnout）

（资料来源：Maslach et al，1997）

教师对工作产生倦怠是因为教师在教学过程中，以前所存储的资源日渐消耗，包括各种情感资源、生理资源、认知资源等，而社会和学校却没有及时的给予足够的补偿，从而使得这种损耗越来越多，教师最终感受到的是情感资源的耗尽，个人成就感的降低等一系列的负性体验。COR 理论为倦怠的研究注入了活力和生机。

总之，资源存储理论扩展了倦怠研究的理论思路，使人们开始从一个更为广阔的视角来研究倦怠问题，它更注重于客观地、从文化上分析环境对职业倦怠的影响，而不是从个体的个人分析，因此，资源保存理论正日益受到人们的关注。

综上所述，有关职业倦怠的理论是众说纷纭，尚无定论。由于研究者关注层面和角度的不同因而提出了不同的理论，这些理论能够帮助人们更全面、更准确地了解倦怠和预防倦怠，因此，本研究认为，采用各理论整合的观点去看待职业倦怠，可能会更为妥当。

2. 工作要求——资源理论

另一种与资源论有关的就是JD－R（工作要求—资源理论）理论，JD－R 理论认为，工作条件可从广义上被分为两类：工作要求与工作资源，它们分别与特定的结果相联系。有学者研究发现，工作要求与倦怠中的情感衰竭有着主要的联系，工作资源的缺乏与工作脱离有着主要的关系。因此，他们认为，工作要求是衰竭感的最好预测指标，工作资源则是工作脱离的最好预测指标。更重要的是，他们认为特定的工作要求与资源对解释倦怠的相对作用可能因职业的交叉而发生变化，因为工作要求和工作资源在不同的职业中可能存在着某些差异。由此可知，倦怠的发生是由工作环境的特殊性所决定的。当工作要求过高时，个体体验到的是日益增长的衰竭（不是脱离）；当工作资源缺乏时，脱离水平（不是衰竭）就会升高。在一份工作中，当过高的工作要求与缺少的工作资源同时存在时，衰竭与脱离就会同时发生。同时，他们也认为，倦怠是一种全或无的特质，而不是一种连续的特质。衰竭与脱离之间是相关的，而不是必然的因果关系，但它们都与特定的工作条件存在着因果性的联系。JD－R 理论认为，倦怠的发展遵循着两个过程：第一个过程，要求苛刻的工作（如极端的工作要求）引起了持续的负担过重的耗竭；第二个过程，资源的缺失让工作要求的满足复杂化，并导致了退缩行为的发生，这种退缩的长期影响就是对工作的脱离。Leiter 认为脱离不是衰竭的结果，而是工作资源的缺乏。Hobfoll（1983）认为，衰竭的发展有可能要快于脱离，因为个体似乎对工作要求更敏感。

在这两种资源论指导下的倦怠观，似乎显得更加简约，理论中只包括了几种有限的成份如工作要求、工作资源以及倦怠中的耗竭、脱离等。同时，这两种倦怠观具有跨行业的一致性，因此，不能认为这两种理论仅仅适用于特定的工作环境。

六、其它的倦怠观

有人（Samuel F. Sear, Jr；Guido G Urizar. Jr；Garet D. Evans）从问题解决策略的角度对倦怠进行了研究，他们发现情感定向的问题解决策略更有可能显示高水平的抑郁、情感耗竭以及去个性化，并显示出了低水平的个人成就感；而以问题定向的问题解决策略则与倦怠的三个维度（情感耗竭、去个性化、个人成就感的降低）存在着负相关。David J. Klein 与 Willem Verbeke（1999）从自主反馈神经系统的个体差异与倦怠的关系进行了研究，发现自主反馈神经系统的个体差异与倦怠的发生有着强烈的而积极的联系。当压力较高时——高的角色压力或较低的管理者的支持——自主反馈神经系统的个体差异就会与倦怠有着强烈的相关性，与情感耗竭的相关尤为密切。也就是说，具有较高水平的自主反馈神经系统的个体更可能体验到情感耗竭。

以上的各种倦怠理论从不同的角度对倦怠的发生原因、症状及其过程进行了研究，并且取得了很大的进展，为人们将来的研究奠定了基础，也为以后的研究提供了不同的思路和方向。

实际上这些倦怠观在本质上都存在着一个共同的观点——倦怠是由"不一

致感"（inconsequentiality）引起的，无论是现实与目标、现实与期望，还是需求与资源等都是因为现实的环境和个体的期望存在着某种程度的不一致性，而引发了个体对工作的倦怠。对教师而言，这种不一致感，在于学生、社会等对老师的付出和努力做出反应的缺乏。它们之间的区别是各自的研究者从不同的角度对倦怠进行了探索，有的以职业倦怠发生的原因为切入点进行了探索，有的则从职业倦怠的结构的角度对其进行了研究，而有的理论从研究方法上对职业倦怠进行了尝试，如从个体角度、从环境角度、纵向研究和横向探索等。

精神分析的倦怠观强调的是童年时期未能解决的问题或早期的经验对倦怠的影响，即无意识冲突继续存在的结果，关注的是倦怠的症状，是通过访谈、个案研究等方法进行的，多是描述性的和定性的研究，但却忽略了个体现实环境的存在；存在主义的倦怠观强调的是个体对工作的一种非理性的期望引起了倦怠的发生，在存在主义看来过去的经验因与个体当前的生活或工作状况有所联系才显得重要；环境化的倦怠观则认为个体现实的生存环境或工作环境对倦怠的产生起着至关重要的作用，并提出了一个被人们广泛接受的三维的操作性定义，他们对倦怠的研究和发展也是贡献最大的，后来的许多研究都是在其基本思想的指导下进行的；历史化的倦怠观看到了社会价值观、社会体制及其发展历史对倦怠的影响，关注的是社会的变动及其发展历史，却忽略了个体本身在倦怠形成中的作用；与资源论有关的倦怠观认为个体资源的付出没有得到社会的及时补偿，以及社会对个体的过多要求引起了倦怠；其它的一些倦怠理论则从问题解决策略和个体的生理角度对倦怠进行了探索，强调的个体本身的因素，而没有提及环境因素的影响。

从以上分析可以看出，这些倦怠观无非是从个体与环境两方面来探索了倦怠的产生，强调的是其发生的原因，当然对于任何事情我们只有找到了它的成因才能有目的、有针对性地去利用它或防范它。不过这些倦怠理论具有很强的理论性或思辩性，缺少实证性研究的支持，虽然有些理论也用了一些访谈或个案研究的方法对倦怠进行了探索，但是这种探索更多的是倾向于对倦怠现象的描述，从本质上来说也是一种理论上的探索。尽管有些研究者也关注到了一些对倦怠产生影响的因素，但这些因素往往是研究者根据自己的观察发现的，因此具有很大的主观性，并且也缺少实证性的支持。针对关于职业倦怠成因的理论研究上的不足，许多的研究者开始从实证的角度来对教师职业倦怠的影响因素进行了研究。

目前，不同的研究因其限定的影响因素存在差异，因此，在某些影响因素对倦怠的作用方式（直接或间接）以及作用强度上仍然存在着分歧，在将来的研究中，应该采用一种封闭式与开放式相结合的调查方式来综合探讨各种影响因素对职业倦怠的作用，只有这样才会更加具有现实性和科学性，而不是仅仅限制在有限的几个因素之内。而且，这几种理论，都把重心放在了倦怠发生的原因、各种症状及其过程的研究上，而对其发生的内在的生理、心理机制涉及甚少。在未来的研究中，在关注外部因素的同时，对倦怠者的内在的生理、心理机制进行探索和研究是十分必要的，在这方面，自主神经系统反馈与倦怠关系的研究无疑为我们提供了启发。

附录：美国教师职业倦怠根源探析

在美国，教师的职业倦怠也已经成为一个教育中的难题。美国哥伦比亚大学教师学院（Teacher Coliege of Columbia university）心理与教育专业的教授巴利 A·法伯（Barry A. Farber），将教师的职业倦怠称为"教育中的危机"（Crisis in Education）。法伯教授一直关注对美国教师职业倦怠问题的研究，特别是对引发美国教师职业倦怠的根源问题做了大量、深入的实证调查与理论分析。

法伯认为，引发美国教师职业倦怠的根源主要有个人因素和工作相关的组织因素。

一、个人因素：谁更可能感到有压力或倦怠？

（一）个性因素（Personality Factors）

法伯归纳并分析了诸多学者对个性因素引发教师倦怠的研究结论。例如，派恩斯（Pines，1982）曾指出，倦怠较易发生在持有个人主义价值观并试图实现工作理想的人身上。布劳克（Bloch，1977）也认为，那些妄想的、易怒的、不切实际的、愿意奉献的教师更容易出现倦怠的症状。因为这样的教师专注于工作，并以极大的热情投身于工作，当他们的努力付出与回报不成比例时，他们就会感到巨大的失望。还有一些研究发现，倦怠的发生与教师的诸如个人实现、自尊等"高级需要"相关。当教师试图通过努力工作来获得尊重的需要未被满足时，倦怠就容易发生。此外，那些在心理上常常感到紧张、焦虑，而且表现出不自信的，总是相信命运由外界所控制的教师更容易倦怠。还有的学者认为，那些对"模棱两可"的事情难以忍受的教师也容易倦怠。

法伯认为，上述研究均有其合理之处，但总的来说，个体对压力的感知与反应是一件主观的事，并且人与人之间有很大的差异。例如，两个教师经历的是同样的压力情境，但他们的反应却可以有着较大的差异。个性较强，认为自己有能力缓解压力的教师就不容易感到倦怠。

17

（二）生活变故的影响（The Effect of Life Changes）

法伯认为，教师个体生活的变化会使教师对与工作相关的压力或倦怠更加敏感。无论是积极的变化（例如结婚）还是消极的变化（例如亲友的故去或离婚）都是有压力的，因为这两种类型的变化都需要个体去适应。

（三）人口统计方面的因素（Demographic Factors）

许多人口统计方面的变项与教师倦怠的产生有关。研究发现，男性教师比女性教师更易倦怠，并且40岁以下的中学教师也更容易出现倦怠的问题。《纽约时报》对纽约州教师的调查发现，任教于初中或高中的30－39岁的男教师更容易对他们的职业选择感到遗憾。也有研究发现，独身的、任教于一所规模较大的学校、与大量的学生打交道、且任教的学校位于城市而非郊区或农村的教师更容易倦怠。

法伯赞同男性教师比女性教师更容易倦怠的观点。他认为，女性比男性更有韧劲，并且能够为应对教学中的压力做好准备。而且，女性教师更敏感于人与人之间的关系，也有更好的交际技巧，同时能够比男性教师更充分地利用支持网络。

此外，法伯也同样认为，40岁以下的教师更容易倦怠。因为教师在20岁左右时，容易产生一些不切实际的想法，并且二三十岁的教师正处于专业认同的过程中，在这一过程中，教师会较多地面对诸如理想幻灭、工作中的挫折等问题，因而容易对自己的职业选择产生怀疑或遗憾，所以出现职业倦怠的可能性会更大一些。

二、与工作相关的组织因素

（一）学生的暴力行为、课堂纪律和对学习的冷漠（Studeent Violence，Classroom Discipfine， Apathy）

法伯通过研究发现，在大多数教师倦怠的相关调查中，关于学校纪律问题的多种表述，如具有破坏性的学生，课堂纪律，对教师人身伤害的威胁，对教师的毁谤，其他同事所受到的侵害等，多次出现在有关教师职业倦怠根源调查结果的列表中。当家长怀疑教师为什么会倦怠时，大约有63%的教师会提到学校纪律问题。布隆克斯（Bronx）一所初中的一位教师曾这样描述过她的经历：没有时间帮助那些表现较好的学生，因为在每个班级都需要花费大约25分钟的时间管理那些调皮捣蛋的学生。

不仅如此，校园中的暴力行为，如教师被学生或学生家长袭击、恐吓、或教师的汽车、教室被有意破坏等，这些都使教师容易出现焦虑、不安全感、做噩梦、疲惫、易怒、头痛、溃疡、高血压等许多精神上或身体上的症状。而且，尽管近年来，校园中的犯罪率没有太大的增长，但教师担心成为暴力犯罪的牺牲品的恐惧感却是在增长。

总之，不停地处理有暴力倾向的或具有破坏性的学生，极大地降低了教师职业在教师心目中的地位。正如沃勒（Waller）所指出的，被迫去扮演西蒙·莱格瑞（Simon Legree）的角色，会使一些最好的教师变坏。很多教师为此会感到自己不再是专业人士，并且会抱怨对于他们必须在这种情况下教学而没有做好充分的准备，同时他们也憎恨他们必须要扮演的这种角色。不停地管理学生是困难的，而且是使人精疲力竭的，而不能有效地控制学生还会带来更加恶劣的后果。罗蒂（Lortie）也在研究中观察到，管理学生失败的教师很快就会发现，对他们而言，教学是一种让人难以忍受的工作。

此外，法伯还认为，学生对学习的冷漠也是一个重要因素。当教师们每天面对对学习漠不关心的学生时，教师的确会感到一种极大的挫败感，并且还会被剥夺对教师而言最重要的工作成就感。

（二）生气的时候要控制自己（Controiling Oneself When Angry）

在管理那些调皮捣蛋的学生时，虽然教师对学生大喊大叫，既不是慎重的，也不是特别奏效的办法。但是，教师要控制对那些调皮捣蛋的学生责骂、发火的冲动，这本身就是非常困难的。因此，法伯的研究合作者，利奥纳多·维克斯勒 Leonard Wechsler 在研究中曾将教师的压力界定为"教师控制自己不去处置那些骂人的学生而做的努力"。

（三）行政管理人员的麻木（Administrative Insensitivity）

法伯认为，这一因素与学生的暴力行为和学校的纪律问题相关。对教师而言，行政管理人员对于教师因学生暴力行为而产生的恐惧感既没有提供支持，也没有关心过。教师们感到行政管理人员只是热衷于办公室的文书工作，而避免处理问题学生，从而"他们的手保持干净"。事实上，行政管理人员应努力为教师创设一种理想的工作环境。不幸的是，他们反倒被教师视为问题的一部分，而非提供解决问题方案的人。其他的研究发现也证明，教师的压力、倦怠与校长缺乏参与性的管理、对学校和教师相关问题缺乏敏感性以及缺乏对教师的支持有关（Adams，1988）。

（四）学校高层行政人员的不称职（Bureaucratic In1competence）

通过研究，法伯发现，教师们通常认为那些学校中最高层的行政管理人员，如学校董事会成员，对于他们的处境漠不关心。在教师眼中，很多教育官僚的形象是无能的、不称职的，他们只是过度地关心消费，而很少关心教育。他们没有让教师感到受尊重或得到支持，这使教师感到他们是被一群从未把教师或学生的最大利益放在心上的人领导着。

（五）不可理喻或漠不关心的家长（Unreasonable or Unconcerned Parent）

大多数教育工作者都相信家长的参与是教育过程中必不可少的一部分。父母对子女学业的支持的大小将极大地影响学校教育的成功与否。因此，教师普遍欢迎家长在学校教育中的参与。然而，也有对学校教育不支持的家长，这成为引发教师倦怠的一个重要因素。

法伯归纳了两类对学校教育不支持的家长，即一点都不参与学校教育的家长和过于参与学校教育的家长。一点都不参与的家长，有的是对子女的学校教育无暇顾及，例如每天工作了太长的时间，或刚刚开始了一段新的婚姻，或刚刚有了新的孩子；有的是没有能力参与，如酗酒或吸毒的家民；有的是对子女的教育根本不感兴趣的家长。而过度参与学校教育的则是这样一些家长：他们认为学校教育是不充分的，教师与行政管理人员是不称职的，只有家长不断地监督、指导在学校和教室中发生的一切，真正的学校教育才能成为可能。

事实上，这两类家长的做法都会影响教师工作的开展，也在一定程度上成为引发教师倦怠的原因。

（六）公众的批评（Public Criticism）

目前，教师仍未被学生、家民、行政管理人员和社会大众视为专业人员而得到应有的尊重。对教师职业较典型的批评包括：教师的工作很容易；教师的报酬多，而做的少；教师抱怨得太多；教师选择教学，因为他们没有能力做其他的事。

法伯认为，与缺乏对教师职业的尊重相关的是，公众缺乏对教师努力的正确评价。人们对于教师的失败总是抱怨不已，但对教师的成功却鲜有褒奖。在20世纪的八九十年代甚至今天，除了教师职业，还没有哪个职业被媒体如此频繁、激烈地批评过，而这本身就会削弱教师的工作士气。

（七）非教师本意的调职（Involuntary Transfer）

由于预算的削减，再加上纳税人拒绝支持学校预算的增加，这使更多的教师面临调职、临时解雇等问题，而这会使教师缺乏对工作的安全感，失去对生活和工作的掌控感，从而容易消沉、沮丧，并且会激起教师要永远离开教师职业的想法。

（八）过度拥挤的教室（Overcrowded Classrooms）

法伯认为，最有效的教室是那些置身其中的教师能够个性化地开展教学并能够满足每个孩子需要的教室。随着班级规模的扩大，教师与每个学生互动的机会减少了，教师为此会感到学生的参与越来越少，自己的教学似乎也没有以往有效果了，而这两点恰恰是影响教师工作满意度的重要因素。不仅如此，当班级规模增大时，教师对学生的管理也变得愈加困难。同样，很多教师感到当他们的班级规模增大时，班级中问题学生人数增加的可能性也在加大。总之，法伯通过研究发现，过度拥挤的教室加剧了学生的纪律问题，减少了教师有效教学的可能性。无疑，这会加重教师的压力，引发教师的倦怠。正如派恩斯所说："当等待专业人员处理的问题的数量急剧增加时，那些不愿为此降低他们服务质量的专业人员，就会变得非常地沮丧、失望。"

（九）将残障儿童纳入正规的学习班级（Mainstreaming）

将残障儿童纳入正规的班级，为残障儿童提供较好的教育，这是有着良好的出发点，也是非常人道的行为。然而，我们需要看到这样一个事实，那就是这种做法确实为教师的教学和课堂管理带来了更多的困难，增加了教师更多的文书工作，而且，因为教师没有被提供更多的资源来应对这种新增加的责任以及满足残障儿童所需要的更多的关注，因而这为教师带来了新的压力。

（十）公众对"绩效责任"的要求（Public Demandsfor "Accountability"）

公众要求教师负起责任以实现教学工作的成功，这是无可厚非的。毕竟，公众通过纳税支付了教师的薪水，所以有权期望教师的教学表现达到一定的水准。然而，从教师的角度来说，对教师的绩效责任要求经常会使教师的专业自主和作为专业人员的感觉遭到那些对教育知之甚少或者对教育评价一无所知的人的践踏。教师的绩效责任经常被视为学生在一系列标准化测试中的表现的同义词。教师们常有这样一种感觉：社会期望教师教育好每一个学生，使之社会化，并顺利地毕业，但却无视某些学生带给他们社会的、经济的、家庭的或心理那一面的困难。甚至在家长、心理学家、社会人士以及各种公共的或者私人的辅助机构面对这些困难都已经失败的时候，却仍然要求教师要成功解决，一旦教师做不到，就会要求教师承担责任。所以，对教师绩效责任的要求也常常会成为引发教师倦怠的根源因素。

（十一）过多的文书工作（Excessive Paperwork）

法伯发现，在每一项针对教师倦怠的调查研究中，这一点确实已经成为引发教师倦怠的重要因素。据统计，教师的文书工作所花费的时间大约占教师所有工作时间的一半以上。过多的文书工作占用了教师大量的时间，它影响教师追求工作中更重要的、更有意义的方面。很多教师坚持认为，学校让教师填写本该由秘书完成的表格，浪费了教师大量宝贵的教学时间。教师们认为，教师承担过多的文书工作，本身就是缺乏对教师专业的尊重。教师应该去做他们被培训过的、也是他们最应该做好的工作——教育学生，相反，他们却被过分要求完成这种非专业性的任务。而且，这种文书工作增加了教师原本就很繁忙的工作日的负担。很多时候，在一天之中，以"紧急通知"形式要求教师所做的文书工作打断了教师上课和备课的时间。

（十二）缺乏专业自主和专业感（Loss of Autonomy and Sense of Professionalism）

教师经常被安排承担上级规定的课程，使用规定讲授的教材，甚至是教学方法。正如费兰（Phelan）所说，尽管教师有权规定学生学习的节奏，安排学习的时间，但对于课程内容或者学习资料的选择通常要由行政管理人员或者学校董事会成员来决定。此外，教师也没有太多的机会参与学校的决策。法伯坚持认为，如果教师的专业自主长期被忽视，教师就容易失去作为专业人员的感觉，这会使教师产生倦怠感，从而不利于他们的专业发展。

（十三）不充裕的工资或者缺乏专业晋升的机会（Inadequate Salaries/Lack of Promotional Opportunities）

尽管教师的工资在近年来有所增长，但在一些地方，教师的工资仍然明显地低于其他职业人群的收入。在美国大多数城市，初任教师的工资甚至低于清洁工的收入。家长和社会都对教师寄予厚望，并赋予了教师重大的责任。为此，教师通常会问："与这样一种如此重要的责任相称的经济回报在哪里呢?"，很多教师迫于经济方面的压力，常常要在下班之后或在周末从事兼职工作。有些时候，教师的兼职工作会影响教师对学校工作的投入，甚至会使一些教师为此离开教师职业。

同时，教师的专业晋升机会也微乎其微。"在学校系统中，一个教师可能会在同样的工作岗位上工作20年，而没有任何晋升的机会。"（Fiske, 1982）在学校系统中，晋升通常就意味着离开教室而走向行政岗位，这正如一位教师所说："离开你所教授的学生越远，你得到的金钱和特权就越多"。

（十四）孤立于其他成年人，缺少心理上的群体感（Isolation from Other Adults and the Lack of aPsychological Sense of Community）

法伯认为，纵观美国历史，教师一直属于一种孤独的职业。他引证了艾思纳（Ejsner，1985）的说法：教师生活在一种儿童的世界，他们一个工作日中大约90%的时间都与儿童在一起，几乎没有时间进行反思，或者与他人友好地聊天。伯克和格林格拉思（Burke and Greenglass，1989）在研究中也发现，教师的职业倦怠在极大程度上与教师缺乏社会支持有关。

古德莱德（Goodlad）在对教师和学校的研究中，也非常关注教师孤立这一问题。他指出："他们很少有机会与同事协作，也很少去参观其他学校与接受其他学校的来访者。在我们的调查数据中，不同学校之间的不同教师群体间在一些想法和实践方面的交流很少，甚至同一所学校中的不同教师间的交流也是如此。在学校中，教师之间在教学或促进学校发展方面彼此的支持关系不仅薄弱而且微乎其微。法伯认为，对大多数教师而言，他们在工作中是孤独的。他们不仅是独立地发挥"助人"的作用，而且是被限制在他们的教室范围之内，他们变成了技术、耐力与浓缩知识的专用储藏室。而这样的一种角色是教师个体很难长时间坚持扮演的，因此教师的职业倦怠也就容易发生。

（十五）不充分的准备（Inadequate Preparation）

在法伯的研究中，很多教师，特别是一些初任教师，感到他们所接受的正规的职前教育没有为他们应对教室、学校及学校文化的现实做好充分的准备。他们认为，职前的教育过程只是集中于课程与教学技术，而低估了教师应了解的与教室管理、行政管理人员和教师的关系、教师和家长的关系等问题相关的需要。这正如萨若森（Sarason，1982）所说，师范生对学校和学校系统的了解非常有限，他们充其量只是扮演着狭义的技术员的角色，而非专业的实践者。

不仅如此，很多有经验的教师也认为他们在应对学校及团体的某些变化力一面未做好充分的准备。

（十六）对学校物质条件的抱怨（Complainlts Regarding the Physical Plant）

调查发现，很多教师至少偶尔会对他们学校的物质条件感到沮丧。特别是在一些学校中，恶劣的工作条件——从不充分的供给到书桌、黑板以及书籍的缺乏都有可能使教师和学生的士气低落。

法伯认为，虽然这一因素与上述其他因素相比并不是非常过分的，但是一种勉强维持的学校注定会让人感到难受而且消沉，特别是与其他的压力结合在一起，例如学校纪律，情况就会变得更加糟糕。相反，一所新的、环境和设备非常优良的学校，自然会使教师和学生对学校持有积极的态度。

（十七）角色模糊、角色冲突和角色的负荷过重（Role Ambiguity Role

Conflict, Role Overload）

角色模糊通常与个体缺乏对自身的权利、责任、方法、目标、位置等问题的清晰认识有关。虽然在一些方面，教师的角色被界定得非常明确把儿童教好，但在另一些方面，诸如在维持学校的纪律和教室的具体责任方面，有些观点就是模糊的，甚至是相互冲突的。比如，教师常常问自己："我必须教好多少学生才能被认为是有效能的和成功的？"

当不一致的、互相矛后的或者不适宜的要求都集中在一个个体身上时，就容易出现角色冲突。对教师而言，法伯认为，下面几种角色冲突的情况较为普遍：教师被期望给他们的学生提供优质的教育，然而却不允许他们使用最好的教学方法或课程资源；教师要对维持纪律负责，但却不赋予他们这样做的权威。此外，当教师被告之去完成某项不属于他们的专业工作范畴之内的任务时，他们也常常会经历角色冲突。再者，当一个教师在价值观念方面，要对同事或行政管理人员妥协的时候，角色冲突也时有发生。

法伯认为，角色负荷过重是美国中小学教师最普遍的抱怨之一。每个人都有自己的需要、兴趣、动机和能力水平，然而这么多的学生却要由一个人去管理。在现今预算削减、更换工作越来越困难的时代，教师的角色负荷过重也就尤为普遍。

三、结语

以上是对法伯关于美国教师职业倦怠根源分析的综述性介绍。事实上，教师的职业倦怠是由多方面因素引发的。法伯在其研究中，重点分析了个人因素和与工作相关的组织因素，特别是对后者，法伯的研究深入而全面。应该说，该研究丰富了我们对美国教师职业倦怠的产生根源的认识。虽然我国教师职业倦怠的产生根源与美国教师的不会完全相同，但是该研究为我们了解、挖掘我国教师职业倦怠的根源提供了一些新的视角和维度，一些在我们以往的研究中被忽视的根源因素可能通过法伯的研究被发现、被重视，这会对深入研究我国的教师职业倦怠问题，特别是在追根溯源的基础上，探讨缓解教师职业倦怠的对策，提供理论与实践方面的参考。

第二章

职业倦怠的测量与诊断

主要职业倦怠自陈量表评介

职业倦怠的测量主要是通过量表来进行的，国外常用的量表有 Maslach 职业倦怠问卷（Maslach Burnout inventory，简称 MBI）、厌倦倦怠量表（Tedium Burnofft Scale，又称为 Burnout Measure，简称 BM）、罗马倦怠问卷（Rome Burnout Inventory）、职业效能问卷（Work Effectiveness Questionnaire）等。其中应用得最为广泛的测量工具是 MBI 和 BM。

一、Maslach 职业倦怠问卷——MBI

应用得最为广泛的职业倦怠测量工具是 Maslach 职业倦怠问卷（Burnout Inventory，简称 MBI）。Schaufefi 和 Enzmann 的统计表明，在已发表的有关职业倦怠的报告中，90% 以上的论文都采用 MBI 作为测量工具，大约有 5% 的论文报告采用 BM。MBI 有 3 个版本：MBI – Human Service Survey（MBI – HSS），MBI –EducatorsSurvey（MBI – ES）以及 MBI – General Survey（MBI – GS），它们都是从 3 个维度来测量员工的职业倦怠。

MBI 问卷的项目以陈述的形式出现，要求被试依据自己的感情和态度进行回答。其中 MBI – HSS 和 MBI – ES 都是由 22 个项目所组成的三个分量表构成的，这 22 个项目是为了识别职业倦怠是否存在以及它的特性程度。它的三个分量表为：情感耗竭、人格解体和个人成就。情感耗竭共包括 9 个项目，主要描述由于工作的情感要求，个体的情感资源消耗的情况，这一分量表被认为是衡量职业倦怠的最重要的维度。人格解体主要指对待服务对象的一种负性的、冷淡的态度，共包括 5 个项目。在这两个分量表上，个体的得分越高，表示体验到的倦怠程度越重，而且众多的研究均表明，这两个分量表存在中等程度的相关。个人成就分量表包括 8 个项目，主要考察个体在与人打交道的工作中所体验到的胜任感和成就感。与前两个分量表不同的是，个体在个人成就分量表上的得分越高，表示体验到的倦怠程度越轻。项目为 7 级评分，0 为"从来没有出现"，1 为"一年中出现几次"，2 为"一个月出现一次或更少"，3 为"一个月出现几次"，4 为"一周一次"，5 为"一周几次"，6 为"每天都出现"。由于计分的缘故，三个分量表的得分可以分别由各自所包含的项目的得分求和得到，而个体总的倦怠程度却不能够用一个简单的分数来加以描述。一般说来，高度倦怠的个体在情感耗竭和人格解体分量表上得分较高，而在个人成就分量表上得分较低。MBI – GS 是对前两者的修订，它在项目上有些变化，它包括 16 个项目，且测量的维度是经过修订后的概念所包含的维度，但是在其他方面还是与前两个版本一致的。MBI－GS 中的情感耗竭是比较一般性的，而不再将工作中的服务对象作为个体情感耗竭的来源。MBI－GS 编制的时间还不长，信度和效度还有待进一步的检验。但是就现有的研究成果来看，各种信度和效度指标还是比较积极的。

Maslach 等人提出的这种三维度理论在一定程度上反映了职业倦怠现象的本质，受这种理论模型影响，对职业倦怠的研究依据侧重维度的不同，出现了个人、人际关系及组织等不同的取向。因而三维度理论已成为职业倦怠研究领域中影响最大、居主导地位的理论模型。MBI 的三维结构已经成为一个极具权威性的模型，在多数相关研究中 MBI 都是测量职业倦怠的首选工具。但是随之而来的批评也不少，主要集于以下几个方面：

1. 如何根据量表得分诊断是否倦怠及程度高低？

MBI 的 3 个分量表——情绪衰竭、非人性化、个人成就感——目前仍保持独立，不能合并成一个总体的分数，这给实际研究造成了很大的麻烦。比如一个高情绪衰竭、高去人性化，同时又高自我效能感的人，研究者难以判断其是否真的倦怠，或者倦怠的程度如何。如果想要使用一种方法将分量表的分数结合在一起，那必须是建立在实证基础上的、且具有理论意义的。目前来说显然缺乏这些数据和理论，所以仍不清楚是应该将分量表的得分简单地累加，还是有另一种加权方式。又或者，这种分量表得分的模式就是说明倦怠的最有意义的指标。比如，一个情绪衰竭得分高，非人性化得分低，个人成就感得分低的人，和一个情绪衰竭得分高，非人性化得分高，个人成就感得分低的人可能处在倦怠综合症的不同时期或阶段。要想搞清楚这个问题需要对不同模式的人进行纵深的研究。

2. 三个维度之间的关系如何？

职业倦怠的三个维度之间究竟是一种什么样的关系，一般有以下几种说法：

（1）依次说。即去人性化、成就感降低、情绪衰竭三种行为表现是按时间顺序依次出现的，且彼此独立。

（2）同时说。即三个维度之间彼此独立，但是同时发生，也就是说若表现出倦怠症状，则定是三种现象的并发。

（3）递进说。即倦怠是一种长期的压力反应，是逐渐发展起来的一个过程。

这个过程分三个阶段进行：第一阶段的特点是资源与要求（压力）之间

的不平衡，大量的情感要求和过度的工作负荷耗尽情感资源；第二阶段，发展出一系列消极的态度和行为，比如以疏离、机械的态度对待他人，也就是去人性化。这可以看作是防御应对机制，为了减轻情绪上的衰竭感，个体创设出一个心理距离，试图保护自己，对抗有压力的社会环境，然而，这并不是一个足够的应对策略，因为它贬抑了当事人与接受者的关系，加剧了人际上的问题，反而会增加压力，这样，工作对于达成个体目标就不那么有效了，个体成就感降低，无能感和自我怀疑感增长，也就是第三阶段。这一假设比较符合人们的一般经验，即"压力—应对—结果"这一发展历程，但它尚需要大量追踪研究以及个案访谈的实证证据来加以证明。

（4）分离说。近年来的一些研究结论发现，情绪衰竭和去人性化两个维度总是相关很高，结合得很紧密，而它们与个人成就感则相关很低。由此提出了三者关系的新假设，即情绪衰竭和去人性化才是倦怠的核心成分，且二者是平行而非相继出现的，是对工作环境中不同方面的反应，而个人成就感则在很大程度上是独立于前二者发展的。也就是说，个人成就感反映出的是一种人格特质，类似于自我效能，而并不是倦怠的原生成分。

这一假设虽然得到了一些实证证据，但是也有人质疑，造成前两个维度间相关高，与第三个维度相关低的原因在于测量工具本身的偏向。因为在MBI中，情绪衰竭和去人性化两个维度全部都是负面题，如"我已经感觉精疲力竭了"等，而个人成就感维度中则全都是积极正面的题，如"我已经做出了不少有价值的事"等，这样在进行统计计算的时候，正面题和负面题会自然分开，各自聚合，因此出现情绪衰竭和去人性化相关高，与个人成就感相关低的现象。

3. 是否能够将三维模型简化为情绪衰竭/耗竭的单维结构？

从三个维度的相对重要性来讲，情绪衰竭被认为是倦怠的焦点和最关键的方面。因为当人们描述自己或他人的倦怠特征时，最常报告的就是情绪和生理上的极度疲劳感。由于它太过于典型了，以至于其他两个维度都显得次要了。因此，有研究者主张只保留情绪衰竭维度，因为三维结构只会使得倦怠概念模糊不清，阻碍理论的发展。但是，Maslach 认为只是把情绪衰竭作为职业倦怠的评估标准是不够的，如果只关注这一个维度，就会丧失掉许多信息，无法对职业倦怠做出整体全面的分析。

4. 以频率作为反应方式的利与弊

MBI 所采用的频率反应方式不像其他评估态度、感觉的自我报告测量常用的典型模式。一些研究者因此抱怨其大大加大了被试回答的困难度，建议修改为一般使用的"同意—不同意"方式。不过，Maslach 自己的解释是，采用频率反应的好处是可以将由于反应模式的相似性所造成的与其他测验的虚假相关最小化；此外，频率对反应者来说都是外显的、可参照的，使量表更为标准化，也使得所得的结果更加客观和可信。

5. 症状与原因的混淆

在 MBI 的教育和服务版中，有"我觉得疲乏"这样表示症状的题，又有"我觉得接收者/学生对于我处理他们问题的一些方式感到不满"这样表示原因的题，被认为是在同一个量表中混淆了对于症状和原因的测量，但通用版没有这个问题。

6. 题目的单向性偏差

大量研究都证实 MBI 系列量表有较好的信度和效度，但 MBI 也存在一个心理测量学的问题：每一个分量表中使用的是同一方向的术语，即情感耗竭和人格解体维度项目都是消极的，而个人成就感低落项目都是积极的。这种单一方向的测验效度较差，可能导致结果在某种程度上的虚假，导致问卷的表面效度很高，无形中增加了大量测量误差。

要给出以上 6 个问题的解答需要进行大量的实证研究，这些研究的结论不仅能够完善 MBI 这一测量工具，更重要的是将大大丰富倦怠领域的基础。

二、倦怠调查表——BM

BM（Burnout Measure，BM）是 Pines 和 Aronson 编制的一个包含有 21 个项目的自我倦怠程度诊断工具，是第二常用的测量工具。相比较 MBI 而言，BM 的含义是非常宽泛的，适用于各个职业群体，甚至包括那些没有职业的人们。BM 测量个体在身体耗竭、情感耗竭和心理耗竭三方面的倦怠程度，每个方面包括 7 个项目。被试者就 BM 的各个项目在它们的工作或生活经验中的发生频率作出评定，即他们今天总体上感觉如何，如心理上耗竭的、感觉绝望的等等，评定分数从 1（从来没有）到 7（一直是这样）。由于测量的结果可以提供个体在各种工作角色中如何反应的重要线索，人们可以直接运用 BM 测量个体的职业倦怠或总体的生活厌烦程度。

BM 问卷作为一维的倦怠测量工具，与多维的测量工具如 MB 相比，由于它只报告一个易于解释和交流的倦怠总分数，因而在诊断上是非常便利的。BM 采用 7 级评分，Pines 和 Aronson 提出，如果平均得分在 2 分与 3 分之间是正常的，超过 4 则意味着有职业倦怠，BM 的总分一旦超过 5 分，就意味着被试出现了重大危机，但是他们未能就此标准提供任何实证研究的证据。BM 被认为是一种有效且可靠的测量工具，它的内部一致性系数超过 0.90，且具有稳定性，间隔 1 个月和 4 个月的重测系数分别为 0.66 和 0.89。通过对它的临床诊断效度和理论上的相关变量的分析，证明了 BM 具有较好的结构效度。

三、S – MBM 职业倦怠量表

Shirem 和 Melamed 在其理论基础之上编制的职业倦怠量表（S – MBM），其理论来源于资源保存理论（Conservation of Resources COR）。激。Shirem 等人认为与职业倦怠有关的只是人的精力资源，个体一旦面临精力资源丧失或在资源投出之后不能重新获得的危险时就会出现工作应激，当个体长期处于资源缺失的恶性循环状态下时就会感觉到职业倦怠，表现为身体、情绪与认知上的衰竭症状。Shirem 认为，在 Maslach 职业倦怠的三个维度中，只有衰竭维度是必要的，其它的两个方面都是附带的，疏离是个体对衰竭的一种应付方式，而低成就感则是情绪衰竭产生的结果。

S – MBM 量表是由 3 个部分构成：情绪衰竭、生理疲劳与认知厌倦。第一部分包含 4 个项目，后两部分各包含 6 个项目。采取 7 点记分，7 代表"总是"，1 代表"从不"。S – MBM 量表也是一个单维度量表，采用量表的总分来表示职业倦怠的水平。

根据 Shirem 等人的理论可以清楚地将职业倦怠与之前的应激评估、之中的应对行为以及之后的结果等因素区分开来，这样使职业倦怠的概念进一步变得清晰，减小与其它变量的混淆作用。至于 S – MBM 量表的信度、效度，Shirem 等人的研究表明 S – MBM 具有较好的结构效度，但对于该问卷的其它心理测量属性，如信度、判别效度、会聚效度等则需要进一步探讨。

四、OLBI 职业倦怠量表

由于 MBI 量表的项目都使用同一方向的术语，因而会在一定程度上影响其效度。为了避免 MBI 量表在心理测量学上的局限性，Dmerouti 和 Ebbinghaus 建构了另外一个量表，即 OLBI 量表，它包括两个分量表：衰竭（7 个项目）和脱离工作（18 个项目），每个分量表都使用了正反向的术语，采用四点记分：1 代表"完全不同意"，4 代表"完全同意"。

OLBI 量表中的脱离工作是指远离自己的工作，采用消极的态度和行为对待与工作有关的人或事。这里的衰竭维度并不像 MBI 量表一样直接把情绪要求作为衰竭的来源，而是将其作为长期工作压力的结果，是指一种宽泛的包括生理（physical）、情感（affective）和认知（cognitiw）耗竭在内的一般性的感觉，如生理疲惫、工作负担过重、渴望休息和空虚等，这个定义与 Shirem 和 Aronson 的定义类似。因而，OLBI 量表可以应用于包括非助人行业在内的多种行业。

Ebbinghaus 对 OLBI 量表的心理测量学特性进行了研究，发现其结构效度、会聚效度和判别效度都较好。

以上对目前常用的四种自陈式的职业倦怠测量工具进行了介绍，它们在一些重要方面的对比简要归纳与下表：

各倦怠测量问卷的比较

测验名称	作者 年代	编制基础	操作定义	单维多维	反应方式
MBI	MasIach 和 Jackson, 1982	临床个案	情绪去衰竭　耗竭 去个性化　讥笑 个人成就感降低　职业效能下降	三维	频率 七点
BM	Pines Aronson, 1981	临床个案	心理耗竭 情感耗竭 心理耗竭	单维	频率 七点
OLBL	Demerouti 2003	JD – R	耗竭 疏离工作	两维	赞同点 四点
S – MBM	shirom 2002	COR	生理疲乏 情感耗竭 认知疲乏	单维	频率 七点

五、其它的职业倦怠测量工具

Burke 和 Richardson（1993），Schaufei、Enzmann 编制了一些职业倦怠的自陈量表，其结构与 MBI 和 BM 相似，有些是针对特定职业领域的。不过，这些量表并未得到充分关注。Friedman（1995）基于 Cherniss 的职业倦怠理论编制了一份自陈问卷，调查学校教师的职业倦怠，内容共分四个方面：耗竭、疏远、自我否定，以及强烈的不满情绪。Friedman 认为，前两个方面代表了个体内心的厌烦（耗竭）和外显的烦躁（疏远）；而后面的两个因素反映了内心的不满（自我否定）和外显的不满情绪（对他人表现出不满）。这种问卷设计与 MBI 有相似之处，不过尚无研究证实它比 MBI 更适合非服务行业使用。

Lawson 和 O'Brien（1994）在调查中采用了观察者记录的方法。他们使用三个经培训的观察员记录群体成员的与职业倦怠有关的行为，并用 MBI 测量职业倦怠程度。这些行为包括与顾客之间积极和消极人际接触，与顾客疏远等。结果这些被观察行为间存在显着相关，但行为与职业倦怠之间却不存在相关。因此，Lawson 和 O'Brien 指出：对行为进行"直接测量"（direct measure）可以为职业倦怠提供最可靠的证据，不过在他们的研究中并无明显证据表明这些被观察行为属于职业倦怠范畴。

职业倦怠他评问卷

对于一个如"倦怠"这样对个体来说比较敏感的内容，自陈式问卷测量有着先天不足的问题，如表面效度高、社会赞许性高、负面情绪唤起多等，容易造成测量结果的偏差。因此，有研究者使用他评问卷测量的方法研究倦怠。例如 Evers，Tomic，Brouwets 等人使用修改过的 MBI，由学生评价老师的倦怠程度，然后与老师自评的结果进行比较，发现在情绪衰竭维度上二者没有差异，但在去人性化和个人成就感两个维度上，学生评价要比老师评价得更为严重，而这两个维度恰巧是表面效度较高，容易受社会赞许性影响的，从一个侧面说明他评的结果可能要比自评的结果更加可信。不过，限于花费较高和实施较为困难，他评问卷测量法大规模地使用和推广还需要相当长的时间。

客观生理指标测量法

除了问卷测量法外，还有部分研究者使用其他一些更为客观的方法测量倦怠程度。例如，倦怠有生理上的表现，因此从生理方面进行客观测量是可行的。如 Pruessner，Hellhammer，Kirschbaum 研究倦怠对于教师激素水平的影响。研究者连续测查 66 名教师在 3 天中清晨起床后唾液中的考的松水平，结果发现倦怠教师的考的松水平较高，说明可以将激素水平升高作为倦怠的一个生理表现。对于倦怠的测量来讲，如果能够找到一些联系紧密的生理指标，无疑可以大大提升测量的客观性和可靠度。不过，由于倦怠是一种综合的身心反应，它带来的生理表现也是综合复杂的，很难找到具有一对一关系的特定指标，再加上需要使用生物仪器导致测量的困难，这种方法的使用到目前为止还十分有限。

总的来说，在这几种倦怠的测量方法中，自陈问卷测量法因为其经济实用的特性，是目前占据绝对主流的测量方法。虽然大家对于自陈问卷方法还存在着这样那样的批评，但也有研究指出，其他测量方法也不是完美无缺，相对于自陈问卷法会高估变量间的关系，其他测量方法则会低估变量间的关系。从各个角度来评估，自陈问卷法还是压力领域现存比较适合的研究方法，虽有待加强，但无可取代，因此还将在很长一段时间内占据主导，而对于整个职业倦怠的研究领域来说，如果概念界定上的混乱现象不消失，测量工具和方法的不确定就将持续存在。

职业倦怠的诊断

在实际运用中，如何依据 MBI 和 BM 的测量分数来对个体的倦怠程度加以界定，这仍然是一个悬而未决的问题。Pines 和 Aronson 提出，BM 的总分在 2 分与 3 分之间是正常的，一旦超过 5 分，就意味着被试出现了重大危机，但是他们未能就此标准提供任何实证研究的证据。MBI 测验手册的编制者将标准化样本依据测验得分的高低顺序划分为三个大小相等的群体，假定位于得分顺序上的高、中、低各三分之一的个体分别体验到高、中、低三种水平的职业倦怠。假定职业群体中三分之一的人员具有严重职业倦怠的理由显然是不充分的，因而测验的编制者一再警告，这种分类不能被用于诊断的目的，遗憾的是，仍有许多研究者将此作为职业倦怠的诊断标准。

Brenninkmeijer 和 Yperen 将 44 位机能正常的个体与 29 位临床诊断为倦怠的个体的 MBl 分数进行比较，结果表明，以"衰竭分数 +1"作为倦怠的诊断标准，可以产生较低的倦怠诊断错误率（6.8％）。依据这个标准，被诊断为倦怠的个体，不仅要求具有较高的衰竭分数，百分位数为 75 或更高，而且还应当具有较高的人格解体或较低的个人成就分数。

加拿大的心理分析学家、社会学家和人类学家曾经提出了一个职业倦怠的诊断标准。他们认为个体疲劳的程度可以作为职业倦怠的主观指标，具体包括三个方面：（1）工作不满意感和职业的不胜任感导致自尊的丧失；（2）有多种身体症状而没有可识别的器质性病变；（3）注意力难以集中、易怒和消极情绪。个体长达数月的时间内工作绩效的显著降低作为职业倦怠的客观指标。

也有学者采用疾病的国际分类标准中关于神经衰弱症的标准来对职业倦怠加以诊断，除此以外，这些症状必须与工作相关。因此，可以将与工作相关的神经衰弱症作为职业倦怠的诊断标准。依据国际分类标准，神经衰弱症的诊断标准为：（1）在心理的努力之后，关于疲劳而产生持续的、烦人的抱怨，或者是在微小的努力之后，产生关于身体虚弱和耗竭的持续的、烦人的抱怨；（2）至少出现下列症状中的两种：肌肉的疼痛感、眩晕、紧张性头痛、睡眠障碍、不能放松、易怒和烦躁不安；（3）任何自主或抑郁的症状出现的时间和严重程度不足以达到国际疾病分类标准中其他任何特定障碍的标准。这些标准与研究者就职业倦怠定义达成的共识是基本吻合的。

职业倦怠的检出率

Smith 等（2003）依据 Ivancevich 等（1988）的标准对新加坡体育教师的倦怠情况进行分析，发现 48.6% 的教师处于低度倦怠，另外 48.6% 的教师处于中度倦怠，只有 2.8% 的教师属于高度倦怠的范围。Farber（1991）以 7 点量表中平均分大于 4 为标准，发现城市教师的倦怠比例为 12.9%、农村教师的倦怠比例为 6.9%，他最终估计说，约有 5% ~ 20% 的教师处于倦怠之中。Shiron（1989）采用相同的评价标准，利用，BM 问卷对以色列的 1044 名高中教师的倦怠情况进行了调查，所得到的倦怠比例却为 23%。最近，Evens 和 Tomic（2003）对土耳其牧师的研究发现，11% 的被试具有高的情感耗竭分数，低于 3% 的被试具有高的人格解体分数，而 62% 的被试报告说工作能够带来成就感。

依据 Maslach 等（1982）的评价标准，Huebner（1992）发现，36% 的被试具有情感耗竭、10% 的被试具有人格解体、28% 的被试具有降低的个人成就感。在后来的研究中（Mills & Huebner，1998），研究者发现在学校心理学工作者中，高情感耗竭的检出率为 40%，人格解体的检出率为 10.2%，而降低的个人成就感检出率为 8.7%。

在国内李超平等（2003）的研究中，42.1% 被试具有一定程度的耗竭现象，22.7% 的被试具有一定程度的人格解体现象，48.6% 的被试缺乏成就感。

第三章

教师职业倦怠研究

教师职业倦怠及其测量

倦怠概念第一次被正式命名时的研究对象是在其他助人行业，并不包括教师群体，Maslach 关于倦怠的第一个研究甚至也没有包括教师。美国国家教育协会（NEA）主席 Wilard 在 1979 年首次提到教师职业倦怠的现象，同年 NEA 把教师职业倦怠作为当年年会的研究主题。

教师的职业倦怠现象在国外一直受到研究人员的重视，因为教师的服务对象是学生，如果教师在教学上出现职业倦怠现象，不仅有损教师的个人身心健康，也有碍其教学品质的提升。正如 Maslach（1976）所言："对服务对象失去了关怀、情绪上的感受，以致以疏离或者非人道的方式，对待其服务对象。"其后果将是很严重的。20 世纪 80 年代早期，经验研究开始描述倦怠的发展过程，人们得以更多地认识教师倦怠。一些主要的研究都使用了 MBI。对于教师来讲，无论是初中、高中还是小学教师，MBI 的三个维度都已被经验证明。当老师们感到自己不能再像生涯早期那样把自己交给学生，他们就已经表现出情绪倦怠的信号。他们变得非人性化，产生了否定的、爱嘲笑的、甚至有时是强硬的态度对待学生、父母或者同事。当教师觉得自己不再能够帮助学生有效的学习，不能激发学生承担其它的学校责任，他们就会产生降低了的个人成就感。总之，陷入倦怠的教师对待学生更少同情，对班级的纪律有更低的容忍性，更少充分的备课，也更少投入他们的工作。因此，本研究将"教师职业倦怠"定义为：教师不能顺利应对工作压力的一种极端反应，是教师在长期压力体验下产生的情绪、态度和行为的衰竭状态。这种状态使教师对教育工作缺乏动机和兴趣，勉强维持教育工作，在内心对教育产生厌烦并感到心力交瘁，从而导致教学能力和工作业绩降低的一种现象。

MBI 在心理测量学层面上的相似性受到了很多比较研究的检验，这些研究显示了倦怠三维度结构的近似结论，但在倦怠程度的平均水平上仍有国家间的差异（Maslach，2001）。在很多国家，MBI 仅仅被翻译，它的心理测试内容被理所当然地接纳，当然也有一些版本如法语版本、德语版本和荷兰版本等已经从心理测量学的角度很好地进行了研究，结果显示 MBI 的外国语言版本和美国的原版相比，其内部一致性信度和因素结构效度有很高的跨文化的一致性，而且，MBI 三方面的结构在不同国家的版本中都没有发生变化。

教师职业倦怠的理论模型

在职业倦怠的研究中，研究者们提出了众多的理论模型，这对于认识职业倦怠的本质是十分重要的。但专门针对教师职业倦怠提出的理论模型并不多，由于教师的工作性质、工作要求与其他职业有很大的差异，所以倦怠的一般理论模型不一定反映教师职业倦怠的本质。基于此，有的研究者在验证一般倦怠模型的基础上提出教师职业倦怠的理论模型，也有的研究者专门针对教师职业的特点提出了理论模型。本文的目的旨在介绍两种有代表性的教师职业倦怠模型并在此基础上提出预防和缓解教师职业倦怠的措施。

一、Friedman 的历程模型

Frie & nan 从教师职业生涯的角度来认识教师职业倦怠现象。他认为教师职业倦怠的形成不是突发的，而是一个长期的渐进的发展过程。从一个教师的职业生涯来说，在其走上工作岗位之前，多数教师对未来职业总抱有很高的期望，有些甚至是不切实际的，他们对自己能很好地完成教学任务也充满着自信。但走上工作岗位之后，很多人发现理想与现实之间的差异甚大，于是产生强烈的心理落差，继而产生倦怠感。Friedman 把参加工作后教师的发展分为三个阶段：

1. 第一阶段：跌落期

由于工作前后巨大的落差使得新教师无所适从，不知该如何是好。如一新教师曾这样说道："我不知道该做什么？我不知道如何使我自己进入角色？我应该从哪里开始？我怎样使学生们安静下来？我真不知道该如何做，这真像一场噩梦"Fnedmn 认为出现这种情况的原因主要有两方面：一是在走上工作岗位之前教师没有得到很好的培训，尤其是如何处理学生的纪律问预和有效管理课堂的问题。第二个原因可归结于教师职业的特殊性、学校的环境因素以及教师对教师职业不切实际的期望。

2. 第二阶段：疲倦、耗竭期

疲倦、耗竭是这一阶段的突出特点许多教师表现出疲惫不堪、情感耗竭的状况，他们对自己产生了怀疑，对未来失去了信心，感到自己理想破灭，这就是倦怠的产生造成这种状况的原因有：（1）学生的问题、特别是有的学生有行为方面的问题；（2）工作压力过重；（3）批评；包括学生、家长和领导的批评；（4）缺少赞赏和奖励；（5）孤独；（6）缺少培训。

第三阶段：调整期

在这一阶段，教师试图适应和调整，换言之，就是生存。对教师来说，生存包括学习教学技能，调整自己的期望，改善各种人际关系。经过一段时间的调整，教师逐渐适应学校生活并能融入到新的环境，但也有很多教师没有很好地做出调整，而出现离职意向并退出教师职业

二、Dorman 的结构模型

最近，澳大利亚心理学家 Dorman 提出了一个教师职业倦怠结构模型。Dorman 认为影响教师职业倦怠的因素既有组织变量，也有个性变量。其中角色负担过重、工作压力、班级环境和自尊是情感耗竭的预测源；人格解体和情感耗竭、角色冲突、自尊、学校环境呈显著相关；教学效能感、自尊和人格解体是个人成就感的预测源。具体分析如下：

（1）角色负担过重会直接影响工作压力继而影响情感耗竭。由于教师承担多重角色，他要不断做出调整，有时便显得力不从心，感受到极大的工作压力，从而感到身心疲惫。

（2）角色冲突（角色冲突是个人无法兼顾各种角色所面临的问题，因个人不仅是某个组织的成员，也可能是其他组织的成员，当不同的组织对其传送角色期望，若个人无法同时完成时，则会发生角色冲突）与学校环境（学校的心理社会环境）呈负相关关系，学校环境反过来与人格解体也呈负相关关系，即角色冲突越多的教师会认为学校环境越差，认为学校环境差的教师其人格解体水平会升高；反之，角色冲突越少的教师会认为学校环境越好，而认为学校环境好的教师其人格解体水平较低。

（3）班级环境和情感耗竭与人格解体都有显著负相关。即认为班级环境越差的教师其倦怠感和人格解体水平都会高。

（4）三个个性变量——教学效能感、外控点（即认为自己所从事的活动和活动结果受命运、运气、机遇等外界因素的控制）和自尊与职业倦怠的关系比较复杂。其中教学效能感一方面和直接和个人成就感呈显著正相关，另一方面通过自尊间接影响职业倦怠的三个维度；外控点只通过自尊对情感耗竭、人格解体和个人成就感产生间接影响。

（5）职业倦怠的三个维度之间也有关系：耗竭会导致人格解体继而会降低个人成就感。

三、简要评价

以上两种理论模型从不同的角度说明了教师职业倦怠产生的原因。Friedman 的历程模型是从教师成长的角度进行分析，这是纵的角度；而 Dorman 的结构模型是从影响因素上进行分析，这是横的角度。不管是纵的分析还是横的分析，这对我们理解教师职业倦怠产生的原因都是十分有益的，并且两种解释都有合理性，也得到了大量研究的支持。如 Gavish 的调查发现，3/4 的新教师参加工作一周后描述他们的教学感受时常用"震惊"、"噩梦"、"灾难"、"绝望"、"危机"等词；1/4 的教师在一个月后感到情感耗尽，绝大部分教师认为自己喜欢孩子和教学，但巨大的困难阻碍他们前进的道路并使他们产生离职的想法；在工作一年后新教师离职率竟达到 30%。这些数据对 Friedman 的理论是极大的支持。Dorman 的结构模型也得到了大量研究的验证，如有研究表明体验到角色负担过重的教师会报告高的工作压力水平，这会导致高的情感耗竭。我国学者刘晓明的研究也进一步证实了该结论。其结果表明，职业压力将导致中小学教师出现情绪衰竭和人格解体症状职业压力越大，则职业倦怠的程度就越严重。徐富明的研究也得出了类似的结论。研究还证明教学效能感、外控点和自尊与职业倦怠存在一定的关系。

虽然以上两种观点能解释很多教师职业倦怠现象同时也得到了一些研究的证实，但我们也应看到，由于影响教师倦怠的因素非常复杂，目前的探讨还不够全面和细致，对于影响教师职业倦怠的内部机制还没有完全揭示清楚。

教师职业倦怠的影响因素

各国研究人员对引起教师职业倦怠的变量进行了广泛的研究，通过对各种资料的分析，现将各种变量归纳如下。

教师职业倦怠的影响因素

微观水平	人口统计特点	性别、年龄、职称、职业训练水平、婚姻状况，生理健康状况等
	一般人格因素	教育价值观、组织承诺、心理契约、自我意识等
	心理特性	职业期望、职业安全感、神经和气质特点、内外控制点等
	行为特点	行为类型、压力应对方式、社会比较方式等
中观水平	班级	教师氛围、班级容量、班级数量等
	学校	学校的文化、历史、面积、领导方式、决策方式、教学设备、自治度等
	学生特点	类型、成绩、兴趣、努力程度、动机、纪律、群体复杂性等等
	组织因素	角色冲突、角色模糊、工作超负荷
	社区环境	社会支持、学生家长、社区环境
宏观水平		国家范围内的教育改革（频繁的、强迫式的）

教师职业倦怠的产生原因

一、社会对教师的期望及支持状况

人们经常说，"当今世界，国际竞争主要表现为教育竞争及人才竞争，而教师在教育的发展中起着关键的作用"。"振兴民族的希望在教育，振兴教育的希望在教师"。总体看来，社会各方面对教师的期望值都很高。尤其是处于应试教育向素质教育过渡的今天，价值观念日趋多元化，领导、家长、学生及社会各界对教师的要求和期望也各不相同，比如说素质教育与应试教育的矛盾，教师既要教书，又要育人，既要忙应试，又要搞素质，家长向教师要学生的好成绩，学校既向教师要学生的好成绩还要教师自身的好素质，谈何容易，压力之大可想而知。

大量的研究证据表明，社会支持的缺乏与倦怠密切相关，教师职业是典型社会要求与社会支持较为矛盾的一个职业。就社会要求来说，对教师有着较高的定位，教师无论是知识层次、道德修养都要为学生树立良好的榜样，他们应该是整个社会职业中素质较高的一个群体。而对这样一个高要求的职业，社会并没有做出应有的社会支持。首先，社会只给了教师高压力、高要求，却没有相应的高报酬，这使大多数的教师生活清贫，在清贫的物质环境中对教师的道德修养提出过高的要求是无法实现的。其次，在对教师的管理中，教师与上级主管的交流可能是各个职业中交流最少的一个职业。传统的教师角色内敛、宽容、谨小慎微，大多数教师不善于人际交往。这样一个弱点使得教师比起社会其他群体来说更少取得社会的支持。与上级的缺乏交流使得上下级想法无法及时、有效的沟通：教师间的缺乏沟通使教师缺乏情感的支持。而教师同样的性格特点在家庭中同样是忍辱负重，也使他们失去了亲属的感情社会支持。

二、教师职业本身的特点

在现代学校教育活动中，教师要担当多种角色，如果教师不能顺利地进行角色转换，或面对多种角色不能顺利地调节，就会出现角色冲突。单就教师的职业角色而言，如教师要担当学生的"知识的传授者"、"学生行为的楷模"、"严格的管理者"、"家长代理人"、"心理调节者"、"朋友和知己者"，因而教师往往需要同时扮演若干角色。当这些角色与个人的期待难以取得一致时，教师就会感到心理压力。由于教师扮演着多种角色，工作繁杂，劳动强度大。首先，在很多学校，教师都要承担着教学、科研与行政等多重工作，工作的繁杂加上工作角色之间的转换的频繁，使老师精神疲惫，压力很大，这势必使教师职业倦怠更容易出现。其次，传统教师角色与现代教师角色之间的矛盾使教师更难定位。随着教育的改革和发展，要求教师从应试教育转向素质教育，这就要求教师必须具备很强的教学研究能力、设计能力、观察能力等多种素质。多重压力增加了教师职业倦怠的发生的概率。

三、教师自身的人格因素

研究表明，人格的坚韧性越高，则职业应激反应越低，职业倦怠的严重亦越低。kobasa 和 Maddi 认为，人格坚韧性可以以四种方式来影响个体地倦怠过程：首先，人格坚韧性能够促进积极的应对方式；其次，人格坚韧性可以改变个体对于应激事件的感知，如高坚韧性的个体更多地将应激看作是个体成长和挑战的机会；再次，人格坚韧性可以通过对社会支持的影响从而间接地作用于个体地应对方式；最后，坚韧性的人格特征有利于个体健康习惯的改变，从而最终的减少疾病。Anderson 和 Iwanicke 也发现，教师自尊的缺乏与情感耗竭和人格解体密切相关，与此相类似，Malanowski 和 Wood 的研究表明，自我实现需要（其中包含有自尊的需要）未能得到满足的教师更有可能体验到倦怠。Hughes 随后的研究也发现，那些具有高自尊和能够有效地应对应激事件的教师感知到较少的倦怠，对同事和管理者更为满意，具有较高的成就感。这些研究的一个共同特点就是将自尊看作是一个一维的概念，未能考察自尊的各个维度与倦怠之间的关系。Friedmann 和 Farber 将教师的职业自尊划分为职业胜任感、职业满意感和个人胜任感三个方面，来考察教师的职业自尊与职业倦怠之间的关系，结果也发现，低的职业自尊与职业倦怠相关。

Gold 考察了教师的倦怠与其对学生的控制能力之间的关系，结果发现，那些报告在学生控制方面有困难的老师更有可能感知到较高的人格解体和较低的个人成就感。Fred 等对 191 名城市小学教师的调查表明了教师倦怠与教师的控制点和学生控制观念之间存在密切的关系，那些外控的、对学生怀有监督主义观念的老师具有更高的人格解体和更多更强烈的降低的个人成就感。个体的应对方式对于倦怠也有重要的影响。研究表明，具有主动的、积极的应对方式的个体，能更容易把来自外界与自身的压力予以解压，从而降低应激水平，较少地产生倦怠；与此对应，具有被动的、退缩的应对方式的个体，对应激事件能体验到更多的倦怠情绪。

关于我国中小学教师职业倦怠的来源研究多数是从压力源方面进行探析研究的，主要有：教师个人方面，自我期望偏高与实际结果的落差、知识能力的不足、教学效能感不高以及人格特点差异；学生方面，学生纪律问题、学生厌学、学生成绩以及新型的师生关系；学校方面，人际关系紧张、工作负荷大、非教学事务过多、缺乏领导和同事的支持与赞赏、考试、督导和检查的压力以及评价机制的不科学等；社会与家长方面，高期望与现实的差距、素质教育与新课改对教师的要求越来越高以及聘任的压力等。

职业倦怠源可以是个体、组织和社会的因素，当这些因素结合起来在教师身上产生了一种不一致的知觉时，职业倦怠就可能产生。其中个人因素特别是人格特征和背景因素等起着重要的影响作用。有足够的证据表明人格因素可以解释为什么在同一工作环境中，管理相同，教育和经验背景相同的个体对相同压力源通常会有不同的反应。一般而言，一个人对压力的反应是他所面临的压力和人格特征相互作用的结果。许多研究表明，某些人所具有的人格特征很容易受到倦怠的伤害。这些特点是：不现实的理想和期望、较低的自我价值与判断、自信心低、对自己缺乏准确的认识和客观评价等。教师通常具有利他精神，能真诚地关注他人，赋有理想主义。他们自尊心强，往往将目标设置得过高或不现实，于是最终导致目标的丧失而陷入倦怠。尤其是期望过高、低自尊和外控型教师更易产生倦怠无助的心理。

教师职业倦怠的主要特征

概括而言，教师职业倦怠主要有以下六大特征：

一、生理耗竭

经历倦怠的教师常会表现出身体能量被过度耗尽、持续的精力不济、极度疲劳、头疼、肠胃不适、高血压、失眠、神经衰弱等症状，饮食或体重突然改变。

二、认知枯竭

表现为教师的空虚感明显加强，感到自己的知识无法满足工作需要，尤其是难以胜任一些变化性的工作。不能适应知识的更新和不断变化的教学要求，怀疑自己，感到无能和失败，进而减少心理上的投入。

三、情绪衰竭

指教师感到情感资源被极度的耗尽、干涸，工作满意度低，对工作的热忱与奉献减少，对学生缺乏同情感和支持，不能忍受学生在教室里的捣乱行为（Farber & Miller, 1981），甚至表现出焦虑、压抑、苦闷、厌倦、怨恨、无助等消极情绪。

四、价值枯竭

表现为价值观和信念突然改变，个人成就感降低，对自己工作的意义和价值的评价降低。认为工作是一项枯燥乏味机械重复的繁琐事务，因而无心投入。

五、去人性化

指教师以一种消极的、否定的、麻木不仁的态度和冷漠的情绪去对待自己的家人、同事或学生，对他人不信任，无同情心可言，冷嘲热讽，把人当作一件无生命的物体看待，肆意贬损学生，疏远学生，甚至是家人或孩子。

由于对他人的过度反应，常导致人际关系恶化。

六、攻击性行为

表现为对他人的攻击性行为加剧，人际摩擦增多，极端情况下会打骂学生或孩子；极端的倦怠状态会导致教师出现自伤或自杀的行为。

我国教师职业倦怠的现状及主要表现

随着国内近年来改革开放、经济转型的不断深入，各行各业的人们面临着越来越大的工作压力，而职业倦怠也越来越成为人们日常工作和生活中不可回避的问题。教师职业是典型的助人职业，工作任务重，社会责任大，加上自我期望值高，往往容易导致教师不能顺利应付工作中的一些压力，这必然会损害教师的工作热情，职业倦怠心理的产生就不可避免了。不可否认，职业倦怠会给社会、工作、个人和家庭等方面带来许多消极的影响。教师职业倦怠的一个直接后果就是厌教现象增多。主要表现为教师教学情绪不高，跳槽现象突出，流失较为严重。严重的是患有职业倦怠的教师会把自己的态度和行为对学生产生潜移默化的影响，这有可能会干扰学生正常的学习，动摇学生学习的积极性，削弱学生的学习动机，甚至会让学生产生厌学态度。教师的厌教引起了学生的厌学，并且两者相互影响，恶性循环，既影响教师队伍的稳定，又有碍教育质量的提高，更不利于教育教学的改革。

教师职业倦怠的表现与职业倦怠的三个维度相对应具有以下三种典型的心理或行为表现：其一，情绪衰竭。处于职业倦怠状态的教师经常表现出疲劳感，烦躁易怒，容忍度低，敏感紧张等，并且在情绪上缺乏热情与活力，有一种衰竭、无助感，对生活冷漠悲观。其二，人格解体。经历职业倦怠的教师会逃避社会交往，不愿意与学生接触，对学生表现出冷漠、厌烦，也不愿意与他人交往，甚至还易于攻击他人，讽刺同事，对学生挖苦、漫骂，甚至滥施惩罚等。其三，低个人成就感。教师们开始感觉到他们的工作中不再有什么值得去做，感觉他们无法给学生带来更大的变化，并倾向于自我贬损，将工作中的不成功归因于自己缺乏能力，于是产生无助感。

综合以往的研究，职业倦怠在以下几个方面对教师产生影响：

一、教师的工作绩效

具有职业倦怠的老师由于对工作产生了负性的态度，影响到了自己对工作的热情和投入，严重者甚至用频繁的请假来回避遇到的问题。他们对学生的关怀也越来越少，在备课、授课方面也逐渐缺少了仔细认真的态度，学生又很容易受到教师工作态度的影响，尤其是中小学教师，他们在孩子眼里一般就是权威，所以他们更容易受到老师潜移默化的影响。一个对工作没有信心，并充满厌倦的教师能不对那些在生理心理上还未成熟的孩子产生影响吗？学生对学习还有积极性吗？由于学生的学习成绩是衡量一个教师工作成就的主要标准，所以一个对工作产生倦怠的教师会严重影响的学生的学习态度和学习成就，从这一角度来说也就影响到了教师的工作绩效。同时，由于同事关系的疏远，自我孤立倾向的加重，这就为工作上的进步更是增加了难度。

二、教师的身心健康

职业倦怠不但影响到教师的工作绩效，还会对教师的身心健康产生影响。职业倦怠程度高的个体也常伴随着失眠、疲惫和一些消化系统的不适，但更多的是一种心理上的表现，最显著的就是职业倦怠的三个典型特征：耗竭、去个性化和成就感的降低。除了这三个特征外，还会伴随着焦虑、易怒等一些表现，由于处于倦怠状态的教师在工作中的表现不会尽如人意，所以有些教师就会担心自己会不会因此而被领导辞掉，学生会不会把老师的表现告诉家长等，这些担忧就会让老师产生一种强烈的恐惧和焦虑。这些心理上的表现又会影响到教师的工作绩效，倘若得不到及时的解决，就会陷入一种恶性循环的状态。

三、教师的人际交往

对职业产生倦怠的教师由于对他人的信任感降低，往往就会倾向于孤立自己，就尽可能的回避一些团体性的活动，对他人遇到的困境变得漠不关心。同时由于具有职业倦怠的教师变得比以前易怒，况且他们根本也没有时间来参加这些活动，所以人际关系逐渐恶化。一个社会支持系统的存在是以一个良好和谐的人际关系为基础的，当一个人的人际交往变得逐渐疏远起来的时候，也就预示着社会支持系统的崩溃。人作为社会的一分子需要在彼此的协作中才能生存和发展的，假若他孤立于这个社会或团体，那么他就有可能被社会淘汰的危险。

在国内，对职业倦怠的研究也是近年来的事。赵玉芳等人（2003）对重庆市和四川省的230名中学教师的职业倦怠情况进行研究发现，中学教师的职业职业倦怠整体不严重，教龄6—10年的教师的职业倦怠相对较为严重。胡永萍（2004）对江西省500名中学教师的研究发现职业倦怠状况普遍比较轻微，相比而言班主任和毕业班教师的倦怠水平较高。刘晓明（2003）对长春市中小学教师的调查发现教师总的情况跟上述，二位的结论相同，情绪衰竭维度较为严重，年龄在40岁左右的教师倦怠相对严重。

第四章

教师职业倦怠的主要影响因素

广大的研究者除了对职业倦怠的产生进行理论上的探索之外，有些学者还从实证的角度来探讨哪些因素促成了职业倦怠的形成，不过由于不同的学者关注的问题存在着差异，采用的研究方法也是不同的，因此，最终的结论也是各不相同的。Kalker（1984）认为任何工作都有造成职业倦怠的潜在压力源，个人的某些特质也有，可能容易形成职业倦怠。Caputa（1991）也认为引起职业倦怠发生的因素主要是工作环境和个人因素，个人因素除了人口统计学上的变量与职业倦怠有一定的相关外，还与个人的梦想、希望、思想和行为有关。黄台生（1997）则将影响因素分为个人、工作和组织：个人包括性别、年龄、教育程度、婚姻状况、人格特质、价值观以及能力因素；工作方面则包括工作压力、工作特性、工作角色、工作情绪；组织环境因素包括机构特性与社会支持。Hoch（1988）认为造成教师职业倦怠的原因有：缺乏与其他教师或同事做有意义的接触的机会；逐渐增加的学生对教师使用暴力行为；在课堂中教师必须花费大量的时间来处理学生的日常问题；被排除在学校的决策过程之外，与行政人员之间存在着距离，并且彼此不信任；教师与家长缺乏必要的沟通，缺少家长的参与，往往在发现学生所存在的问题之后，才与家长接触；大众传播上具对学校的偏见，对教育的一些误解；微薄的薪水；政府财政困难影响教学设备的更新；大量的书面工作等。

Maslach & Ashforth（1996）将职业倦怠产生的原因归于六个方面：（1）工作过载；（2）缺乏控制感；（3）回报不足；（4）社会支持缺乏；（5）缺少公平性；（6）价值观存在着冲突。国内的一项研究也发现导致高校青年体育教师上职业倦怠现象的原因与社会意识密切相关，并有深刻的文化认知背景。也有研究表明，职业压力是导致教师产生上职业倦怠的最直接原因，职业压力越大，特别是来自考试、人际关系和工作负荷的压力越大，教师的职业倦怠的程度就越严重。也有文献表明，人格因素如低坚韧性、低自尊、外控型以及被动的应对方式等与职业倦怠相关；在工作特征方面，个体的工作负荷和时间压力与职业倦怠具有稳定的强相关；角色问题，特别是角色冲突和角色模糊与个体体验到的倦怠水平具有积极的正相关；较少参与决策的人具有较高的倦怠水平。因此，我们结合以往的研究结论，对教师职业倦怠的影响因素初步概括如下：

工作特征因素

许多研究调查了员工的工作负荷情况，如：教师所面对的学生的多少，社会工作者接待的对象的多少，护士每周工作时间的长短，结果支持了通常的观点即倦怠是工作超负荷的反应，个体的工作负荷、工作时间与职业倦怠，尤其是衰竭维度和人格解体维度具有稳定的强相关。研究表明，角色冲突和角色模糊与个体体验到的倦怠水平有显著相关。

一、工作量

几乎所有的研究结果都显示，工作超负荷会导致个体产生职业倦怠感，尤其是对情感耗竭和非人性化的影响最为显着。在工作特征方面，工作要求的数量是与职业倦怠有重要关系的变量。研究表明工作量与时间上的压力与职业倦怠存在高相关，尤其是衰竭（exhaustion）这一维度。Moore（2000）的研究针对 IT 业专业技术人员的衰竭和离职原因进行，使用工作过载、角色模糊和角色冲突、缺乏自主以及缺少报酬等几个预测变量。结果表明，这些预测变量中，工作过载是对衰竭最有贡献的一项，而人员以及资源的不足又是导致工作过载以及衰竭的主要原因。在 Moore 得出的模型中，工作量对工作衰竭的标准路径系数是 0.28（p < 0.01），证明在这个专业技术人员的样本中，知觉到的工作量对工作衰竭有显著的顶测作用。其他四个变量的路径系数相对较小，其值为 0.07 到 0.17 之间。但是该研究也存在着一定的问题，最主要的是研究者用邮寄的方式发放和收回问卷，而且回收率只有 11%，可以推测，那些真正工作过载的人并没有时间填写并返还问卷，因而此研究的被试取样是存在偏差的。

此外，Mullins（1993）的研究发现，工作压力与两个主要的工作特征相关，其中之一就是工作量的大小和工作中日常要求多少。而 Harden（1999）提出的医学教师工作压力的顶测公式中也将大量与工作有关的参数列为预测变量。

二、角色压力

角色压力是指人们在社会环境中由于不能顺利地完成社会或公众所赋予他们的某种责任或期望时而产生的压力。不同的情景需要个体扮演不同的角色，当角色与特定的环境相冲突时，压力就会产生。角色压力通常包括角色模糊、角色冲突和角色过载等。

角色模糊是指个体的权利、责任、方法、目标或解释权（accoountability）缺乏明确的划分。尽管从整体上来看，教师的角色是相当明确的——把孩子教好，可另一方面，社会赋予学校和教师的责任是相当模糊不清的：学生的道德心理问题，甚至是人身安全应该由谁负责呢？面对学生的早恋、厌学、品行不良等问题，老师究竟该起何种作用呢？一旦学生出现了问题，人们首先想到的是教师，认为教师应该承担责任，这样就会在责任与社会赋予教师的权力之间出现一种失衡。教师角色模糊带来的压力为职业倦怠的产生埋下了隐患。

角色冲突是指一些不相容的，特别是那些互相矛盾的要求出现在同一个个体身上而引起的一种冲突。Sutton（1984）指出，对教师来说，存在着两种普遍的角色冲突来源：人们要求他们能够为孩子提供高质量的教育，然而，他们却无法使用最好的教育方法或最优秀的教学材料；他们对纪律的维持负有责任，但他们却在问题面前没有威信，并缺少行之有效的处理方法和策略。当教师被要求去从事一些教学之外的工作时（尤其是陌生的领域或职业时），他们就会体验到角色冲突；当教师的某些观念与同事，尤其是与管理者的想法产生分歧时，角色冲突也可能会发生。Sutton（1984）在对200名密歇根教师的研究中发现，角色冲突与工作不满之间具有显著的相关。

角色过载是指教师因学生在能力、需要、兴趣、动机等方面的不同而给教师造成的心理负担。角色过载是老师中普遍存在的一种抱怨，尤其是在当今人口急剧膨胀的时代，他们需要面对更多的参差不齐的学生。在资源有限的前提下，要求教师以过去同样的条件完成更多的任务，这更多的只能是一种幻想。现实是，教师面对来自各方的压力，只能投入更多的时间和精力来担当起这一负重的角色，不过结果并不乐观，不仅效率很低，在投入与产出发生矛盾时，还会导致职业倦怠的产生。

Sutton（1984）指出了教师对角色压力的两种反应：教师去做低质量的或根本无法完成的任务。若选择前者，那么低质量的教学就会不可避免的发生，在此影响下，会出现生理上的痛苦（焦虑、高血压）以及心理上的不良反应（低自尊）；另一种情况是，教师有可能会花费大量的心血，尽力满足社会、学校等各种需求，但这种做法不仅使得他们精疲力竭，还会导致家庭矛盾。这两种反应意味着教师对工作环境的控制力的减弱，甚至根本就是无法控制环境，"不能对学生进行有效控制的教师，不久就会认为教育是种无法忍受的工作。"所以，这两种反应都不能从根本上解决教师所面临的压力，相反在某种程度上诱发了倦怠的到来。

众多研究表明，职业中的角色压力与职业倦怠存在中等或高程度的相关。Moore 和 Harden 的研究都将角色冲突和角色模糊作为工作衰竭或工作压力的重要预测变量。其中，任务冲突对于情感枯竭的发展有显着影响。但与职业倦怠感三个维度的关系目前还存在着较大分歧。美国的一项饭店业的研究发现，饭店招待员感受到压力的一个很大原因是他们长期处于这样的冲突中：顾客要求尽快上菜，而厨师却不能及时把菜做好。Filley 和 House（1969）指出，这种角色冲突容易导致工作满意度降低，并对个人绩效产生不利影响。

三、信息和控制感

在工作中的信息方面，缺少反馈表现出与倦怠的三个维度都有相关。而在控制感上，参与决策以及自主权的多少也与职业倦怠相关。Karasek 和 Theoreu（1990）提出"需求控制模型（demand control model）"，也叫"工作紧张模型（job – strain model）"。在这个模型中，员工自主决定的范围和工作要求是决定工作紧张的两个因素。那些对其工作更有控制感的员工比缺乏控制感的员工面对更少的工作紧张，这样的员工会将改变和问题看成挑战而非威胁。因此该模型预测，最大的工作紧张产生于较高的工作要求和较低的自主范围。Mullins（1993）的研究发现，工作压力与两个主要的工作特征相关，除工作最之外，另一个要素就是在工作中的自主程度，即遵从和服从自己不认同的决定的压力。

四、公平感

Gabris 等（2001）研究了政府部门员工对绩效评价的知觉和员工的职业倦怠及工作满意度的关系。研究者考察了绩效评价的以下几个方面：（1）工具的有效性；（2）分配的公平性；（3）程序的公平性。结果显示对于专业人士，程序公平性和分配的公平性与职业倦怠有中等程度的相关。

五、人际关系

人是一种社会性的动物，自远古时期，人们就懂得良好的人际关系对维持个体生存的重要性，因为和谐的人际关系意味着你获得了较多的支持——来自同事的、家庭的、社会的等等，这种支持性的资源一旦缺少，个体就不能有效地处理来自各方面的压力，可能会引起他们对环境的不适应感和不胜任感，继而出现退缩性的行为或态度。

职业倦怠的概念最早产生于服务行业，早期研究假设认为有情绪压力的、与人打交道的工作更易产生倦怠。新近的研究也证明，情绪因素确实是解释工作压力之外引起职业倦怠的额外变量。宾夕法尼亚州立大学在 2000 年的一项研究表明，强迫的或伪造的表情，比如要求对一个粗鲁的顾客微笑会对职业倦怠有直接影响作用。

1. 领导方式

领导方式指领导者的特质和技巧会形成工作者的职业倦怠。领导者若能提供工作的协助，稳定工作情绪，提供反馈信息和支持维护工作者的权益，则有助于减轻工作者的职业倦怠。相反，领导者的作风专断、独裁，则会助长工作者的职业倦怠。

2. 同事关系

同事关系指同事间社会互动与相互支持而言，根据 Cherniss 的看法良好的同事关系有五项优点：a. 彼此相互提供有价值的工作技巧信息与工作实践经验；b. 相互讨论工作上的问题，可以降低工作情绪的紧张，且可获得更好的处理对策；c. 相互提供工作的参考架构与工作反馈；d. 工作者若与机构或其他团体发生冲突时，同事可以彼此联合相互支援；e. 彼此分享工作经验，通常会使工作者对工作感到更有兴趣、更有意义，因而有助于降低工作压力与职业倦怠。但是机构的组织结构通常存在许多阻力，妨碍同事之间支持性的互动，以致造成专业孤立，而专业孤立则是导致工作压力与心理紧张的来源之一。

教师的工作环境决定了其人际交往的狭隘性。教师的工作范围在很大程度上仅仅限定在了教室、办公室这两点上，交往的对象是那些稚气未脱的学生和办公室内的有限的几个同事身上。师生之间的关系，尤其是中学中的师生关系，从现实来看，只是一种单向的关系，即老师向学生传授知识占据了绝对的主导地位，因为这是社会赋予教师的"责任和义务"，而教师本身的喜怒哀乐则被深深埋在了心底，社会角色决定了教师只能这么做：对于同事，每天面对的都是老面孔，并且每位教师都会有数不清的事情要去处理，根本就没有足够的时间来进行心灵上的沟通，酸甜苦辣只能自己默默的品尝。这样一来，由于长期积累的压抑情绪找不到对象来倾诉，最终他们只能把自己的工作作为发泄对象—对教学变得漠不关心，对学生变得铁石心肠，对同事冷嘲热讽，而这一些都是倦怠的典型症状。

3. 组织支持

组织支持包括物质（如缺乏必要的资源、工作环境差等）和精神（如上司支持、同支事持、组织或团队气氛）。Lee 和 Ashforth 的分析结果发现，上司的支持会大大降低个体的职业倦怠感，特别是在情感耗竭和非人性化方面，但同事支持的作用相对较小；团队气氛与情感耗竭和非人性化呈显著的负相关，但与个人无效感的相关并不显著。

六、学生问题

教师的工作对象主要是广大的青少年学生，学生表现的好坏直接决定了教师对工作的态度、情感和行为。国外的许多研究都证明了学生问题是触发教师职业倦怠的首要因素，学生问题一般包括纪律问题、破坏性的行为以及对他人和学习的冷漠态度。

学生的纪律问题包括学生间的冲突、课堂纪律等问题，Sutton（1984）研究发现，在教师的所有压力源中，学生的纪律问题与工作不满意感之间具有极高的相关性。依据存在主义的观点，教师本来想在工作中获得别人的认可和肯定，实现自己的价值，体现自己存在的重要性，学生的纪律问题使得教师的期望大大受挫，教师感到了自己的工作与努力是无效的，自我效能感就会降低，长此以往，倦怠就会发生。学生的破坏性行为可能会让教师感到自己无法持久地影响或控制孩子，这使得教师逐渐产生去个性化的现象，在以后的工作中缺乏热情。并且，教师也会认为，即使自己在学校里对孩子产生一些影响，那也只是暂时的表面的，学生只不过是为了取悦老师或逃避批评，一旦离开学校，他们就可能露出"庐山真面目"，认识到这一点时，教师心中会有一种被欺骗被愚弄的感觉，而预先的那种美好期望——得到学生的尊重便化为泡影。学生对学习和他人的冷漠态度是教师产生倦怠的一个强有力的原因，因为这可能会让老师感觉到他们是多么的微不足道。而这些学生问题积累的结果，就是教师去个性化和低自我效能感的产生。

七、学校组织气氛对职业倦怠的影响

学校组织气氛是指学校内部环境中，校长与教师行为交互作用所形成的一种持久性特质，而这种特质为学校成员所知觉，并影响成员的行为，同时也可透过成员的知觉来加以描述和测量。

组织的奖惩措施缺乏或设置不当，使得个体的工作绩效得不到及时、公平的反馈，会导致个体对工作产生倦怠感。不但如此，对职业倦怠感的三个维度都会有显著性的影响。个体在工作中的参与程度包括独立性、决策参与程度、才能发挥程度等。这些因素都与情感耗竭、非人性化和个人无效感存在中等程度的显着性相关。组织变革（如裁员、兼并、重组等）所导致的个体在工作中的角色模糊、角色冲突等，都会使个体对工作产生倦怠感，尤其是变革所导致的个体工作不稳定性，对职业倦怠感的影响最为明显。

Hoy & Clover 将学校组织气氛分为校长行为和教师行为两个方面。校长行为和教师行为各有三个层面。校长行为包括：支持行为、监督行为和限制行为。支持行为（supportive behavior）是指校长对教师表达真正关怀和支持的程度。校长能倾听教师并接纳教师建设性的建议，时常表扬教师并尊重教师的专业能力，给予教师建设性的批评，关心每一位教师的个人和工作。监督行为（directive behavior）是指校长为了实现组织的目标、完成组织的任务而过于注重工作导向，对所有的教师及学校活动，经常保持严密的监督与控制，而且无论大小事都要亲力而为，对教师个人的心理需求很少关怀。限制行为（restrictive behavior）是指校长交给教师的各种与教学工作无关的各种文书或其它行政事务，以至形成教师的工作负担，影响其正常的教学工作。教师行为包括：同事行为、亲密行为和疏远行为。同事行为（collegial behavior）是指教师之间的相互支持和专业互动行为，教师以学校为荣，喜欢与同事一同工作，并且尊重、接纳同事的专业能力。亲密行为（intimate behavior）是指教师无论在校内或校外，都能建立起密切的情谊，彼此了解和信任，相处融洽，并能互相给予支持和协助。疏远行为（disengaged behavior）是指教师对彼此、对学校保持生理与心理的距离，没有共同的目标，对教学工作缺乏兴趣和投入，而且往往表现出消极批评的行为。

国外有关学校组织气氛的研究已经很多，按照研究变量的特点，可以分为单一变量、自变量、中介变量和因变量等四类。其中把学校组织气氛作为因变量的研究较多，把学校组织气氛作为自变量的研究较少。探讨学校组织气氛与教师职业倦怠的关系，是把学校组织气氛当作自变量的一种假设：学校组织气氛改变时，教师的职业倦怠会跟着改变。换言之，学校组织气氛如果转向不好的一面，教师的职业倦怠也会相应增加。有研究指出，学校的组织气氛开放度越高，教师的工作压力越低。教师若长期处于工作压力之下，无法采取有效的应对机制来处理压力源，将可能导致教师职业倦怠，从而使得个人对服务对象失去了关怀，工作态度消极，情绪低落，没有工作的满足感与成就感。从理论上来讲，学校是一个复杂的社会组织，若教师在这一组织中与同事关系紧张，缺乏校长或上级（如教研组长、年级主任等）的支持，就会产生无归属感和压抑感，迁移到工作中就会导致压力加剧，从而诱发倦怠。

八、体制问题

作为教师这一群体的成员，就必须遵守相应的教育管理体制。当个人的期望、要求与这些体制产生不和谐时，就有可能引发教师的适应问题。

教育制度和各种教育规范的制定与存在，在维持教育这一庞大行业的正常运转上起到了举足轻重的作用，但随着社会的进步、经济的发展，也出现一定的滞后性，而新体制和新政策的制定与实施需要经过长期的严格论证，这就更加强化了老体制的滞后性。许多行之有效的新教法和新的教学工具，就是因为旧体制的存在，而得不到及时的运用，限制了教师的自主性，教学效率因之而受到影响。特别是现行的管理体制和薪水激励机制，通常是根据当时的社会需要、学生的特点制定的，而教师本身的特点和需要被排除在了政策的制定依据之外。况且，不同的教育行政人员可以对同一老师提出不同的要求，这样，角色压力就会在教师身上形成。现行的薪水机制不够灵活，使得教师干多干少一个样，干好干坏一个样，这无疑挫伤了老师的积极性。

另一方面，现行的体制基本遵循"荣誉归集体，失败是个人"这一不成文的规则。获得成功，人们把更多的掌声和微笑给予了领导者；失败时，人们首先想到的是奋战在教学一线的教师，指责与不满就投向了他们。也许有人会认为，所有的职业中都存在着这一特性；公众倾向于关注工作者（workers）的局限和失败。医生和律师也会受到人们的指责，但他们得到了物质上和精神上的充分奖励，这在一定程度上可以减轻甚至是能够消除公众的指责和不满带来的消极影响。对教师而言，他们的成就又在哪里，在什么程度上得到了人们的认可呢？家长和社会希望有众多的优秀教师来负责他们的孩子的顺利成长；同时，也会有人不断宣称"我们的孩子是我们民族的希望"。老师对此的反应不是一种骄傲和自豪，而是会问到"与如此重要的任务相匹配的报酬在哪里呢？"、"在所有的劳动群体中，为何单独我们要付出如此艰辛的劳动才能获得那微薄的加薪呢？"

另外，无论素质教育口号如何响亮，新课程理念如何先进，教育改革的舆论造势如何热烈，终究无法阻挡学校、教师，乃至家长对应试教育、对升学率的狂热追求。"上有政策，下有对策。"无论是 20 世纪 80 年代掀起的素质教育运动，还是 90 年代末的新课程改革运动（称为"运动"乃是因为这些教育改革都不是通过自下而上的草根式变革，乃是借助行政力量而掀起的全国性改革，具备了建国后历次运动的所有形式上的特征，差别仅在于内容上的不同），一落到基层学校里，就出现"两张皮"现象，所谓"轰轰烈烈搞素质教育，扎扎实实搞应试教育"就是基层学校管理层内心的真实写照。通过走访基层学校，我们发现，"三张课程表"的现象确实存在：一张专用于应付上级领导部门的各类评估、检查和验收的，这张课程表从课程的编排形式、内在逻辑关系，到课程的内容设置，都切合最新的课程理念，最契合前沿课程理论的要求，但距离学校真正实施的课程计划相差最远。其功效是顺利通过上级部门对学校各类评估检查，以使学校获得各种政治、经济利益；一张是专用于各类交流和汇报的，功效是为学校挣得名声；第三张才是学校真正实施的课程表，其核心思想就是扎扎实实搞应试教育。

在升学指挥棒的强力导向下，学生根据成绩所排成的前后队伍顺序，就是教师座次的安排顺序，无怪乎许多教师感慨：每次年级测试，表面上是在检测学生，实际上也在对教师在校座次的又一次"洗牌"。将这种单一的、"异化"的、陈旧的绩效评价指标用于评价中小学教师，尤其是已经接受了较新的教育理念的年轻教师，无疑会导致他们内心强烈的心理落差。这种心理落差是很容易产生职业倦怠的。

九、职业特征对职业倦怠不同维度的影响

Bortheridge 和 Grandey 的研究表明，从事"情感性工作"（emotionallabor，即工作对象是人，且又要控制自己情感的工作），如医疗、教育等职业的个体，常体会到更为严重的工作倦怠感。Schutte 等的研究发现，蓝领比白领群体体验到更多的个人无效感和消极怠慢。有一项研究比较了美国和荷兰的五种工作类型（教师、社会服务、医药、心理健康，以及司法执行）的职业倦怠状况。结果表明，职业倦怠在两个国家有相似的工作特征。在司法界，职员表现出高工作怠慢和高无效感，而衰竭水平较低；教师却表现出高衰竭，以及一般水平的工作怠慢和无效感；在医药业则呈现出较高的无效感以及低水平的衰竭和工作怠慢。此外，在情绪型职业中，两国有不同特点：社会服务业的工作怠慢水平美国测试得分较高，荷兰一般；心理健康业的衰竭和工作怠慢在美国得分较低，而在荷兰得分较高。虽然该研究忽略了行业异质性的差异以及其他一些能够产生影响的因素，但其研究成果仍然揭示了职业倦怠与职业类型相关的一些特征。

个体特征因素

个人特征因素一般又分人口统计学上的变量和人格特性两个方面，有许多的研究表明，这两个方面也会对教师的职业倦怠产生影响。个人特征因素不如工作因素与职业倦怠的相关大，这也表明职业倦怠是一个社会性的现象而不是个人问题。

一、人口学变量

人口统计学变量重要涉及到性别、年龄、教龄、婚姻状况和受教育程度等，不过，在人口统计学变量上，不同的研究者却得出了不同的结论：邱淑琴的研究发现，年龄、年薪、教育程度和职称均不是形成工作倦怠的原因，只有在学校类型上公立学校的教师比私立学校的教师不易产生职业倦怠。但也有一些研究发现，高教育水平的人具有较高的职业倦怠，未婚者（尤其是男性）比已婚者更易产生倦怠。李冰的研究也发现，在性别、科目、教龄、学历、收入、是否班主任、是否担任行政职务与以及学校的类型（大学/高中/初中/小学）和建校时间（在 6—10 年内建成的新校/有 10 年以上历史的老校）对上海教师的职业倦怠情况有显著影响。赵玉芳等人（2003）的研究表明，教龄在 6—10 年是教师职业倦怠状况最严重的阶段；职称是影响教师工作倦怠的重要因素，没有发现，性别、是否重点学校以及是否班主任会对教师的职业倦怠产生显著影响。在对人口统计学变量的研究上，李超平等人研究发现，职位层次、被试年龄和教育程度对组织公平和职业倦怠有影响；同时，组织公平还会影响职业倦怠，在控制了人口统计学变量后，组织公平对职业倦怠有较强的预测作用。这种结论上的差异可能与研究者关注的问题、采用的测量工具以及被试样本的不同有关。

有关人口学变量与职业倦怠感关系的研究结果，虽然还存在着不少分歧，但也发现一些基本的趋势。关于年龄的研究普遍表明，年青人的职业倦怠高于 30 或 40 岁以上的人。关于性别的研究尚无定论，比较一致的观点认为男性具有更高的人格解体倾向，而女性具有更高的情绪衰竭分数。至于婚姻状况，已有研究表明，未婚者倦怠得分更高。一些研究发现高教育水平人士具有较高的职业倦怠，但教育水平可能与其它变量如职业和地位相混淆。

二、人格特性

职业倦怠的教师常常具有一些共同的人格特点，如完美主义、目标取向、对自身的要求过高等等。这些独特的个性品质会影响到教师对于工作和压力的评估和认识，容易引发内心的挫折感，导致职业倦怠甚至心理枯竭。人格特性是影响工作的重要变量，因为工作特征因素只有通过个体的认知评价才会产生影响，不同的个体会对相同的环境作出不同的反应。这里的人格特性主要涉及到个体的自尊、内外控、A 型人格和效能感等因素。

相关研究如 Garden（1989）在调查中使用了 Myers – Briggs Type Indicator

（MBTI）测量个体的人格。她发现"感觉型"的个体（此类人有高度的合群需要）比"思考型"的个体更容易出现职业倦怠。具体而言，外向性的人更易感受到情绪性社会支持，宜人性则与非工作相关内容、正性内容以及同情性内容的谈话相关，神经质则预测负性主题的谈话内容。

研究表明，人格的坚韧性越高，则工作应激反应越低，职业倦怠的程度亦越低。Pierce 和 Molloy 的研究表明，高人格坚韧性特征的教师体验到低水平的职业倦怠。Maddi 和 Kobasa 认为，人格坚韧性可以以四种方式来影响个体的倦怠过程，首先，人格坚韧性能够促进积极的应对方式；其次，人格坚韧性可以改变个体对于应激事件的认识评价，如高坚韧性的个体更多地将应激看作是个体成功和挑战的机会；第三，人格坚韧性可以通过社会支持间接地作用于个体的应对方式；最后，坚韧性的人格特征引发习惯的改变有利于个体健康，最终会减少疾病。

1. 自我效能感

Leiper 提出，职业倦怠是"自我效能感的一个危机"。Cherniss 的研究发现"教师自我效能感是职业倦怠的成因，并对职业倦怠起修正作用。"也有研究表明，教师的教学效能感越低，特别是一般教学效能感越低，则职业倦怠的程度也将随之加重，并且教学效能感是职业压力影响职业倦怠的中介因素（或称缓冲效应，即高的自我效能感可以有效缓解工作压力对个体或组织造成的消极影响）。尽管 Leitet 认为自我效能感是职业倦怠感的一个核心的、整合性变量，但相关实证研究较少，且主要集中在教育领域。

2. 自尊

自尊水平与职业倦：怠感有很强的相关，因为个体都有自尊的需要，任何损害自尊的否定性信息都会给个体造成压力。自尊作为一种稳定的自我情感，直接制约着人的情感，间接影响人的活动动机，从而影响人的整个精神面貌。近几年来，关于自尊的理论与研究越来越多地把重点放在引起或伴随抑郁情绪的认知因素（即消极的自我评价）上，自 Freud 观察到抑郁性失调的成人表现出普遍的低自尊以来，继承精神分析传统的学者们一贯把低自尊置于抑郁的中心位置，而高自尊则被认为具有自我防御功能，可用以避免对自己的威胁，如失败或社会的排斥等。S. Solomon 等人 1986 年提出的自尊的恐惧管理理论（terrormanagerent theory of self – esteem），认为自尊具有焦虑缓冲功能（self – esteem setves an anxiety – buffering function）。当出现对个人价值感和意义感的冲击或威胁时，自尊作为焦虑的缓冲器，会诱发一定的社会行为，去防御和补救。如果冲击或威胁过重，时间过长，自尊的社会适应机制就会受损，从而引起适应不良和障碍，导致各种心理和生理的健康问题。

低自尊者在人际关系上发展不良，常在人际交往中体验到无能感，面对各种压力源时他们很少借助其他资源来克服这些不良感觉，而低自尊者对外在评价极为依赖，他们对外界环境尤为敏感，更易受到否定性信息的威胁，于是更易感受到压力而产生职业倦怠。许多研究探讨了自尊与职业倦怠的关系，发现低自尊者容易出现倦怠。

Mazur 和 Lynch（1989）证实了自尊与职业倦怠的关系，并认为自尊是职业倦怠的一个显著预测变量。Maslach（1993）也在一项研究中强调自尊的重要性，自尊的发生就是一个自我评价和自我定义的过程，低自尊者更易受到否定性信息的威胁，更易体验到低成就感。有研究认为自尊与倦怠的三个维度之间都存在着相关。徐富明等人（2005）对中小学教师所作的一项研究发现，自尊对职业倦怠的三个维度都具有较强的预测作用。研究者还认为自尊与倦怠之间可能存在着交互作用，既可以说自尊作为一种人格特质直接影响倦怠或作为一种中介因素，在工作特征和倦怠间起作用，也可以说职业倦怠的体验会导致个体自尊的降低（曾玲娟，伍新春，2003）。Anderson 和 Iwanick 发现，教师自尊的缺乏与情绪衰竭和人格解体分数密切相关。与此类似，Malanowski 和 Wood 的研究表明，自我实现需要未能得到满足的教师更有可能体验到倦怠。Hughes 随后的研究也发现，那些具有高自尊和能够有效地应对应激事件的教师感知到较少的倦怠，对同事和管理者更为满意，具有较高的成就感。这些研究的一个共同特点就是将自尊看作是一个一维的概念，未能考察自尊的各个维度与倦怠之间的关系。Fridman 和 Farber 将教师的职业自尊划分为职业胜任感、职业满意感和个人胜任感三个方面，来考察教师的职业自尊与职业倦怠之间的关系，结果发现，低职业自尊与职业倦怠相关。

3. 问题处理策略（应对方式）

在心理学上，一般把问题处理策略分为两类：问题指向策略（problem – focusedcoping）与情感指向策略 emotion – focused coping。问题指向策略是以问题本身为解决目标，它通常在个体认为问题是可以改变的情况下采用；情感指向策略通常在问题不可改变的情况下采用，个体通常会通过对自己的改变来解决问题，而不是直接改变问题本身。后来，又有人提出了一种新的策略——避免策略（avoidance）。Endler 与 Parker 认为避免策略是指个体通过用一种替代性的任务把自己从问题中转移出来，或寻找另一种社会性的活动来转移自己对压力源的注意力，以此来避开压力情景。有研究发现，情感指向策略与倦怠和抑郁有较高水平的相关性，而问题指向策略能够调解所体验到的倦怠水平。研究显示，问题解决应对方式的使用频率越高，个体的整体职业倦怠感受以及工作情绪、工作价值、工作表现的倦怠感受就越低。情绪逃离应对方式的使用频率越高，个体的整体职业倦怠感受就越明显，使用情绪逃避或转移之应对方式的频率越高，在工作价值、工作表现与工作投入上的职业倦怠感受就越高，能及早采取问题焦点应对策略的人，职业倦怠感受就越低。应对行为最高的前五项依序为接受事实、希望事情会好转、与面临同样情况的人交换意见、由家人或朋友那儿寻求安慰和支持、考虑以其他方法来处理眼前的压力、用过去的经验来解决问题。

男女两性因在问题处理策略上的不同导致了他们在倦怠的易感性方面存在着差异。许多研究发现，女性教师相比男性而言更易对工作产生倦怠感。女性在遇到问题时，倾向于思考，过度集中在自己对问题的作用和影响上。从认知角度来看，当人们过度关注某些负性事件时，就会产生负面的情感体验，这样反而会进一步强化了女性对问题的关注，周而复始，最终体验到的就可能是情感的耗竭、成就感的降低等。但另一方面，由于社会角色的差异，女性在遇到问题一般相对于男性而言会得到更多的社会支持，因此，她们也会有较多的来寻求他人的帮助，对倦怠的克服也就相对容易些。同时，也有研究发现，男性在 MBI（Maslach Burnout Inventory，1981）的情感耗竭上具有较高的得分，在工作中体验到的是较高的挫折感。倦怠是否存在性别上的差异现在仍存在着分歧，一方面可能是由于使用的测量工具不同造成的，另一方面也可能是因为社会观念、文化传统的影响所致，在这方面还待进一步的研究论证。

4. 控制点

Melintyre Lutz & Maddirala 的研究发现那些认为控制力位于外界的教师更易产生倦怠，他们通常相信命运、运气，相信更有力的外力会对发生在他们身上的事情负责。外控的人由于将事件和成就归因于强有力的他人或机遇，因而比内控的人更多地体验到倦怠。Gold 考察了教师的倦怠与其对学生的控制能力之间的关系，结果发现，那些报告在学生控制力方面有困难的老师更有可能感知到较高的人格解体和较低的个人成就感。Fred 等对 191 名城市小学教师的调查表明，教师倦怠与教师的控制点和学生控制观念之间存在密切的关系，那些外控的、对学生怀有监督主义观念的老师具有更高水平的人格解体和低个人成就感。

此外，Buhr 与 Scheuch 等人的研究均发现具有明显 A 型行为的教师比其他教师显示出更多的神经官能症和有压力引起的身体疾病，他们认为 A 型行为与职业倦怠之间存在着显著的正相关。

Pines（1982）指出，那些自我要求比较高，期望值或成就动机高的个体，对工作投入程度高、对工作充满理想，且希望承担更多的工作，容易体验到情感耗竭，而且一旦期望落空，就会随之出现非人性化应对方式及个人无效感。也有研究显示，倦怠与教师的"高级需要"如自我实现、自尊等有密切的相关。当教师在工作中被尊重和要求自我实现的需要遭到挫折时，他们往往会产生一种对工作的冷漠态度和退缩行为。此外，也有研究表明，那些具有特质性（characterological）紧张与焦虑，以及"低自我"（low ego strength）的人更容易遭受倦怠的侵袭。

崔来意（2000）指出离职意愿与职业倦怠呈正相关，且职业倦怠对离职意愿有正向的影响力，由此可知教师申请离开工作岗位和长期产生的职业倦怠是有关的，由于心理上对工作产生退缩，引发负性情绪并不断积累，由此持续的感觉到疲劳，并引发身体上的不适。同时崔来意（2000）又指出工作—家庭冲突对职业倦怠有正向的影响，可见工作—家庭冲突是导致职业倦怠的原因。

综上所述，教师职业倦怠的产生和发展，并不是一种偶然的结果，而是在社会的发展过程中，在个人、团体以及社会环境等因素综合作用下而产生的一种生理心理上的综合性症状。

由此可见，教师产生职业倦怠的原因是复杂多样的，是多种因素综合作用的结果。正如中国人力资源开发网发布中国"职业倦怠指数"调查报告中在对引发上职业倦怠的原因的调查中发现有 76.6% 的出现职业倦怠的受调查者认为倦怠是由于自己好好工作，却不一定能得到相应的回报而引起的；有 68.3% 的出现职业倦怠的受调查者认为单位内部的沟通状况不畅造成了职业倦怠；有 65.4% 出现职业倦怠的受调查者认为组织不够公平也容易造成工作倦怠；有 63.5% 出现职业倦怠的受调查者也认为单位的规章制度和各类要求的不合理性也会容易诱发员工对工作的倦怠；有 62.6% 的出现职业倦怠的受调查者认为自己出现职业倦怠是由于自己的直接上级的管理方法和风格不满意造成的；另外，有 59.3% 的职业倦怠者认为单位的分工不是很明确；有 58.8% 的职业倦怠者认为与单位所强调的价值追求格格不入；有 45.4% 的职业倦怠者认为对工作方面的人际关系很伤脑筋；有 43% 的职业倦怠者认为单位不能够为其工作提供必要的支持会导致职业倦怠的产生；有 40.7% 的职业倦怠者认为所从事的工作不具有挑战性也容易引发职业倦怠；有 36.5% 的职业倦怠者认为自己提出来的一些好的想法与建议不能得到领导的重视在一定程度上引起了自己对工作的倦怠；有31.7%的职业倦怠者认为工作中缺乏自主性与独立性也和职业倦怠有关。

第五章

教师职业发展与职业倦怠

教师职业发展

有关职业发展的理论有许多，金树人（1992）综合各家之言，将人在组织内的职业发展，分为起、承、转、合四个阶段，现将其阶段、特征及任务列表如下：

职业发展阶段、特征及任务表

阶段	特征	发展任务
起——入行阶段	初生之犊，尝试错误 1. 第一个正式有报酬的且全职时间的工作。 2. 须与其他同事合作，参与大型研究计划，是个小角色。 3. 工作不一定与能力完全符合，须调整心态。	1. 完成一个初步的职业选择，这个选择当作生涯起跑的基准，策划一个目标的训练和进修。 2. 圆一个看得见的梦——从职业或组织的环境中，去展现自己的才华、价值及雄心，让少壮的理想在工作生涯中实现。 　　3. 接受第一个工作所带来的现实考验。 4. 洗礼学生时代的书卷味，准备接受组织文化洗礼。
承——表现阶段	驾轻就熟，初露头角 1. 工作能力得以施展，渐可独立运作，主管较能放手交付责任。 2. 在注意工作绩效、展开专业能力时，也注意培养声誉和声威。	1. 接受并熟练于组织的特殊文化，涵养其中，进出自如。 2. 处理并克服抗拒改变的心态。 3. 学习如何恰如其分的在职位上充分的发挥潜能。 4. 周旋于主管与同事之间，游刃于薪资报酬之外，追求卓越，力争上游。 5. 认同于组织，认同于事业；在组织中寻得定位之处，安身立命。
转——中年阶段	独当一面，责任重大 1. 由执行层次提升至管理或策划层次。 2. 工作能结合组织目标与个人专业理念。	1. 发展生涯之锚。 2. 专才取向或通才取向。 3. 解决中年危机的困惑。 4. 克服高原期的停滞。 5. 面临退休的心理准备。
合——交棒阶段	几朝元老，提携后进 　　对组织的大方针或未来方向有决定性和影响力。	1. 做一个称职的顾问。 2. 在工作、家庭与自我发展之间寻求一个适合的平衡点。 3. 为退休作心理准备。 4. 发觉自己进步的新兴趣与资源。 5. 学习接受新的角色。 6. 放手，退休。

教师职业生涯发展理论

长期以来，中小学教师的教学生涯被错认为是"没有生涯"的职业，也因此造成教师在专业发展上的种种限制。事实上，教师在几十年的职业生涯中，不论在专业知识、技能或态度上的需求，或实际表现均呈现阶段性的变化与发展。而且这种发展是可以预测的。然而过去教师、校长、行政人员、社会人士，对教师的职业生涯发展的观念了解的并不深刻。因此，针对教师的职业生涯发展的需求和过程，从理论上和实践上进行探讨很有必要。

教师的职业生涯发展与其他的职业生涯发展不同。其他职业生涯发展的影响相对较少，而教师职业生涯发展的影响比较大，主要表现对学生的影响。因此，作为教师必须具有专业素质、专业能力和专业知识。同时教师还必须接受一定时期的继续教育和参加各种在职进修活动，不断增进专业知识与专业技能，使自己能灵活的运用最适当的教材、教法，让学生得到最佳的学习效果。

近年来，许多学者致力于教师职业生涯发展研究，提出了一些理论。教师职业生涯发展的理论可归纳为3个方面：

第一类，以任教年限或教师年龄来划分阶段

代表研究有：柏登（F. Burden，1982）把教师生涯分为：（1）求生阶段（任教第1年）；（2）适应阶段（任教2—4年）；（3）成熟阶段（任教5年以上）。

第二类，以教师的共同心理特征、态度与实际需求来划分阶段

代表研究有：卡茨（L. G. Katy，1972）把教师生涯分为：（1）求生期；（2）巩固期；（3）更新期；（4）成熟期。傅乐（F. Fuller，1969年）把教师生涯分为：（1）教学前关注阶段；（2）早期求生关注阶段；（3）教学情境关注阶段；（4）关注学生阶段。

第三类，以各种情境因素对教师个人影响的复杂程度，即动态发展来划分阶段

代表研究有：费斯勒（R. Fessler，1985、1992）把教师生涯自新进人员至资深成熟的发展分为：（1）职前教育阶段；（2）实习导入阶段；（3）能力建立阶段；（4）热切成长阶段；（5）挫折调适阶段；（6）稳定停滞阶段；（7）生涯低落阶段；（8）生涯引退阶段。司蒂菲（B. E. Steffy，1989）依据人本心理学派自我实现的理论，从个人发展的角度，将教师生涯分为5个阶段：（1）预备阶段；（2）专家阶段；（3）退缩阶段，包括初期的退缩、持续的退缩与深度的退缩；（4）更新阶段；（5）退出阶段。

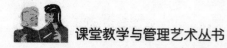

下面具体介绍上述几种理论：

一、傅乐的教师生涯关注阶段论

教师生涯有系统的研究始于傅乐（F. Fuller）所进行的教师关注（teacher concerns）研究，他曾于德克萨斯大学进行职前师资课程的研究，经过严密的晤谈访问，周详的文献探讨和严谨的检核验查之后，编制了教师关注问卷（Teacerh Concerns Questionairc），对于研究教师生涯发展有很大的贡献。

傅乐认为，在成为教师的过程中，教师的关注事物可分为 4 个阶段：

（1）教学前关注阶段——此阶段是师资培养的时期，对于教师角色仅处于想像，因为未曾经历教学角色，可以说无教学经验，所以只关注自己。对于教师观察初期，常常是不表同情的，甚至还带有敌意的，在观察中，持有批判的态度。

（2）早期生存关注阶段——此阶段是初次实际接触教学工作，所关注的是做为教师自己的生存问题。所以，教师们关注班级管理、熟练教学内容以及上级督导考的评鉴。故在此阶段，具有相当大的压力。

（3）教学情境关注阶段——此阶段所关注的是教学情境的限制和挫折，以及对教师们各种教学的能力与技巧要求。因此在这个阶段里，教师重视自己的教学所需之知识、能力、技巧，所关注的是自己教学的表现，而不是学生的学习。

（4）关注学生阶段——许多在职前接受师范教育的教师们，在当时都表达了对学生学习、社会、品德和情绪需求的关注，但是却没有实际的行动，当时不是不行动，而是不知道该如何做。一直到这些准教师担任了真正的教师后，从实际工作的经验中学习到如何克服困难、繁重工作的调配时，才能真正的关注到学生的一切学习。

傅乐所提出的这一套教师的关注理论，着重在教师职前的培训时期，准教师们所关注的是如何学习成为一位教师，是在于所经历不同事物的关注，这套关注理论在师范教育方面具有参考价值，但不足于窥视教师生涯发展与规划之全貌。

二、卡茨的教师生涯时期论

卡茨针对学前教师的训练需求和专业成长，提出四种生涯发展的看法：

（1）生存时期——在完全无学前教育经验的情况下，任职在一所学前的教育机构中，新来的教师所关心的是自己能否可以待下来，在新环境能否生存下来，这种情形有可能持续到一、二年，在这段时期最需要支持、理解、鼓励、给予信心、给予安慰和辅导；此外，也需要给予教学上各种技术的协助。

（2）强化时期——此一阶段可能会持续到第三年，在此阶段的前教师已经学习到一些处理教学事物的基础，这时教师会结合生存阶段所获得的经验和技巧，开始注意到个别学生的问题，以及思考如何来帮助学生，此时最需要得到有关特殊学生或处理学生问题的各种信息。因此，给予现场协助、接触专家、同事和咨询人员的建议是有必要的。

（3）更新时期——此一阶段的情形可能会持续到第三或第四年，在此阶段的教师，对于平日繁杂而又规律刻板的生涯感到倦怠，这个时候，必须鼓励教师参加会议、加入专业组织、以及参加各种研讨活动，或是鼓励教师各种进修，进修期间和其他教师被此交换教学心得与经验，可以从与其他教师的来往中学习到新的经验、技巧和方法。

（4）成熟时期——有些学前教师进步很快，2至3年就能达到成熟的阶段，有的教师则需要较长的时间，约四、五年或以上的时间才能达到成熟的阶段。到了成熟时期的教师，自己已有足够的能力来探讨一些较深入、较抽象的问题，这些问题对于学前教育远景的探究、发展与理想则更具意义。在此一阶段的教师，较适合学前教育的发展活动，包括参加各种研讨会、攻读学位、参加会议、收集资料及阅读各种相关信息等。

虽然卡茨所提出的教师生涯发展是以学前教师为主，但是其内容对中小学教师在训练需求、协助教师专业成长等方面也都有参考与实用的价值。美中不足的是对学前教师成熟阶段以后的生涯发展与规划提得较少。

三、柏登的教师生涯发展阶段论

柏登从与小学教师晤谈的记录资料中，整理与归纳教师们所提出的反应意见，提出教师生涯发展的3个阶段

（1）生存阶段——在此阶段的教师，刚踏入一个新环境再加上又无实际教学经验，所面对的各种事物都在适应之中，此时教师所关心的，所关注的是班级管理、学科教学、改进教学技巧、教具的使用、如何了解学生，以及尽快地了解所教的内容，做好教学工作。

（2）调整阶段——在进入教学第二年至第四年之间的阶段，教师的知识也较为丰富、心情也较轻松。教师们有心力开始了解到孩子们的复杂性，此时会寻求新的教学技巧与解决问题的新方法、以迎合各种不同的需求。此时期的教师变得较开放、也较能关心学生，在这时期，教师也感觉到自己更能够迎合学生们各种不同的需求。

（3）成熟阶段——教师在进入策5年或以上的时期，此时期的教师经验

丰富，对教学活动驾轻就熟，对教学环境了解和熟悉，教师们感觉安心，此时可以放心地、专心地去处理教学所发生的事情。教师不断的追求与尝试新的方法，更能关心学生、更能配合学生的需求，也关心师生之间的关系。

柏登的教师生涯发展与规划以小学教师为主，同样的也犯了与卡茨相同的缺点。因教师的生涯时期相当长，有些可能长达三十年、四十年，柏登和卡茨都忽略了在这漫长的教师生涯过程里，教师可能会产生挫折感、倦怠感而需要加以安慰与调适。

四、费斯勒的教师职业生涯发展阶段

费斯勒依据多年的研究教师职业生涯发展的成果，提出了一套动态的教师生涯循环论（The Teacher Career Cycle），将教师职业生涯发展，从新进人员到资深成熟教师的发展过程，分为下列 8 个主要的阶段：

（1）职前教育阶段——这个阶段是特定职业角色的准备时期，即教师的培训养成时期。主要是学院或大学进行知识学习和专业训练。它也包括教师从事新角色和新任务的再训练，或者参加高等教育机构的学习，或者在工作中进修。

（2）实习导入阶段——这个阶段是教师最初任教的前几年，他们要学习教师角色社会化，要适应学校系统的运作。这个时期的新教师要努力表现，希望能为学生、同事、上级及其他人员所接纳，要能稳妥地处理日常事物。

（3）能力建立阶段——这个阶段是教师尽量改善教学技巧，提高教学效率，寻求新材料，发现和运用新方法、新策略的时期。这个时期的教师一般容易接受新观念，乐于出席研讨会、观摩会，热衷于研究、进修课程。这时的工作富有挑战性，他们可望教学技能的全面提高。

（4）热心成长阶段——这个阶段的教师在能力水平建立以后，热心而不断成长，并能持续不断地追求自我实现，他们积极主动，热爱工作，不断充实、丰富教学方法。持有较高的工作满意度。积极支持和参与学校的各种职业教育活动。

（5）生涯挫折阶段——这个阶段的教师可能受到某种因素的影响而产生教学上的挫折，出现理想幻灭，工作不满意，情绪沮丧，并开始怀疑自己的工作能力及所从事职业的正确性。这个阶段许多人称之为教师的职业倦怠期，这种挫折感是生涯发展周期的中间阶段经常出现的问题。

（6）稳定停滞阶段——这个阶段是生涯发展中的平原期。有的教师出现停滞状态，抱有"作一天和尚撞一天钟"的态度。这些教师只做分内的工作。只求无过，不求有功。还有些教师维持原状，这个阶段的教师是缺乏挑战性的阶段。

（7）生涯低落阶段——这个阶段教师是准备离开教育职业的低潮时期。有些教师回顾过去，桃李春风，满心喜悦；而另一些人因一事无成，则苦楚忧虑。这个时期也许是几年，也许是几月或几周。

（8）生涯引退阶段——这个阶段是教师离开教学生涯以后的时期。有些人寻找了临时的工作，有些人享受天伦之乐，有的人选择非教学工作，如搞些服务或管理。

费斯勒的教师生涯发展论，可以说提供了一个较完备的生涯发展理论构架，对教师生涯发展辅导和规划，助益很大。

五、司蒂菲的教师生涯发展模式

司蒂菲依据人本心理学派的自我实现理论，建立了教师生涯阶段模式，他将教师生涯的发展分为5个阶段：

（1）预备生涯阶段——在这个阶段当中主要是新进的教师，或是重新任教的教师。新进的教师通常需要3年的时间，才会进展到下一个阶段；而重新任教的教师则很快就会超越此阶段。在此阶段的教师具有以下几个特征：理想主义、有活力、富创意、接纳新观念、积极进取、努力向上。

（2）专家生涯阶段——这一阶段时期的教师具有多种科目任教的能力、知识及态度；同时拥有多方面的信息来源。这些教师们也都知道进行有效的班级管理和时间运用，对学生都抱有高度的期望，也能在自己的工作中激发自我潜能，达成自我实现的目的。教师的内在动机可说是教师自我实现的原动力；同时这类教师具有内在的透视力，随时掌握学生的一举一动，这种内在透视力可视为教师的第六感。

（3）退缩生涯阶段——此一阶段又可分为3个小阶段：退缩、持续的退缩和深度的退缩。

①初期的退缩：教师的表现不是最好，也不是最差。这一类的教师在学校中可说是最多，亦是最被忽视的一群，他（她）们很少致力于教学革新，所用的教材内容，年复一年，学生表现平平。此类教师所持的信念较为固执，且自知变通。因而此一时期的教师，多半都是沉默寡言、跟随别人、消极行事。若此时，行政人员给予适时、适当的支持与鼓励，这些教师又会恢复到专家生涯阶段。

②持续的退缩：教师表现出倦怠感，经常批评学校、家长、学生，甚至教育行政机关；有时还会对于一些表现良好的教师，也都加以批评。此外，这些教师会抗拒变革，对于行政上的措施不做任何反应，这些行为都有可能

妨碍到学校的发展。处于此时期的教师，亦会出现一些心理以及社会上的问题，在学校会看到有些教师独来独往、有些是极端者、有些是喋喋不休者，这些教师人际关系都不甚和谐；家庭生活有时也会出现问题，所以在此时期的教师需要协助。

③深度的退缩：教师表现为教学的无能力，甚至伤害到学生。但是这些教师并不认为自己有这些缺点，且具有很强烈的防卫心理，这是学校最难处理的事。最好的解决之道是将这些教师罢免、转行或提早退休。

（4）更新生涯阶段——这一阶段的教师一开始出现厌烦的征兆，他（她）们会采取较为积极的回应方式，如参加研习、选修课积，或加入专业组织。所以在此阶段的教师，又可看到顶备生涯阶段蓬勃朝气的特征——有活力、肯吸收新知识、进取上进，唯一不同之处，即在预备生涯阶段的教师，对于教学工作感到振奋；而在更新生涯阶段的教师，则致力于追求专业成长，吸收新的教学知识；但在此阶段的教师仍需要外在的支持，更是需要学校和教育行政单位的支持。

（5）退出生涯阶段——到了退休的年龄。或由于其他原因离开教学工作；有些离开教学工作的教师开始追求生涯的第二春。此阶段的教师已不再过问教育界的事情。重点放在未来新事业的生涯规则上。

司蒂菲的教师生涯阶段模式，可以说非常明确的反映出教师生涯发展的特征，他所提出的更新生涯阶段，更可弥补费斯勒教师生涯发展循环论之不足；换句话说，学校和行政机关若能妥善规划教师进修活动，将有助于教师度过其生涯发展的低潮期。

影响教师职业生涯发展的因素

在有关影响教师职业生涯发展的因素研究中，美国霍普金森大学的费斯勒教授（R. Fesler）的理论具有代表性。费斯勒运用社会系统的方法，研究教师的职业生涯发展，提出教师职业生涯发展的循环模型，认为教师的生涯发展是一个动态的概念和历程，每个阶段中有个人和组织环境因素的影响。

一、个人环境因素

教师个人环境因素，包括许多交互作用的方面。对个体职业生涯发展周期起作用的各种个人环境因素主要有家庭的支持、正向的关键事件、生活的危机、个人的特质、兴趣和爱好及生命阶段等6个方面。上面这些因素可以独立起作用，也可以结合起来起作用。当个体处于某种集中的重要时期时，它们可作为驱力影响着个体的工作行为和生命周期。对于个人环境因素来说，正向的、教育性及强化性支持对生涯发展是起积极作用的；相反，负向的、充满危机与冲突情境对教师工作有消极影响。

1. 家庭因素

家庭是教师生活的关键的环境组成部分。内部的家庭的支持系统有积极性和消极之分。在幼时受到父母支持和鼓励的年青人，仅可能对他们从事其职业有积极影响。否则，他们在选择作为教师职业时，就会面临挑战。此外，家庭中的角色期待，生儿育女经济条件，健康状况及福利问题都对教师有不同的影响。

2. 正向的关键事件

这种关键事件包括许多形式，如结婚、孩子出生、宗教经验。在生涯发展过程中，这种正向的生活事件是一个人保持安全的基础；此外，与亲朋好友的相互作用对你生活选择会有重要的影响。

3. 危机因素

个人或家庭中的危机，对与工作有关的活动有明显的影响；亲人有病或亡故、个人患病、经济困难、婚姻变化。法律问题等，那是家庭中的危机，这些可能使教师退出教学领域。有些教师能顺利地应付这些危机，有些教师应付这些危机则很困难。

4. 个人特质

每个人都是独一无二的。行为方式、积累的经验、抱负与目标及个人价值，这些有机结合就形成了个体的人格。这些因素影响人们的生涯选择与方向。个人青年时的抱负和目标可以影响未来教学生涯的选择。由于经历与需要的变化，在以后工作中可能更新评估先前的感受，或许导致职业变化或职业挫折。另一种情况，作为一个专职教师，成熟有助于个体的不断成长和发展。

5. 兴趣与爱好

兴趣与爱好为发展提供了机会，它对教学活动有促进作用。而且，这也为教师的满足、成就与认知提供一个展示的机会。对教师有益处的兴趣、爱好有业余消遣、旅游、体育活动等。

6. 生活的阶段

许多学者都讲述过个人环境因素对生涯发展周期的重要影响。在成年生活各个阶段，常涉及到家庭、生活目标及个人的问题。

二、组织环境因素

学校与学校系统的组织环境因素，对教师生涯发展也有重要作用。主要因素有学校的规则、管理者风格类型、社区中公共信任的气氛、社区对教育系统的期望、专业组织和学会的活动等。来自组织系统的有力支持与培养，可以促进教师的进步，否则，不信任与怀疑的气氛会有消极影响。

1. 学校规则

教师要遵守许多规则。对于学校，这些规则常视为一种秩序和结构或是目标和价值体系。然而，规则很可能产生官僚阶族，对教师产生消极影响。学校的规则有正向和负向的影响，主要看教师如何在班级和生涯中去运作。

2. 管理类型

校长的管理类型对教师生涯周期有明显的作用。如果校长确立了信任与支持的气氛，那么教师的反应将是积极的；如果较少的信任，较多的指令与监督，那么教师将失去热情。

3. 公共信任

公共信任的气氛对教师生源和工作成效有深远的影响：在这良好的气氛下，教师和学校充满着信心，这样就会使教师有较高的自尊心和对教学生涯有着广阔的前景。相反，如果学校布满攻击性和批判性，那么在如何自我评价方式上，教师一定会有负作用。

4. 社会期望

对学校的社会期望有各种形式，这将不同程度地影响着教师和教师的生涯发展。团体的目标、伦理、价值、期望及抱负，都对教师起重要的作用。这些因素有助于教师认识自己的角色。

5. 专业组织

有许多专业组织为教师提供一个领导能力与成长的机会。参加这些专业组织，可以增补知识、培养能力、促进生涯发展。

6. 社团组织

教师除了参加一些专业组织外，还要参加其他一些社团组织。良好的社团组织气氛促进教师的工作与生涯发展，使他们产生自豪感和挑战性。而不良的社团气氛会使他们产生消极情绪。

教师职业生涯周期与教师职业倦怠的关系

从上述的教师职业生涯周期模型中不难发现，教师职业倦怠一般会出现在职业挫折期、职业稳定期和职业消退期三个阶段。

新手教师在5—6年后会进入职业挫折期，这一阶段的特征是教师的挫折和幻灭，工作满足感变弱，职业倦怠感在此事业是最强烈的。弗鲁登伯格将倦怠概念定义为一个人因精力、能量或资源过度消耗而变得效率低下的个人特征。一般而言，这一时期教师产生强烈职业倦怠的来源有四个：

（1）无意义感。教师努力工作，投入了大量的时间和精力，但学生还是不会自己解决问题，还是只会依赖教师给予的"鱼"，而不会自己"打渔"。

（2）无标准感。因缺乏或根本没有指导他们的标准，教师经常要在制度要求与学生需求之间作痛苦的抉择，因为得不到足够的支持而处于紧张状态，从而导致一种无标准感。

（3）无权感。面对中小学僵化的行政体制和民主空气不够的现状，教师产生了无权感，认为自己不过是寄人篱下、被人统治的"小卒"。

（4）隔离感。教师开始感到学校领导和同事都没在意他和他的工作，感觉到了学生的拒绝，并使自己与同事隔离。

职业挫折期出现的这种强烈的倦怠感通常出现在年轻教师身上，他们感觉到自己对日复一日的教学事务没有乐趣，对所教的大部分内容不再感到舒适，没有新鲜感。同理，他们与同事相处的乐趣也在减少。这个时期的倦怠感虽然强烈，但是基于年轻人的心理特征，这种倦怠还是相对比较容易克服的。

职业稳定期中出现倦怠感的一般是四五十岁的中年教师。这个时期他们既感到自己已经过了求变、跳槽的年龄，也感到自己再努力也很难在业务和晋升上有多大前进余地。在这种不上不下、不尴不尬的境地里，中年教师就为自己找到了"中庸"的处世哲学，凡事"例行公事"，将付出与回报严格挂钩。这种没有职业热情、将工作仅仅作为谋生手段的情绪体验是十分固定和弥散的，比较难以克服，靠学校领导说教和批评无法奏效，甚至很有可能适得其反。要治愈这种持久地倦怠，惟有变革学校的文化土壤，如何通过"科研兴校"，唤起这一阶段中年教师的科研和学习热情，通过科研带动学习，在学习中激起尘封的爱学生、爱教育的职前理想。

职业消退期的倦怠现象在中国并不太多，因为在中国素有"老骥伏枥"、"老当益壮"的"夕阳红"精神，很多老教师临近退休，工作的热情不减，有些退休以后甚至更加关心教育教学。在中国偶尔出现的老教师懈怠工作的情况，只要采取适当措施进行合理引导，消除这种倦怠是不难的。

教师职业生涯发展的困惑与调适

每个人在不同的生命旋律中部会遭遇困境，只是每个人的困境千差万别。

教师职业生涯中的困境，除了来自生命历程中固有的困境或危机外，在成为一位教师的社会化历程中也有自己特有困境或危机。

个体进入职业类似于个体的成长。一方面，个人必须自信，显示出进取心、自我发展和贡献的愿望。另一方面，个人必须学会如何成为职员，了解内情，愿意成为向别人学习的"初级"成员。既有独立性又有所依赖，学会如何在职业进程中发挥专长的能人是早期职业阶段的关键。年轻的教师在刚进入学校时，是满腔热忱、豪情满怀，立志献身教师事业，但理想与现实毕竟相差较大，当他们遇到各种挫折时，会出现职业早期中各种困惑或危机，因此，年轻的教师要适当调整自己的职业目标，使自己的职业目标尽可能地与现实接近。

随着一个人年龄的增长或有了经验，便进入职业中期。主要有两个新问题：（1）如何在自己的技术和专业技能以外运用经验和智慧（如何成为一个有效的多面手）；（2）如何实现自己成为别人良师的日益增长的需要。许多教师发现，在他们的早期职业阶段中，曾受到学校和资深教师的帮助、教诲和支持。进入职业中期，他们发现，不仅自己有帮助和培养别人的感情需要，而且想让他们的经验和智慧引起年轻人的瞩目。因此，成为一个良师是职业中期的一个自然而然的结果。然而，职业中期也容易产生各种危机。这时教师必须重估自己的目前状况与自己抱负相关程度，以及工作或职业在自己整个生命空间中究竟有多么重要。当这种重估不尽人意或自己的职业无法满足需要时（如物质的、荣誉的等），就会产生压力，也就会形成各种问题。此外，职业中期危机的另一个问题是，如何在自己的专业领域中保持领先，或是在知识更新、信息丰富的时代不被落伍。就成为许多中年教师遇到的问题。

进入职业后期阶段，情况比较复杂。一般说，大多数教师有一种成就感，此时他们是不断升华经验和阅历，关心、提拔年轻人，同时还要为退休做准备。

生涯目标达成，不一定是代表人生的"终点"，也许是发展另一目标的"起点"，它只是表示教师有能力完成阶段性所追求的理想，教师为使自己生命充满着欢欣与喜悦，仍必须存有一颗上进的心，不断地追求新知，为自己也为家人营造一个丰富美满的人生，进而享受自我实现所带来的满足感和成就感。

教师是一位知识的启迪者、是品德的陶冶者，教师也是影响学生言行至深的引导者。处在这信息万变的时代里，教师所承担的角色极为重要，不仅要帮助学生规划良好的生涯；同时对自己的生涯发展也要有深刻的体会，积极规划自己未来的生涯目标，才能有效的化解生涯中各种危机，过着多彩多姿的人生。

第六章

职业生涯发展的问题

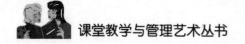

教师入职适应的问题与调适

初任教师是指学完师范教育课程，被引入教师专业岗位，但尚未完全适应、胜任教学的新教师。初任教师工作的前一两年是从学生到教师这一转变的初始适应期，是新教师成长的关键期。在这一时期，伴随着其身份和所扮演角色的变化，初任教师面临着一系列的问题和挑战。本节在分析初任教师面临的挑战与存在的问题的基础上，提出了初任教师面对问题的调适方法。

一、想说爱你不容易：教师入职适应的问题

你是个刚刚走上教师岗位的"新老师"吗？你还记得几年前的那段"艰难岁月"吗？刚刚踏上教学岗位，你从一个无忧无虑的学生转变成为肩负多种责任与角色的教师，从一开始便经历了许多"不一样"：学生们并不像自己所想象的那样渴望学习；资历颇深的同事也并不是经常与新老师在一起讨论教学、交流经验；自己上起课来也并不都是那么得心应手。原来，实际教学比自己预想的更具挑战性！

于是，不适应不可避免地产生了。力不从心、紧张、焦虑、挫败感等负面情绪成了常客，严重适应不良者甚至选择离开教师职业。据统计，在美国，大约有30%的初任教师在他们参加工作的最初两年内就离开教师职业。

在我国，初任教师的离职率相对不如美国高，但入职期间所存在的共同问题却是不容忽视的，因为它不仅决定着教师的去留，更影响到教师整个职业生涯的发展模式以及将来会成为什么样的教师。

教师在入职初期遇到的问题是具有一定的普遍性的，主要包括：

1. 教学技能方面的问题

我刚教书不到一年，先后教过两个班，可是两个班的学生竟然都说我的课堂不活跃，没有调动他们的积极性。我真是很受打击，现在茶不思、饭不想，甚至没办法很好地面对学生，心里天天压着一块石头，对自己很不自信，觉得从小到大都没有这么失败过。

（一个新教师的心里话）

新教师在教学方面的困惑有很多。比如，在备课方面，不知如何根据学生的基础知识和现有材料进行备课，对学生的反应不能预期和掌握。在课程进展方面，新教师最容易犯的一个毛病是对时间计划不好或对下课时间把握不了，忘了时间的存在，于是经常拖堂或草草下课。有些新教师又生怕控制

不住自己的时间而在上课期间频频看表。在营造课堂气氛方面，新教师常感到困扰的就是不知如何营造最佳的学习气氛，如何使过于"安静"的气氛活泼起来，如何让过于"骚动"的班级安静下来。在对教材的处理方面，新教师常犯的一个毛病是容易"照本宣科"，忽略了学生的反应和感受。可以说，"读万卷书、行万里路"的"博学"仍是需要投注相当的时间与心力的。在教学技能方面，新教师与专家型教师也存在很多差别。

表　专家型教师与新教师教学技能的比较（斯滕伯格，1997）

教学技能	专家教师	新教师
课时计划	课时计划以学生为中心，表现出灵活性与预见性。	课时计划注意细节。
课堂管理	明确制定课堂规则，规则执行具有抗干扰性、持久性等特点。	课堂规则含糊，执行不彻底且容易改变。
知识的解释与演示	灵活运用知识解释技术，能意识到回顾先前知识的重要性，解释具有明确目的。	为考虑学生原有的知识状况，不能把握知识的重点和难点。
提问	问题较多，注意启发学生的思维和提问后的反馈指导。问题具有目的性。	问题较散，对学生的回答只是简单地给予评价或者总结。
练习与家庭作业	关注学生的练习，注意练习的指导，并确定练习的教学常规。	练习时间把握不好，以练习为中心而非以学生知识获得为中心。
非言语性行为	用一些非言语性行为来指导学生学习，并以学生的反馈来调整和判断自己的教学。	注意学生课堂中的细节动作，而不会从事件中获得意义。
教学评估	关注学生对新材料的理解情况以及课堂教学的得失。	关注课堂上学生具体的行为以及教学的成败。

2. 课堂管理方面的问题

课堂管理也常常是许多新教师十分头疼的问题。"太凶",只会使学生口服心不服,面和心不和;"太松",又怕学生"欺生",以至于"能放不能收",后患无穷。甚至简单到与学生的一个眼神接触,也是问题多多。比如,一些新教师在教学的初始阶段,在讲台上对学生的目光环视就不是太理想,或偏左边,或偏右边,或忽视最前面、最后面及教师两侧的学生。新教师不仅眼神分配不均,而且没能发挥眼神的作用,要知道,如果目光运用到位,对教学效果、教师管理及师生关系都有莫大的功效。

初任教师教学之相关问题探讨

1. 宽严的拿捏

初任教师由于教学热忱高、与学生年龄接近及尚未深刻体会自己的教学责任,所以倾向于对学生的态度较宽松,以致愈来愈管不住学生。因此,初任教师要经常自我提醒:减少感情用事,增加理性作用及远见,对学生一定要"先严后宽"、有原则、讲道理。现代教师的角色的确比昔日有弹性,可适时扮演哥哥姐姐、朋友的角色,但不能因此抹掉师长的角色。尤其在"过于认同"学生,以至于不小心"否定"了其他老师的观点时,你就制造了不应有的教学困扰。更麻烦的是,学生可能"利用"你的弱点而"欺骗"你,使你的教学失去"规矩"与原则。

2. 情绪的控制

初任教师由于年纪小及经验不足,容易"理想过高"而产生情绪波动;或被学生激怒、刺伤,或因为与同事、家长沟通不良而沮丧。他们容易心情不佳甚至产生人际问题,容易因学生表现不够理想而失望。加上"临床经验"不够,碰到许多突发状况时容易惊慌失措。"跟着感觉走"的结果是:暴跳如雷、痛哭流涕、万念俱灰、大惊小怪。尤其是初任教师,脸皮薄,身边的"监督者"又特别多,只要谁有什么"意见",都足以令自己感到自卑、挫败,甚至"自我防卫",不能接受别人"诚恳的建议"。

3. 班级秩序掌握及学习意愿

初任教师在教学上最感困扰的是不知如何掌控秩序,如何引发学生的学习兴趣,并在两者之间取得平衡,使学习气氛热烈时仍"乱中有序",不致失控。初任教师在这方面的经验及自信不足,加上现代儿童及青少年活泼好动以及问题行为增多,极易"一发不可收拾"。所以,这个问题是由师生双方共同造成的。

4. 特殊学生或者学生的特殊状况处理

虽说"师者，所以传道授业解惑也"，教师原本就负有了义的辅导责任，但是，如今学生问题的复杂与多样性，不论在鉴别问题类型还是解决问题上，都对初任教师造成了莫大的压力。

3. 教师心理方面的问题

刚刚入职的你，踌躇满志，热血沸腾，意图在这三尺讲台上大显身手，做出一番事业。然而，你参加工作不久就会发现理想与现实相距甚远：那些活泼可爱的孩子并不容易对付，他们会欺负你是新教师，对你的话充耳不闻；看来简单的教学工作，其实繁琐细致，总有无法预料的状况发生；面对新环境里的新同事，你要费尽心思考虑如何融入他们；你整天忙于备课、上课、管理学生、与同事相处、熟悉学校的各种规定。于是，你常常感到自己疲惫不堪，当初的豪情壮志正一点点消失，你的热情逐渐消退。这一切都带来了一定的心理问题。

新教师产生不适应问题的主要原因（工作中最苦恼的事）有：

（1）工作时间太长，没有自己自由支配的时间。
（2）工作压力大，太累。
（3）学生难教难管。
（4）待遇低，收入少。
（5）与学生的关系不好处理。
（6）教学经验不足，对一些突发事件不会灵活处理。
（7）教学上有困难时，得不到及时的帮助和指导。
（8）班主任工作经验欠缺。
（9）自身理论知识与教学需要相比不够。
（10）自己的努力在教学成绩上体现不出来。

在学习中快速成长：教师入职适应的调适

如果你是新教师，如果你也遇到了这些问题，别着急，许多新教师和你有同样的困惑。那么，让我们来共同探讨一些能够帮助你尽快适应教师岗位的方法。

1. 学林妹妹进贾府——默默无闻，多学多做多问

这林黛玉常听得母亲说过，……因此步步留心，时时在意，不肯轻易多说一句话，多行一步路……

（《红楼梦》第三回）

作为刚从学校毕业进入社会的新教师，面临着巨大的角色转变——从学生变成老师，从一个知识接受者变成一个知识传授者，从效仿老师的行为到作为表率被学生所效仿。新教师虽然都是接受了专业训练才走上教师岗位的，但在这个角色的转换过程中，仍然存在许多的困难。初为人师的你，首先要做的就是认清自己所处的形势，积极面对现实，做好角色转换。初到学校，无论是学校的环境还是学校的规章制度，无论是教材还是学生，无论是领导还是同事，这一切都是陌生的，你需要尽快熟悉。

教师上岗前的准备工作

轻松对待准备工作。不要向抵挡不住的诱惑低头，以至于把整个夏天的时间都用来制订大量精彩而又激动人心的计划。尽管你可能认为自己这样做是在节省时间，可是，事后你会发现此时所做的任何详细深入的计划都相当没有意义。在你见到并了解学生之前，很难预见到他们的需要和兴趣。你要教授的内容也可能已经有一部分或全部记在学校使用过的教学方案或者课本里了。如果有机会在开学前参观一次学校，要咨询一下应该提前做好哪些准备工作。

争取安排一次参观。争取提前参观一次即将开始从教的新学校。虽然面试那天已经有人带你参观过学校，但是在心情不紧张的情况下再看一次会另有一番收获。如果学校没有安排，要跟他们取得联系，问一问可否在学校逗留半天或一天。你可以看看自己的教室，并决定怎样重新进行布局。如果可能的话，还可以在学校的安排下跟一些教师见见面。

跟重要的人员见一次面。如果教工应该尽这个义务的话，参观学校时要花些时间跟接下来这一年里对你很重要的一些人员简单谈谈，包括你的指导老师、教同一年级的老师或教研组长等。

相对于老教师来说，无论你的知识多么渊博，你都是新手，缺乏实战经验，在教学经验、课堂管理能力、对教材的把握以及应对突发事件的能力等方面远不如老教师。所以，作为一名新教师，应该向林妹妹学习，一切从零开始，多多观察，多多学习，多向老教师请教。

2. 学贾宝玉与女孩相处——充满爱心，热情待人接物

没有爱心就没有教育，就没有教育的智慧火花。教师的爱心是对知识的爱心……教师的爱心是对职业的爱心……教师的爱心是对学生的爱心，教师对学生要有一种爱的真情，因为只有这种爱的真情，才能在学生成功的时候，给予其赞美和提醒；才能在学生失败的时候，给予其启发和鼓励；才能在学

生遭遇坎坷的时候，给予其指点和帮助。总之，只有有了爱心，才能够时时处处发现教育的契机，才能保证教育绽放出成功的鲜花。

刚上岗的新教师，可能会面临各种各样的问题，这时候很容易丧失工作热情，失落、烦躁的情绪会蒙蔽你对学生的爱心、对工作的热情。你不妨多想想贾宝玉的博爱——对任何人都充满爱心。一个真正热爱教育事业的人，必然饱含着对学生的爱。只有真正爱学生的教师才能在教师岗位上长久地工作，才能把学生当做自己的孩子一样看待。教师对学生的爱心不仅体现在关心学生的学习生活，更体现在教师能够理解、尊重、信任和宽容学生，能够走进学生的内心。教师给学生的爱不是表面的，而是发自内心的，能够震撼学生的心灵。

教师的爱心不仅包括用爱心来关注学生，还包括对待同事热情、热心。对于新教师来说，学校的每一位同事的资历都比自己长。因此，尊重同事，虚心向老教师请教，微笑待人，是每位新教师必须学会的。同时，热心助人，帮助同事做一些力所能及的事情，也能帮助新教师更快地融入这个新的集体。

3. 学王熙凤理事——准备充分，从容面对工作

教师教育的对象是学生，不了解学生就谈不上教育和教学。新教师必须尽快地了解学生，了解学生是顺利开展工作的前提和基础。首先，在接手班级之前，新教师可以研究班上学生的一些书面材料，比如学生入学登记表、教师评语、学习卡、体验表等材料，从中了解学生的思想表现、学习成绩和身体健康状况等，还可以通过问卷调查的方式对有关问题进行调查分析。对学生的基本情况，应记录在案，做到心中有数。其次，可走访原任课教师、班主任，询问学生的思想状况、学习兴趣以及班级骨干等。再次，可通过与学生座谈、家访，进一步了解情况，尽可能多地记住学生的名字和面貌特征等，熟悉并了解他们，尽快缩短师生间的情感距离。新教师还要了解上级行政部门颁布的教育工作制度、法规等文件的精神和要求，以便在工作中贯彻执行。

事先的准备工作，能够让新教师从容面对工作，面对学生，能够使新教师更快地适应教师岗位和融入职业生涯。例如，山东省胶州市第二实验小学总是会给新来的教师准备礼物。

给新教师的礼物

手表。如何有效利用课堂的40分钟是每位新教师必须面对的问题，这就

需要有准确把握时间的能力。课堂是属于师生共有的，40 分钟也是属于师生共有的，在这 40 分钟的课堂中，你的角色是教师。

听课笔记。对于新教师来说，听课就是学招式的过程，要向优秀教师学习课堂上的教育智慧。好记性不如烂笔头，听课笔记的作用就在这里！

业务笔记。新教师可以把自己在教育教学过程中的一些自我反思记在业务笔记上。

录音机。课堂教学是提高自身成长的最佳途径，如果能把自己的课堂教学实况用录音机录下来，课后自己听或请老教师听听，找出其中的不足之处，从中发现问题，及时改进，对新教师的成长就会大有好处。录音机体积小，放在讲台上或随身携带都很方便，一盘磁带录一节课绰绰有余。

手表、听课笔记、业务笔记、录音机这四件礼物所承载的是学校对新教师的希冀，传递给新教师的是一份重视，更是一份责任。这份礼物花费不多，却能给新教师带来巨大的收获，为科研兴校发挥积极的作用。

（《中国教师报》，2006 - 09）

4. 学薛宝钗待人——八面玲珑，处理师生关系

处理好人际关系，是教师适应新环境和新岗位的前提条件。教师日常接触的主要对象就是学生，师生关系直接影响到教师的工作质量和工作热情，同时对学生的学习积极性和健康成长都具有很大的影响。良好的师生关系是师生互相尊重、互相学习。教师以真诚之心对待学生，学生以尊重之情敬爱教师。

利用首因效应，教师给学生留下良好的第一印象，对日后师生关系的处理相当重要。如果新教师首先树立了良好的形象，学生不但不会欺负你是新教师，反而会更加尊重你。

新教师要做到的四个一

亮好第一次相。教师在学生面前第一次亮相，要做好充分的准备，举止要端庄大方，谈吐要文雅，神态要自然，待人要亲切，着装要得体。另外，教师与学生第一次见面谈话时，要表现出对学生的热爱、关心和体贴，力求留给学生"知心朋友"的印象。

上好第一节课。教师第一节课上得好，具有重要的意义。因此，在第一次课上，教师要充分显示出其高超的教学水平和教学艺术，做到课堂教学赢得满堂彩。

批改好第一次作业。教师对学生作业的认真批改，对学生的学习能起到

"绩效强化"的作用。学生对教师第一次作业的批改结果，往往极为重视，印象也十分深刻，故教师批改第一次作业时，应特别认真仔细，严格要求，留给学生严格、一丝不苟的印象。

处理好第一个意外事件。在课堂教学中意外事件的发生是屡见不鲜的。因此，教师在处理第一个意外事件时，一定要沉着冷静、思维敏捷、处理得当、机智灵活，力求留给学生处事果断的良好印象。

（王雅芬，1999）

5. 学刘姥姥进大观园——勇于创新，保持工作热情

随着工作的得心应手，工作热情慢慢消失，锐气慢慢被磨掉，惰性也随之增长。"明日再做吧"成了最好的推脱之辞。此时此刻，可真要有一点刘姥姥进大观园的劲头——新鲜，要设法保持自己对教书育人的热情。要想给学生一碗水，教师自己起码要准备一桶水，这个浅显的道理人人都懂。新教师如果仅满足于在大学所学的知识，那是远远不够的。作为一名合格的教师，专业知识要精深，而其他知识要广博，这就应该坚持不懈地读书、看报、记笔记，不断地充实自己。在教学中，不仅要巩固和运用在大学所学的知识和技术，而且在实践中还要不断地补充新知识，这样才能不断提高教学水平。

支你几招：第一招，上网找差距。比如，在班主任之友论坛、钟声教育论坛、K12论坛及教师联盟等专业网站，你会发现：啊，教师也能做得这样的精彩！快努力吧，不然自己就要成为老土了。第二招，看书看报，中外教育名著值得精读，读了以后一定会让你觉得教师当得很有意思。第三招，多写多交流，可以将自己的心得与大家分享，看着自己的文章变成铅字一定会让你很有成就感。

（泉鸣，2006）

新教师应在自己平凡的岗位上不断寻找工作的乐趣和意义，以积极快乐的心态对待工作，不把工作当做自己的负担和生活手段，而是当做一种体现自己价值的形式。当你看到一个孩子在你的教导下，有了小小进步时；当经过你的悉心教育，一个孩子认识到自己所犯的错误并且改正错误时；当你所带的班级在学校组织的竞赛中获奖时；当孩子们在教师节给你送上一束花时……所有的这些都足以让你体验到教师职业的乐趣。

当你低头做每一天工作的时候，你恰恰正在书写历史，关键在于你有没有决心每天都改变历史，而不是重复。

这句话正是告诉我们，教师的工作虽然琐碎而且重复，但是我们要善于从这些琐碎的事件中，找到工作的意义。

教师职业压力的问题与调适

教师压力的普遍存在已成为众所周知的事实。教师这一职业角色，无论是教师本身还是外界社会，都赋予了它更高的要求和特殊的职业含义。今天的教师们不仅承载着传道、授业、解惑的重任，还承受着来自自身、学校及外界社会等各方面的压力。压力，已成为现代社会中教师的共同体验，难怪有人说："压力就像空气一样无时无刻不在挤压着教师。"过重的压力影响到教师的生理及心理健康，影响到教师的专业成长和发展，并对学生的成长和发展造成负面影响。所以，教师所承受的职业压力问题是个值得关注的问题。

一、生命不能承受之重：教师职业压力的问题

1. 教师压力的现状

杭州市教育研究所对全市 31 所中小学的调查显示：76% 的教师感到职业压力太大，50% 的教师表示如果有机会会考虑换工作。北京市教育科学研究院基础教育研究所调查所得的数字更令人担忧：93.1% 的教师感到"当教师越来越不容易，压力很大"，并认为这已经成了普遍性的、重大的生活和生存问题。

2004 年 5 月首条教师心理咨询热线在宁波市开通，据参加接诊的心理咨询专家介绍，前来咨询的教师普遍反映心理压力很大。诸多调查表明，教师感觉到压力已经是相当普遍的现象了，正如中医理论中所说"病由心生"，压力成了危害教师心理健康和生理健康的一大祸首（参见表）。

表　职业压力的主要症状（石林等译，2005）

心理症状	生理症状	行为症状
1. 焦虑、紧张、迷惑或急躁	1. 心率加快，血压升高	1. 拖延和避免工作
2. 疲劳、生气、憎恨	2. 肾上腺激素和去甲上腺激素分泌增加	2. 表现和生产能力降低
3. 情绪过敏和反应过敏		3. 酗酒和吸毒人口增加
4. 感情压抑	3. 肠胃失调，如发生溃疡	4. 工作完全被破坏
5. 交流的效果降低	4. 身体受伤	5. 去医院的次数增加
6. 退缩和忧郁	5. 身体疲劳	6. 为了逃避而饮食过度，导致肥胖
7. 孤独感和疏远感	6. 死亡	7. 由于胆怯，吃得少，可能伴随着抑郁
8. 厌烦和工作不满情绪	7. 心脏疾病	8. 没有胃口，瘦得快
9. 精神疲劳和低智能工作	8. 呼吸问题	9. 冒险行为增加,包括不顾后果的驾车和赌博
10，注意力分散	9. 汗流量增加	
11. 缺乏自发性和创造性	10. 皮肤功能失调	10. 侵犯别人，破坏公共财产，偷窃
12. 自信心不足	11. 头痛	11. 与家庭成员和朋友的关系恶化
	12. 癌症	12. 自杀和试图自杀
	13. 肌肉紧张	
	14. 睡眠不好	

2. 正确看待压力——压力曲线

虽然压力常常带来负面的情绪，但是，我们也没有必要"谈压力色变"，排除一切任务和要求，以免对自己造成压力。因为适当的压力反而有助于我们的工作，下面就是心理学研究中的压力曲线图。

从上面的压力曲线①处可以看出：如果压力太小，工作效率反而会降低，大部分人在这种情况下都表现出对工作失去激情，动机不明，情绪也会很低落。这时，通常会听到"有点压力我会干得更好"之类的话，这其实就是暗示着人们当前的压力不足。

从②处可以看到，在一般情况下，随着压力的增加，个体的精力得到发挥，表现的状态更好，也就是说，适度的压力有利于个体保持良好的状态。运动员常常在参加大型比赛的时候能够超常发挥，取得平时训练不曾达到的

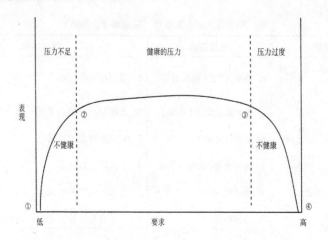

图1　压力曲线（Eve Warren, Caroline Toll, 2004）

成绩，这就是因为竞赛的适度压力，提高了他们的应激能力，使他们达到了最佳的竞技状态。

积极应对压力之法：教师职业压力的调适

教师职业压力是影响教师心理健康的重要因素，过大的职业压力必然影响教师的心理健康水平。因此，职业压力的调适和缓解对教师来说极为关键。这里推荐几种教师心理调适方法。

一、直接行动法

研究表明，人们往往趋向于逃避那些他们认为压力过大、需要付出较多努力的任务。然而，逃避虽然能暂时躲开压力源，却并不能因此而消除压力。相反，随着时间的渐渐紧迫和任务的越来越逼近，心理压力也会越来越大。

快速行动，直接找出压力源，是从根本上解决压力的"釜底抽薪"之法。作为一个教师，工作往往会千头万绪、错综复杂，但是轻重缓急各不相同。因此，按照工作的重要性和紧急性来完成任务是十分重要的（见图2）。

重要的事情是指那些具有重大意义的事情，紧急的事情是指那些需要立即去做的事情。在现实生活中，教师往往会被紧急的事情牵着鼻子走，然而紧急并不意味着重要，而有一些重要的事情却不一定是紧急的。一些教师因为压力过大，可能会回避做重要的事情，而去做那些不重要也不紧急的事情，

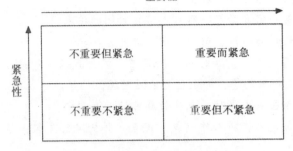

图2 工作的重要性和紧急性关系图

不停的忙碌似乎可以给自己带来安慰："看，我没有闲下来。"然而，这无法解决根本问题。正确的做法是：首先处理既重要又紧急的事情，然后处理重要但不紧急的事情，接着处理紧急但不重要的事情，最后处理既不重要又不紧急的事情。

二、进行时间管理

洗手的时候，日子从水盆里过去；吃饭的时候，日子从饭碗里过去；默默时，便从凝然的双眼前过去。我觉察他去的匆匆了，伸出手遮挽时，他又从遮挽着的手边过去。天黑时，我躺在床上，他便伶伶俐俐地从我身上跨过，从我脚边飞去了。等我睁开眼和太阳再见，这算又溜走了一日。我掩面叹息。但是新来的日子的影儿又开始在叹息里闪过了。

（朱自清）

许多中小学教师每天的生活忙忙碌碌，他们往往感慨："光阴似箭，我的时间老是不够用！""家人和朋友希望我花更多的时间与他们相处，可是我很忙，没有多余的时间。""我想享受生活，却永远忙碌，永远没有时间留给自己。"时间是个不变的常数，每个人都拥有同样多的时间，却很少有人拥有足够的时间。在大多数情况下，时间是一分钟一分钟浪费掉的，而不是整个钟头浪费的。

教师应该学会有效地管理和利用时间，通过对时间的合理规划和安排，提高办事效率，就可以空出时间进行休息和休闲，提高生活质量。美国的阿兰·拉金在《如何掌控自己的时间和生活》一书中，介绍了60条节约时间的建议，兹摘录10条如下：

（1）我的所有时间都有用，所以我尽量在每一分钟都得到满足。

（2）我尽量在工作中保持乐趣。

（3）我的时间不会浪费在惋惜失败上。

（4）我每天一定要学习一种可以节省时间的技术。

（5）我会检讨旧习惯，好的保留，坏的舍弃。

（6）我永远放弃"空等时间"的习惯，假如我必须等待，我就当它是天赐的休息时间或用来构想，并做些可能没时间做的事。

（7）我甚至在做小事时，也把长期目标记在心中。

（8）我把每天的特别工作制成一张表，并排定优先级，尽快完成最重要的事。

（9）我若有拖延的迹象，就问自己："我在逃避什么？"然后，集中火力去攻击它。

（10）我尽可能快一点把无利的活动斩断。

三、身心放松策略

放松策略是基于一个很简单的原理——一个人不能同时既放松又紧张。当我们处于紧张状态时，交感神经就处于兴奋状态——一个类似战斗或者逃跑的过程。此时，血液从消化道转移到重要的肌肉组织，为肌肉提供能量。这时我们的心律增加，血压会升高，呼吸加快，有些人还伴随出汗。在压力状态下，身体处于高消耗的状态，据估计，处于紧张状态时，身体的消耗量比平静状态高20%。

相反，当我们处于一个安静的、满足的情绪或者睡眠中，在副交感神经的作用下，心率变缓，血压下降，呼吸变得缓慢而轻松。血液也回流到身体的中心用来消化和储存能量。因此，放松身心也是缓解压力的一个有效举措。这里列举两种简单易行的放松策略：

1. 减压呼吸法

呼吸被我们看做是理所当然的无意识行为。健康专家提出，如果你的呼吸是从肩部和胸部开始的，那么说明你还没有利用肺部的全部力量，最有效的呼吸是从腹部开始的。对于特定的行为，控制呼吸对良好的表现具有重要的作用，例如，运动员和歌手会花许多时间来训练自己的呼吸技巧。绝大多数人对如何呼吸毫不注意，有时，不良的呼吸习惯可能会影响到对压力的感知和应对；而学习平静地呼吸可以帮助你放松紧张的神经。通过平静地呼吸，你向大脑发出的信息表明你能够应付自如，大脑又向你的身体反馈这样相似的信息，这些信息能使你的身体更加平静。下面介绍一种有效的呼吸方法。

深呼吸

将手放在你的腹部，放松你的腹部。现在，用鼻子深深地吸气。你感受到空气进入体内，直抵丹田，到达横膈膜，充满你的胸腔，如果你能感受到空气"进入胃里"，就说明横膈肌已经放松。这意味着你的肺已经充分扩张，你已经吸入了最大肺活量的空气。停顿片刻，然后通过嘴将气体呼出。当你吸气时，试着数到5，心里想着"吸气"；当你呼气时，也试着数到5，心里想着"呼气"。反复练习，直到每次呼气与吸气时都能数到10。

每次呼吸都应该从腹部开始，并于同一部位结束。刚开始你对这种呼吸方式可能会感到不适应，但是很快它就会成为你正常的呼吸方式。

学会了深呼吸，可以为你带来很多好处。例如，在发言前，至少做5次深呼吸，你就会发现自己能够在很大程度上不受周围环境的干扰。学会深呼吸，你会发现总是能够达到自己的目标，在努力追求目标的过程中，也能很好地放松自己。

（姚立新，2005）

2. 冥想

有一种松弛思想的特殊运动——冥思遐想，可以创造纯净的自我空间，促进血液循环，为全身的组织器官输送大量的氧气和营养，可以明显地减轻焦虑，让压力"飞"出脑外；同时，冥想能够帮助清除因身体紧张而引起的思维混乱，对于由压力而引起的失眠，也具有很好的助眠作用。

临睡前，仰卧在床上，闭上眼睛，头下可以放一个舒服的枕头。双手交叉，手心向下，轻轻放在肚脐上。幻想自己身处于蔚蓝色的天空下，碧蓝的海洋上海鸟飞翔（也可是大自然美丽的风光、天空间茫茫的星系和大海中漂曳的船只）。

具体方法是：注意力集中于自己的呼吸。吸气时，把空气直吸向腹部，手随腹部抬起；吸气越深，腹部升起越高。呼气，发出"O"的声音，然后合上嘴唇，发出"M"的声音，腹部向内朝脊柱方向收，直到把所有废气从肺部全部呼出来。然后再吸气，重复3~5分钟。

注意：发出的声音要足以让自己的耳朵听到，注意力集中在语音上，体会它在大脑中的回音。这样做可以放松大脑皮层，使你进入安静的内心世界，直到自然而然地睡着为止。

（《解放日报》，2007）

教师职业倦怠的问题与调适

"职业倦怠"是美国心理学家弗登伯格（H. J. Freudenberger）于1973年首次提出的一个概念，指的是个体在体力、精力和能力上都无法应付外界的刺激或要求而产生的身心疲劳与耗竭的状态。适度的应激是维持正常身心功能的必要条件，但是强烈的应激或持久的慢性应激会使人体的平衡状态被打破，容易产生倦怠及身心疾病。教师是一种多应激的职业，教学工作本身就是一种应激情境，所以教师尤其容易产生职业倦怠。教师的职业倦怠通常表现为情绪耗竭、去个性化、个人成就感低等，它不仅成为教师积极教育及教学行为的障碍，还对教师自身的身心健康构成很大的威胁。本节对职业倦怠进行心理学解释，探讨它的症状及负面影响，并提出克服障碍、走出倦怠的应对策略。

一、谁偷走了你的激情：教师职业倦怠的问题

1. "职业倦怠"的概念

有关专家表示，因现代人承受的压力越来越大，当工作中身心透支严重时，一种被称为"职业倦怠症"的慢性职业病症就会入侵上班族。职业倦怠是一种由工作而引发的心理枯竭现象，是职业人在工作重压之下所体验到的身心俱疲、能量耗尽的感觉。教师行业是服务性和助人性的行业，教师普遍承受着不小的职业压力，逐渐成为倦怠的高发人群。

2005年8月27日，中国人民大学公共管理学院组织与人力资源研究所和新浪网教育频道联合启动了"2005年中国教师职业压力和心理健康调查"，总共有8699名教师填写了调查问卷。该调查从"工作压力""教师工作倦怠""教师心理健康""教师生理健康"与"教师工作满意度"五个方面对教师的生存状况进行了全面的分析。调查结果令人堪忧：近四成教师生存状况不佳，三成教师工作倦怠，超过半数的教师认为压力过大，心理健康的教师不足三成。

2. 教师倦怠的表现

我是一名中学教师，工作也有好几年了，可以说我是一个不会轻易认输的人。可是，最近很长一段时间，我却一直提不起精神来，晚上也睡不好，脑袋昏昏沉沉的，对工作也失去了兴趣，觉得工作很乏味，每天不是备课、讲课就是机械地改练习作业，在家和学校两点一线上奔走。说起那些学生就

更让人生气，你想惩罚违纪的学生，他们动不动就说"你体罚我告你"；家长呢，好像比老师还懂教育理论，总是指责老师"你应该这样！""这样教育学生不对"；而学生出现任何问题，学校领导都会首先把板子打在老师身上。真是学生难管、课本难教、家长要求难以满足，高考难以应付，总觉得自己生活在社会的夹缝当中，都没有办法呼吸了。

这位老师的心理状态实际上是一种典型的职业倦怠的心理状态，表现为对生活感觉乏味，对事业毫无希望，精神上疲倦不堪，心里充满矛盾与冲突，这种消极状态对教师的身心健康和工作学习会产生十分有害的影响。马斯拉奇（Maslach）认为职业倦怠的具体表现为：情绪耗竭、去个性化、个人成就感低。

职业倦怠程度的自测问卷

以下这种情况是否经常在你的工作中出现？请根据自己的实际情况填写问卷。

评分标准

1 分　根本没有这种情况

2 分　很少有这种情况

3 分　完全会有这种情况

4 分　在很大程度上有这种情况

5 分　完全符合

问卷内容

1. 即使在夜里睡得很好，你第二天上班的时候还是会感到困倦。
2. 你总会为小事感到发愁，而在过去你很少会这样。
3. 你总是一边工作，一边看时间，心里盼着早点下班。
4. 你认为自己是个完美主义者。
5. 你不认为自己当前正在做的工作有意义。
6. 你会忘记分配给自己的任务、自己的约会，有时甚至会忘记自己的私人贵重物品。
7. 你认为自己在工作中属于被忽略的角色，你的努力并没有受到重视。
8. 你经常会感到头痛、身体痛或者是经常感冒。
9. 你工作比以前更努力，可取得的成就却比以前少。
10. 你通过做白日梦、看电视或者阅读与工作无关的读物等方式来逃避工作压力。

11. 在工作中遇到问题时，你没有可信赖的人值得倾诉。

12. 你更喜欢一个人待着，不愿意和同事多交流。

13. 你在自己的工作当中感觉不到挑战和新意。

14. 你对自己的工作和生活毫无控制感。

15. 你经常在下班之后想着工作上的事情。

16. 你对自己的同事没有好感。

17. 在工作方面，你感觉自己像是掉进了一个陷阱。

18. 你没有时间去做自己喜欢做的事情。

19. 你在自己的工作中看不到有趣的事情。

20. 你经常通过请假或者是迟到等方式减少自己的工作时间。

评分说明

25~35 分：倦怠度很低；

36~50 分：倦怠度较低：

51~70 分：轻度倦怠：

71~90 分：倦怠度高；

90 分以上：倦怠度过高

（刘祥亚，2005）

二、寻找新的动力元素：教师职业倦怠的调适

答完前面的"职业倦怠程度的自测问卷"，你的倦怠分数是多少？如果你不幸正处于职业倦怠的状态，而倦怠又给你的工作、学习和生活带来了沉重的负担，那么毫无疑问，你需要正视倦怠，与之周旋。尽管改变在惯性上形成的相对稳固的生活方式并非易事，但一定要相信，我们自己就有开启幸福的钥匙！

1. 正确看待教师职业

柯林斯国王西西弗斯死后获准重返人间去办一件差事。但是，他看见人间的水、阳光、大海，就再也不愿回到黑暗的地狱，这显然触怒了众神。神决定对他予以严厉的惩罚：命令他把一块巨石推上山顶。可是每次在他休息时，石头因自身的重量又从山顶滚落下来，屡推屡落，如此循环往复、永无止境。神认为这种既无用又无望的劳动对人类来说是最可怕的惩罚。

许多教师觉得自己每天都在演绎着人间版的西西弗斯，认为他们每天都在学校这个封闭环境里重复着单一的、毫无变化的生活，而且他们的劳动就像西西弗斯的那块不断滚下山的石头一样，似乎老是没有什么进展，在原地踏步。

教师的工作真的如上所述吗？

永葆教育激情

英国著名的物理化学家和思想家波兰尼在《人的研究》一书中提出，知识可以区分为"内隐"和"外显"两种形式。教师在日常教育和教学工作中传授给学生诸如做人的道理、人生观、价值观等，对学生情感、态度的影响，教给学生的学习方法和思维方式，都是内隐知识的传授。然而，内隐知识在标准化测试中却很难被测量和发现。正如"十年树木，百年树人"，教师的工作存在明显的后效性，教师长期努力带给学生的变化也往往是"润物细无声"，短期内无法"立竿见影"。因此，教师们应该了解自身工作的性质，进而在自己所从事的职业中发掘激情，不应因工作的长期性和无法快速看到效果而对自己职业的价值产生怀疑和低成就感。

同时，教师职业也是具有很强创造性的职业，教师每天面对的是变化发展的学生和不断更新的知识。是选择"以不变应万变""做一天和尚撞一天钟"和抱着陈旧的教案不断"重复昨天的故事"，还是选择主动更新教育观念、拓宽知识视野、更新知识结构，努力在平凡生活中创造性地工作和享受工作中点点滴滴的乐趣呢？想必大家心中都有一个清晰的答案。

2. 合理宣泄

研究表明，如果不良情绪积蓄过多，得不到适当的宣泄，就容易造成身心紧张甚至影响免疫系统的正常工作，带来疾病；而如果能够及时宣泄出来，则会有利于自己的身体健康。

宣泄就是发泄压抑在心中的苦闷，通过倾诉、释放压抑的情绪，让心情重归平静。情绪宣泄法包括直接宣泄（如直接向对方表示不满、找朋友倾诉）、代偿性宣泄（如在情绪宣泄室内发泄情绪）和书写宣泄（写信、写日记、写博客）。目前，许多中小学除了开设心理咨询室外，纷纷设立了"情绪宣泄室"，里面放置了沙袋、各种充气玩具和球类，到这里来发泄的教师们可以任选发泄工具摔、打、大叫，通过各种方式将不良情绪发泄出来。

及时宣泄不良的情绪成为心理保健的一个重要举措。那么，究竟应该如何排解不良情绪呢？

第一，通过哭泣排解不良情绪。哭泣是一种纯真的情绪宣泄，它是释放体内积累的能量、排除体内毒素、调节肌肉平衡的一种方式。哭泣是人们的一种保护性行为，它能使人消除不愉快的情绪。

第二，通过倾诉排除消极情绪。倾诉有两种形式：一种是以谈心的形式。可以向闹矛盾的对方开诚布公地讲出自己的看法，坦诚相见，解开疙瘩，消除误会，缓解不良情绪；也可以向同学、老师、家长或亲友诉说心中的不平、烦恼和忧愁，通过他们的帮助和劝慰，消除不良情绪，达到心理平衡。另一种倾诉方法是写日记。在日记里，可以书写发生不愉快事情的始末，也可以分析消极情绪产生的原因，分析哪些因素是可以避免的，哪些因素是不可以避免的或不是自己的失误造成的。如果原因在自己，要勇敢地承担责任；如果责任在他人，也应该宽容他人。这样，会慢慢地缓解，直到消除消极情绪。

第三，剧烈的体育运动也能消除不良情绪。人们遇到生活事件，出现压抑、烦躁尤其是愤怒情绪时，如果从事一些体力劳动或进行一些剧烈的体育活动，有助于释放不良情绪，起到宁事息怒的作用。

总之，情绪影响着我们心理生活的各个方面。虽然我们不可能完全抑制不良情绪的发生，但是完全可以通过一些适当的方式来减小不良情绪对我们生活的消极影响。

(http：//www. hongzhinet. com/homeworkhelp/question－content6079. asp)

3. 寻求社会支持

社会支持是进行职业倦怠干预的最重要资源之一，拥有强大社会支持系统的人身心更健康，更不易倦怠。教师的社会支持来源有很多，如领导、同事、学生家长、学生、家人和朋友等。研究表明，各种来源的社会支持对降低教师倦怠及提升个人成就感都有着积极的意义；来源于学生和学校领导的情感支持对于降低倦怠水平更为有效。教师应该建立自己的社会支持系统，在遇到压力时要主动争取得到学校领导、学生、学生家长、单位同事、家人、朋友等多方面的理解和支持，并且争取在得到他人的反馈、建议等实际支持的同时，获得更多的情感支持，如得到他人的倾听、关怀、鼓励等。

怎样才能获得更多的社会支持呢？一方面，教师要学习一些与人沟通的技巧，如怎样向他人求助；另一方面，教师要学会建立一个自己的社会支持网络，比如说可以参加一些正式的和非正式的团体（例如，参加某个协会或者在网络上参加一些论坛，认识一些兴趣爱好相同的朋友）。同时，教师也可以根据自己的需要，邀请一些有相同需要的同事组成一个活动小组，大家在小组中可以相互支持。比如，新教师可以组织一个活动小组，同一个学科的教师可以组成一个小组，班主任教师也可以组成一个小组。这些小组既可以是校内组织的，也可以是跨校的。大家定期在一起交流经验，共享资源，一起来解决工作中遇到的问题。这样，教师在工作中就不会感到孤单，会觉得有很多支持者。

（《中国教育报》，2006－05）

另外，教师在遇到职业压力和心理问题时，要有主动求助的意识。如果遇到难以解决的心理危机，不妨求助于心理咨询机构。社会心理学研究表明，在孤独的状态下，心理上的不适应会进一步加重，而通过与他人的沟通则可以得到缓解。心理咨询被誉为"温柔的精神按摩"，通过心理医生的安慰、劝导和启发，教师的认知、情感、意志、态度和行为等可发生良性转化，缓解压力，进而提高身心健康水平。目前，心理求助的方式很多，通过网络或拨打心理咨询电话都比较容易，保密性也很好，没有必要担心。尤其要注意的是，千万不要囿于教师的角色特征及职业特点，而忽视自己的心理问题，或对自己的心理问题讳疾忌医。

4. 适当运动

人的生理机能与内心情绪休戚相关。身心是一个统一体，当身体强健，身体中的神经系统、消化系统、内分泌系统、免疫系统以及骨骼、肌肉等组织运行顺畅时，人在精神上的承受能力必定是比较强的。身体是精神的寄托，只有身体健康，精神才能爽朗。大量的研究表明，运动能"卸掉"许多烦恼，具有迅速消除疲劳、降低倦怠、使人精力充沛的功能。医学研究表明，当运动一段时间后，人的大脑会分泌出类似吗啡的物质，不但没有副作用，而且可以帮助人们解除烦恼。以强健的身体、饱满的精神状态投入一天的工作，教师是不容易被职业倦怠轻易征服的。这里推荐几种有效且有益的体育运动。

跑步素有"运动之王"的称誉，可以改善心血管功能、呼吸功能，强化心脏。跑步技术要求简单，对场地、服饰没有要求，十分适合教师锻炼身体。教师们可以根据自己身体的具体状况灵活安排跑步的速度和距离。

游泳是最受欢迎的健身运动项目之一。适当地进行游泳锻炼，不仅能增强体质、塑造流畅和优美的体型，而且能给人带来心理上的愉悦。游泳还是一项极好的自然按摩，它能够通过水的阻力、自然流动和波浪的按摩、拍打对人体产生均衡压力。这种按摩可以有效地消除忧郁和疲劳感，减轻精神上和肢体上的负担。

瑜伽被称为"西域瑰宝"，在《瑜伽经》中被定义为"对心灵的控制"，有助于人的身、心、意的统一。现代社会人人都可能面临压力和紧张，而各种压力所产生的疲劳容易使人内分泌失调，导致身体各系统失去平衡，瑜伽中的体位和冥想练习，是最有益于整个神经系统的锻炼方法。经常进行正规的瑜伽练习，可以使交感神经和副交感神经达到平衡，而受这些系统影响的内脏系统也同时得到调理，能够改善温度调节效能、体质灵活适应能力和工作高度紧张时的体质能力，改善环境压力下的适应能力和大脑功能。

（金忠明、林炊利，2006）

教师职业高原的问题与调适

职业高原现象是指职业生涯发展到一定的阶段，在这个阶段，个体晋升的可能性很小，也就是发展处于停滞阶段，并且伴随着挫折感、失败感等。职业高原的出现严重影响着个体职业生涯的进一步发展。在教师职业生涯发展过程中，职业高原现象尤其明显，并受到了普遍的关注。本节就教师职业生涯中的职业高原现象及其原因做了初步的讨论，并有针对性地提出了职业高原现象的调适方法，以求能帮助广大教师朋友顺利度过职业高原期，达到顺利发展教师职业生涯、提升教学水平的目的。

一、山穷水尽疑无路：教师职业高原现象的问题

行走间的短暂迷茫

在人生的路上，每个人都在行走着，有时步履艰难，有时轻盈愉快。没有谁能说，在这条道路上一帆风顺，就算有，也难免一时的迷茫。

让我来说，"35岁不作为"就是人生路上的一团迷雾，让人置身其中，失去了或者说找不到下一步的方向。但是，这仅仅是暂时的。就像太阳会出来，大雾也会随之驱散一样，人内心的迷茫不会长时间地盘旋在人的心上，总会看到一束光，总会在一段时间之后，发现自己想要继续走的道路。人是要活下去的，所以，人总会为自己的人生道路寻找下一个目标。也许35岁不作为，可是，36岁可能就不同了。

实际上，这种现象不只在教师群体中会出现，其他人也一样会有。但是，如同年龄会慢慢增长一样，每个人的阅历也会逐渐增加，到那个时候，我们可能就不会仅用有无作为来衡量一个人了。

（李鑫，2007）

所谓的"35岁不作为"就是我们通常所说的职业高原现象。在职业生涯发展周期中，职业高原现象普遍存在。

一般而言，教师经过职前准备进入学校后，在从教10年左右，也就是35岁左右开始进入职业发展的高原期。这时，教师的教学水平往往停滞不前，这种高原现象持续时间短则四五年，长则十几年，这种职业发展中的停滞时期，就是教师职业发展的高原期。

处于职业高原期的教师，常表现出以下特征：对教师职业的意义产生怀

疑，工作热情逐渐减少，教学态度发生明显变化，对新的教学理念缺乏敏感和认同，无法把新理念融入自己的教学中，关爱学生的情感减弱，工作满意度下降，常觉得力不从心，对自己的责任和义务缺乏清晰的认识。

教师职业高原现象出现的原因主要包括以下几个方面：

（1）个人因素。教师个人的年龄、受教育水平、对工作的喜爱程度、工作投入的多少、教师的人格因素都与职业高原现象有很大的相关性。一般来说，学历水平较低的教师获得专业成长所需的时间也较长，他们更容易在心理上处于职业发展的"静止期"。如果教师倾向于把事情的成功归结于外因（如运气）而不是自己的努力，那么，这种类型的教师更容易出现职业高原现象。

（2）家庭因素。家庭因素主要包括家庭满意度、家庭成员人数、配偶工作情况（是否有工作、全职还是兼职）、个人家庭负担等方面。家庭生活满意度高的教师，对工作更有热情，出现职业高原现象的可能性相对较小。个人家庭负担重的教师，有更大的生活压力，心理负担和工作负担也更大，对工作报酬与晋升的期望也比较高，更有可能出现职业高原现象。

（3）组织因素。学校领导是否能够给予教师足够的民主，教师是否能够得到领导、同事和学生的认可，教师有没有进修提升自己的机会，有没有恰当的奖励机制激发教师的工作热情，这些因素都直接影响着教师的工作积极性，也会影响到教师职业高原现象的出现。

二、柳暗花明又一村：教师职业高原的调适

职业高原现象在职业生涯中是普遍现象，大多数人都可能出现职业高原现象，因而如何跨越职业高原期，对于教师的专业发展具有重要的意义。

35岁，大展作为的起点

"35岁不作为"的提法警示中坚教师的职业成长与专业发展值得大家关注。难道教师到了35岁真的不作为了吗？非也。君不见，年富力强的35岁教师，承担着最为重要的教育教学任务；他们要经验有经验，要实力有实力，并悄悄地由"匠"向"师"过渡。只不过，他们变得沉稳与淡定，不像年轻时那般热情奔放；家庭、事业、身体的压力使他们时而出现倦怠的状态。他们还触动了教育发展中更为深层的难解问题，于是，在没有明确的方向时，显得有些许茫然与困惑。

实际上，所谓的"35 岁不作为"现象只是 35 岁教师身上表现出来的职业高原现象。跨越这个高原，他们将开始创造事业的成功。……35 岁，对于从事教育事业的人来说，只是一个开始。

（吴飞翔，2007）

1. 客观认识，坦然面对

处于职业高原期的教师，首先要接受自己正处于职业发展"停滞"阶段这一客观事实，而不能一味地否认和逃避，在面对职业高原现象所带来的各种不良反应的同时，也要看到它积极的一面。职业高原期只是事业发展中的暂时停顿，这种停顿并非意味着事业的终止，而是说明个人在事业的发展上已经达到了一个高峰，知识、能力都处在一个较为稳定的水平，是对前期努力的肯定；同时，它更是一种创造性的间歇，是新的飞跃的起点。因而，处于职业高原期的教师要很好地利用这个机会，冷静地反思，寻找、分析自己"停滞不前"的原因。

2. 目标明确，提升自我

在教育工作中，永不满足于现状，始终保持旺盛的求知欲，好学上进，勤于进取，这是教师职业的宝贵品质，也是教师成功的秘诀。随着信息时代的到来，教学越来越具有挑战性，教师要想与时俱进，就必须给自己设定适当的目标，不断地学习，不断地创新，在这一过程中定会有所收获，而这种收获所带来的快乐是不喻自明的。学习的途径有很多，阅读各类教育书籍，参加各类培训，其中网络培训也是不错的选择。随着电脑的普及，网络越来越多地为大家服务，足不出户，你就可以与名师零距离接触，可以聆听专家的讲座，可以在各类教育网站中学到很多新的理念、观点，享受"免费的午餐"，提升教学素养、让自己在学习中享受快乐。设立明确的职业生涯发展目标，在高原期用学习来点燃自己的工作激情，在提升自己的过程中体会工作的乐趣，我们就能找到突破高原期的动力。

3. 调节情绪，乐观生活

处于职业高原期的教师常常表现出对工作失去热情、情绪低落、工作满意度降低等特点。因此，教师应该学会调节自己的情绪，掌握调整情绪的方法，乐观地面对现实、面对工作、面对生活。

自我剖析法。为了减轻教学给你造成的紧张感，你可以用自问自答的方式和自己交谈："究竟是什么问题困扰着我？出现这些问题的原因何在？有哪些可行的方法能帮助我解决这个问题？什么是解决这个问题的最好方法？"通过这种简易而理智的分析，你会更容易也更快地摆脱紧张的情绪。

学习转移法。学习是一件快乐的事，它可以使人摆脱烦恼，忘记忧愁。读书学习不仅意味着获取人类积累的知识和经验，更重要的是，它还是谋求个体发展和心理健康的一种手段。我们能从学习中享受无限乐趣，冲淡工作中的烦恼，缓解竞争的压力。深邃的哲理、博大的信息、万千物象和百味人生带来的不仅是心灵的快慰，更是工作和生活的无限生机与魅力。

投身自然法。大自然是慷慨的，去摸一摸绿草的柔软，嗅一嗅花朵的芳香，闻一闻小鸟的心语，看一看夕阳的余晖，即便是看一看小蚂蚁无休止的劳作，也可以得到无数启示。生活中的烦恼、工作中的沮丧何足挂齿。投身于自然的怀抱，便可一举多得：饱览无限的美景，享受心灵的净化，启发创造的灵魂。

心情放假法。轻松的音乐和电影，如一缕清泉注入心田，可以给忧伤抑郁的心情洗个澡。开怀大笑，是消除精神紧张的最好办法。与朋友聊天、说笑话能减少痛苦，舒缓情绪，增添生活的乐趣和信心。

（刘晓明，2006）

教师人际关系的问题与调适

孟子说："天时不如地利，地利不如人和。"这里的"人和"指的就是人际关系。教师人际关系是指教师在工作和生活交往中建立起来的与学生、同事、领导以及学生家长之间的关系，其中，教师与学生、教师与同事之间的人际关系尤其重要，这也是教师职业发展中无法逃避的问题。人际关系处理得当，能有效地提高教育质量，减少教师的压力，促进教师身心健康的发展；若处理不当，则往往会影响人际关系的和睦，从而影响教学工作与自身的成长。本节列举了教师的一些人际关系问题，并提出了积极应对人际关系问题的相关策略。

一、挥之不去的人际烦恼：教师人际关系的问题

根据深圳市南山区一项心理健康状况调查显示，14.1%的教师人际关系较差，16.3%的教师情绪低落……目前，越来越多的报道反映教师的人际关系状况不好，进而影响到教师的心理健康，间接影响到师生关系和学生的成长，影响到教师的生活质量和工作积极性。那么，作为教师的你，你的人际关系状况如何呢？不妨用下面这个量表做个自我测试，测一测你的人际关系行为成熟程度。

教师人际关系行为成熟程度测量表

专业成熟特质　　　程度　　高　　　　　　　　　　　　　　低

Ⅰ. 师生关系

1. 对学生进行个别化教育。

2. 尝试找出学生的能力和才干。

3. 避免使用讥讽的态度。

4. 避免当众为难学生。

5. 在课堂上创造友善和互助的气氛。

6. 为学生提供民主参与的机会。

7. 尝试改善自己的方法。

Ⅱ. 教师间的关系

1. 知悉同事的成就，表示赞赏。

2. 除非学校管理者为学校利益而提出要求，
避免对同事的方法和工作做不利的批评。

3. 避免责怪以前的教师未能为学生做好准备。

4. 避免因妒忌一位教师，而对自己的人格发展产生不利的影响。

5. 避免同事间无事生非。

6. 对非本学科及其他领域的工作存有一份尊敬的态度。

7. 避免介入其他教师与学生之间的事情，除非被邀请提供意见或帮助。

8. 避免在学生及其他同事面前批评另一位同事。

Ⅲ. 教师与公众的关系

1. 记着自己是一名公仆。

2. 尝试向公众显示教师的最优品质。

3. 参与一些不直接与职业有关的社会活动。

4. 为不同的社会活动贡献自己的时间、金钱。

5. 用自己的一生来证实教育确能造就较佳的公民及较佳的邻居。

Ⅳ. 教师与行政人员的关系

1. 与高一级的行政人员讨论事情，而不过分越级。

2. 支持校长的政策和程序。

3. 避免公开批评校长和领导。

Ⅴ. 教师与专业的关系

1. 熟知自己领域中的最佳实践方法。

2. 自愿地归属于专业组织。

3. 为自己的专业组织贡献时间及才能。

4. 承担专业的责任。

5. 通过教师组织的渠道，为自己争取可行的民主途径。

6. 自豪地讲出教育服务对社会的重要性。

7. 通过阅读、学习、旅行或其他方法了解自己的专业及所处的世界，从而提高自己的工作效率。

8. 热爱自己的职业。

9. 鼓励能干及真诚的人加入教师行业。

使用说明

此表可以作为教师自身教学行为的践行标准，也可以作为职业道德自查的工具。在程度栏中"高""低"的空位记下点号"·"。做完后，将所有的点用线段连起来，所得的线若越近似直线，并接近"高"的一边，则说明你的专业成熟程度越理想。这个量表引导教师追求以下专业成熟的特质：①真正关心别人；②了解自己；③有成熟的人生目标；④清楚地知道自己的价值观；⑤有自制力；⑥小心自己的行为对别人的影响；⑦有计划地改掉自己的缺点，增强自己的能力。

（关燕祥，2006）

（一）师生关系

良好的师生关系对师生双方都有极大的益处。良好的师生关系，有助于提高教师的教学积极性，使其以更大的热情投入到工作中，以更温和的态度对待学生；同时，它有助于学生更加尊重教师，也可以让学生更加喜欢学习教师所教授的课程，即所谓"亲其师，信其道"。而如今，师生关系却存在着许多问题。

1. 教师误解学生

正在上课，突然，从一个男生的抽屉里飞出一个纸团，学生都"哗"地叫起来。王老师非常生气，快步走到那个抛纸团的学生旁边，严厉地说："你为什么上课乱抛纸？你看你现在对全班纪律造成多大的影响！"这个学生说："纸团不是我抛的。"王老师更加生气："做错了事还不肯承认。我明明看见纸团是从你这儿抛出去的，还想抵赖？"这个学生被老师这样一说也发起了脾气："我说不是我就不是我。"还出言顶撞老师。班上这下更乱了，争吵声引来了班主任，班主任将这个学生带出了教室。

（http：//www.bmhzx.net/jiaokty/ShowArticle.asp？ArticleID＝4000）

教师在不了解具体事实的情况下，主观臆断，任意对学生发火，容易造成师生关系恶化，局面僵持。

2. 教师言语失控

（1）教师大骂，训斥学生。

教师当着全班或大多数同学的面责骂学生时，往往会引起学生的极大反感。尽管有的冲突在教师的训斥下被压服了，但以后学生会经常跟教师唱反调；说教式的训斥对学生不起作用，只会使冲突升级；还有的训斥会直接导致学生离开课堂。

（2）教师用语言恐吓学生。

我希望能达到"骂而成器"的目的，然而适得其反，话音刚落，学生们就开始窃窃私语。见此，我又对"四大金刚"加以批评："我不允许课堂上出现这种行为。如果你们对听课毫无兴趣，我允许你们出去。"最后，我还加重语气表明立场："如若继续，即使期末考试满分，你还得补考。"话语一出，班上一片哗然。我顿觉语塞，直觉告诉我，情况难以收拾了。剩下的半节课就不了了之了。

（http：//www. bmhzx. net/jiaokty/ShowArticle. asp？ ArticleID ＝4000）

如上所述，案例中的教师用考试不及格对学生进行恐吓，姑且不问该教师有没有这个权利，事实上这种做法不但没有解决冲突，反而导致了师生关系的恶化，损坏了教师形象。

（3）教师使用语言激将法，讽刺、挖苦学生。

我恼怒地对他说："你这是什么态度？你根本不像学生，干脆收拾东西回家吧！"他暴躁地跳起来对我吼道："回家就回家，有什么稀罕！"接着，他把书本扔到了教室的垃圾桶中，然后在走廊里对我吼道："你有种，除非你不出校门，你一出校门我就叫人把你劈了！"然后，他就疯了一般冲下教学楼，向校门口奔去。

（http：//www. bmhzx. net/jiaokty/ShowArticle. asp？ ArticleID ＝4000）

在这个案例中，教师以语言激怒学生，不仅使师生之间发生严重冲突，而且还有可能使学生从此不再走进教室、走进学校，甚至有可能危害教师的生命安全。

3. 教师行为失控

教师行为失控按严重性程度可分为三类：教师拉扯学生，与学生的身体发生推撞；教师推（赶）学生出教室；教师出手打或出脚踢学生。

4. 教师授课出错不改

教师在课堂上讲课出错，学生当面指正，教师碍于面子拒不改正反而斥责学生，引发师生冲突。

一次课上，我正侃侃而谈，不觉中犯了一个知识性错误，话一出口便意识到了，但见学生没反应就接着往下讲。这时候，一个平时给我印象不大好的学生站出来反驳了："老师，你说错了，还好意思说下去！"我一下子面红耳赤，狠狠地瞪了他一眼："你懂什么？我哪儿说错了？"学生坚持反驳。我恼羞成怒，将这个学生赶出了教室。

（http：/www. bmhzx. net/jiaokty/ShowArticle. asp？ ArticleID = 4000）

从上述案例中，我们可以看出师生发生矛盾时，教师起决定作用，教师是事态演变的主导方。教师如果不能恰当地处理师生关系，会直接影响教师在学生心目中的形象，对师生关系造成极大的伤害。

（二）同事关系

教师人际关系中的另一个重要部分就是同事关系。教师的主要工作场所是学校，除了与学生交往，教师接触最多的就是自己的同事和学校领导。因此，处理好同事关系，对教师来说也相当重要。良好的同事关系，能够营造和谐融洽的工作环境，使教师保持愉快的心情，用更多的精力投入到工作中，也有利于教师之间进行专业交流，提高自身专业素养，保持心理健康。

教师之间的人际关系也存在着许多方面的不和谐之处。例如：班主任抢夺优秀班级，争夺对学生的影响力；抢占自习课的时间来上自己的课；在科研学术上，留一手；在评比时争夺名次等。这些都严重影响着教师的同事关系。

二、添加人际关系润滑剂：教师人际关系的调适

（一）建立和谐的师生关系

1. 塑造自我形象

良好的教师形象是教师与学生交往的首要条件。教师在职业范围内的人际吸引力主要影响学生，教师以其真诚、乐观、积极、开放的态度和热情、宽容、睿智、幽默的性格特征感染和影响学生，会在无形中起到示范的作用，这就是我们所说的人格魅力。因此，教师要与学生建立良好的师生关系，首先应该注重自身形象的塑造，给学生留下良好的第一印象，并在以后的教学中保持教师形象。

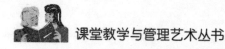

表　学生喜欢和不喜欢的教师特征

受学生喜欢的教师特征	不受学生喜欢的教师特征
语言简洁，表述清楚，知识渊博	语言表达能力差，讲课死板，方法单一
经验丰富，多才多艺，管理能力强	讲方言、有语病，专业水平差，不善管理
幽默公正，守信敬业，宽容大度	势利、偏心，不敬业，脾气暴躁，讽刺挖苦
平易近人，善解人意，开朗有活力	独断专行，心胸狭窄，刻板，不幽默
思想开放，温和，有修养	过于严厉，冷漠，不讲信用
穿着得体，举止文雅，朴素大方	不注意修饰，邋遢，服饰装扮夸张
有风度，有气质	举止粗俗，修养差
守时，有条理，守规则，语言美	不守时，迟到，拖堂，做事无头绪
讲究个人卫生	在公共场所吸烟，不讲卫生

（http：//hi. baidu. com/splow/blog/item/c4b16f0964ac28cc3ac76340. html）

2. 掌握沟通技巧

人际交往是在沟通中建立的。教师的主要沟通对象应该是与教师朝夕相处的学生。由于职业的特殊性，教师对外交际的机会比较少，因而与学生的关系对教师就显得尤为重要，直接影响到教师的生活质量和心理状态。教师要懂得如何与他人进行有效的沟通，才能与学生建立良好的关系。

首先，教师应该具备说话与倾听的能力，不仅要在人际交往过程中清楚地表达自己的观点，让他人能够理解自己，而且在交流的时候，还能够倾听他人说话，做一个优秀的听众。也就是说，教师要与他人对话，避免自己说自己的话，而完全不顾他人是否接受以及自己是否真正理解了他人的意思。

对话是交际的基础，有对话才有交流，有交流才能产生情感。其实一次成功的交谈，也应该像一场接力赛，每个人都是集体接力的一员，既要接好棒，也要交好棒。棒在自己手上时，要尽心尽力地跑好；棒在他人手上时，不妨为之加油、为之喝彩。如果把交谈变成一个人的独白，尽管你讲得眉飞色舞，口干舌燥，也没有人会为你鼓掌喝彩。所以，切忌使自己扮演"一言堂主"的角色。

（翁儒林，2004）

其次，教师要掌握非言语信息，熟悉肢体语言。肢体语言往往能反映出一个人不愿说出的、内心的、真正的想法，在交流过程中也起着相当重要的作用，如果忽视了这些非言语信息，往往可能造成人际沟通无效。

新来的班主任小秦老师问小磊同学："这次考试你两门不及格，你父母知道了吗？"只见小磊轻轻地触摸了一下鼻尖，眼神快速地飘荡后慢慢吐出话来："知——道——了。"小秦老师再也没有问下去。可是，一星期后，同学来告诉小秦老师，小磊因为涂改成绩单被父亲发现，今天被狠狠地揍了一顿，甚至不敢来上学！

（唐思群、屠荣生，2001）

上述例子正是由于教师没有关注到学生的身体语言，而忽略了学生说谎的事实。

3. 学会赞美

爱波斯坦是纽约大学治疗中心儿童神经外科主任、世界一流的胸外科权威之一。令人难以置信的是，他曾经是一名有严重学习障碍的学生。尽管他尽了自己最大的努力，可仍不断地遭受挫折和失败。他自认为比别人"笨"，就消沉退却，并开始装病逃学。默菲老师没有因他的"笨"而轻视他，相反还满腔热情地鼓励他。有一天课后，老师把爱波斯坦叫到一边，将他的一张考卷递给他。那上面，爱波斯坦的答案都错了。"我知道你懂得这些题目，为什么我们不再来一次呢？"老师挨个提问考卷原题让他回答。爱波斯坦每回答完一道题，他都微笑着说："答得对！你很聪明，我知道你其实懂得这些题目。我相信你的成绩会好起来的。"他还一边说一边把每道题打上钩。

（吴丽、王珊珊，2002）

正是老师这样的鼓励与赞美使得爱波斯坦有了学习的勇气与信心，最终靠自己的努力取得了成就。由此可见，赞美对学生起着多么大的作用。因此，教师应当多鼓励和赞美学生，以真诚的态度打动学生，从而建立良好的师生关系。

（二）建立融洽的同事关系

1. 树立集体意识

学校是一个集体，教师在学校里是作为一个教育集体共同担负育人责任的。教育过程不可能只靠一两个教师来完成，必须依靠整个教师集体的协作、配合才能完成。所以，教师必须首先确立这样一种集体观念，才能在处理同事关系时做到顾全大局。教师心须首先认识到，无论哪个科目的教师，都是为了一个共同的目的——教给学生知识。因此，教师应当学会尊重其他的教师，增强彼此之间的沟通，促进相互认同，这样才有助于形成良好的集体氛围，教师之间相互配合，共同促进工作，从而使教师之间的人际关系达到和谐、融洽的境界。

2. 正确看待竞争与合作

教师必须正确看待同事之间的竞争。同事之间的竞争避免不了，但是同事之间不是只存在竞争，还包括合作互助。任何一项任务，并不是单靠一个人的力量就可以完成的，尤其是对于教育学生这一项长期艰巨的任务而言。况且，竞争本身就有利于促进每个人的成长，有利于个人抱负的实现。对于一个集体而言，竞争有利于提高效率。教师要辩证地看待自己的成绩，自己的每一次进步与提高都与领导的关心、同事的帮助、老教师经验的传授以及学校创造的条件分不开。因此，不能把成绩全部记到自己的账上。教师要想继续进步，就要虚心向优秀教师学习，善于取他人之长，补自己之短，这样才能百尺竿头，更进一步。

3. 多些宽容与理解

古时候，一个丞相的管家准备修一个后花园，希望花园外留一条三尺之巷，可邻居是一个员外，他说那是他的地盘，坚决反对修巷。管家立即修书寄至京城，看到丞相的回信后，管家放弃了原计划。员外颇感意外，执意要看丞相的回信。原来丞相写的是一首诗：千里家书只为墙，让他三尺又何妨。万里长城今犹在，不见当年秦始皇。员外深受感动，主动让地三尺，最后三尺之巷变成了六尺之巷。

这是一个著名的关于宽容的故事。俗话说得好，"退一步海阔天空。"同事之间尤其需要宽容与理解。同事之间难免会遇到争执和冲突，这时候如果处理不好，不仅会影响教师的情绪、同事之间的关系，还会间接地影响到教师的上课效果及学生的学习。同事关系恶化还会造成多方面的不良后果。因此，教师应该多从他人的角度出发，站在别人的立场上看问题，多多理解他人的处境。教师要能容人，既能欣赏他人的优点，又能接纳他人的不足。你敬我一尺，我敬你一丈。教师对待他人的不同意见，要具有"有则改之，无则加勉"的胸怀。在坚持原则的基础上，即便是不当的指责，也要尽量避免无意义的正面冲突，做到"君子坦荡荡"。对别人宽容了，自己的心境也就自然开阔明亮了。

第七章

教师永葆教育激情的发展策略

人的任何一种追求，都是对幸福的追求

职业倦怠是一个严重的问题，它足以摧毁教师的生活和职业生涯，并影响教育教学的质量。从二十世纪七十年代开始的大量研究表明，大多数教师都存在着工作压力和职业倦怠的问题。但是，直到二十世纪八十年代后期，政府部门、政策制定者以及学校领导者才开始意识到这一问题，而许多一线教师甚至并不知道消极压力和工作倦怠意味着什么，即使他们曾经或正在经历着消极压力和职业倦怠。繁重的教学任务常常使得教师模糊了工作与生活的界限，对工作的满意度随之被噬食，生活和工作的快乐与幸福也变得无影无踪。

职业倦怠严重地危害着教师的身心健康，但这绝不意味着教师职业就与幸福无缘！健康是一种状态，而幸福是一个过程。疾病和健康是对立的两种状态，你或者是健康的或者是不健康的，当你生病时，你不可能同时是健康的。然而，积极的心态却能创造生活！在你生病时，如果你的生活是有方向的，态度是乐观的，你仍然可以感受到"幸福"，这是一种对生活和快乐的深度体验与欣赏。显然，幸福比健康处于更加主导的地位。

教师职业既劳心又劳力，社会地位偏低、劳动报酬不高，确实很难轻言幸福，但是，这并不意味着教师就不能享受到职业幸福感！事实上，很多教师在享受着教育、体验着幸福。他们以多元，多姿，多态的幸福观诠释着什么是教师的幸福，怎样才能在平凡、清贫、烦琐中不断汲取幸福和快乐的元素。他们在快乐的频道里生活，心怀炽热的爱心，用明亮的慧眼，在平凡琐碎的工作生活中寻找、发现并传递快乐，细心地收获着教书育人的幸福。

幸福是人生的主题，追求幸福是每个教师的毕生所愿。感到幸福的人，人生总是快乐和阳光的。教师的幸福不仅影响着自己的人生快乐，还影响着学生的健康成长。只有教师幸福，学生才会感到幸福。教育是一个漫长的、不能立竿见影的事业，需要我们耐住寂寞、忍受压力，更需要有健康的追求和积极的心态。幸福不在于拥有什么，而在于怎么看待自己的拥有。拥有过程的美丽，想象桃李满天下的美好，教师的心里就会充盈着幸福，洋溢着自豪。把教书育人当成是世界上最幸福的事，用这样积极的心态，可以冲淡心灵上倦怠的尘土，感受到快乐！

职业幸福：积累教师的快乐资本

一、幸福含义：积极的生命状态

幸福感是指舒适、健康和愉快的状态。

关于幸福的含义，并没有确切的答案。千百年来，人们在不断地追问、探寻、争论。著名哲学家康德无可奈何地说："幸福的概念是如此模糊，以至于虽然人人都想得到它，但是，谁也不能对自己所决意追求或选择的东西，说得清楚明白、条理一贯。"虽然对幸福的理解没有达成共识，但这并不影响人们对幸福的不懈追求。不同职业的人都在孜孜不倦地追求着属于他们的幸福，教师也是如此。

现代心理学常使用"主观幸福感"（Subjective Well - being, SWB）来描述幸福的心理感受。事实上，幸福是主观和客观的统一体，就形式来讲，是主观的心理体验，就内在本质来讲，是客观的，具有不以人的意志为转移的客观本性。幸福是对人一生有重要意义的需要、欲望和目的得到实现的心理体验，由两大因素构成：第一是需要、目的的满足和实现，这是客观的，是幸福与否的客观标准；第二是心理体验，即主观的心理过程。幸福感不能脱离幸福的生活状态而存在，一种幸福的生活状态只有被自我觉知的时候，才能成为一种心理生活，才对个人有意义。

"主观幸福感"与"幸福"在概念上是不同的。幸福可理解为整体的生活质量，包括客观与主观两方面的良好状态，常用于观察者对行动者的描述，有客观指标与评价标准，而幸福感仅指幸福的主观体验，完全由行动者个人自己评价。幸福是生命的一种存在方式、一种生活，而幸福感就是自身对这种幸福状态的感受和评价。这正是生命的最终目的！主观幸福感是对美好生活的评价与体验，是对生命的理解与领悟，是对人生价值的自我肯定。简言之，幸福感是人的一种积极的或良好的存在状态。

人们对幸福有着多元化的理解，然而，人们几乎都承认这样一点：幸福是一种主观心理体验，同时也是一种客观生存状态，幸福是主观体验与客观状态的统一。教育是走向全面人本化的事业，我们在承认幸福主观与客观统一的同时，可以用全面的视角来阐释和理解幸福。

第一，幸福是一种愉悦的心理体验。从幸福的主观层面看，幸福是个体愉悦的心理体验，表现为快乐、满意、满足。首先，作为一种情感体验，幸福不等同于快乐，"与快乐相比，每一种幸福都是非消费性的……它是我心里的纯粹意义"。幸福的意义性表明，幸福感不仅限于感性经验，人的社会性决定了这种幸福感需要伦理、道德的规约；其次，从情感发生的对象看，幸福感总是基于感受主体的内心体验，与感受主体对事物的认知、评价有关，幸福需要个人亲自去感知和体验。个体只有对某事物真心认同，他才真实地感受到幸福。强行的、未经内化的社会价值观，无法真正让人感受到幸福。

第二，幸福是个体稳定、和谐、自由发展的良好生存状态。从幸福的客观层面上看，幸福绝非仅仅是个体的主观感受，这种感受是以他的客观生存状态为基础的。从全面人性观的视角看，个体"是一个身心健康的人，是一个各方面的精神要素（知识、道德、审美）协调发展的人"。作为自然存在，人需要有基本稳定的物质生活作保障，作为社会性存在，人能与周围的各关系主体和谐相处，作为精神性存在，人在与自然、社会和自我相互作用的过程中，超越了动物的本能，能自由自主地创造。幸福是以人的完整生命为基础的，是个体稳定、和谐、自由发展的良好生存状态。

第三，幸福是个体对自我生存满意的愉悦状态。作为一种情感体验，幸福不是空穴来风，而是基于良好的生存状态。否则，这种情感体验就仅仅是虚幻的幸福，幸福作为优质的客观生存状态，必须经过个体认知参与才能内化为情感。否则，即使客观生存条件再好，也会"身在福中不知福"。幸福需要一定的客观生存状态为基础，但并非客观生存状态越好，生活就越幸福。真正的幸福源于内心体验，"主观与客观统一"是幸福的内在定律。

第四，幸福是一种能力。从幸福的实现方式看，要达到主观与客观统一，个体在与事物相互作用的过程中，必须经过主体客体化和客体主体化的过程，这就需要一种幸福能力。幸福能力是指个体创造幸福和感受幸福的能力。幸福是一种客观生活状态，这种客观生活状态是由人的实践活动造就的。人的本质和特点就在于他能够通过实践活动改变环境，使环境适应并满足人的需要。从这个意义上说，幸福是人创造的。人的这种创造力发挥得越充分，他所获得的幸福就越多。

教育的主要目的在于使学生获得幸福，不能为任何不相干的利益而牺牲这种幸福。关于这一点，当然毋庸置疑。

二、教师幸福：乐教的职业境界

教育是为人类谋福利的事业，在教育回归以人为本的今天，教师幸福逐渐成为社会关注的热点。在不同的研究领域，由于对教师幸福理解视角的不同，会有着不同的理解和答案。譬如，伦理学主要探讨道德与教师幸福的关系，心理学基于个体心理层面探讨教师的主观幸福感，哲学上的幸福理念与人性密不可分，不同的人性观支配着不同的幸福观，教育学的实践立场、生命立场和场域立场，决定了教育学关照"具体的""完整的""关系中的"教师幸福。

当教师过多地强调角色自我时，个性自我就会受到压抑而失去个性化，只是因角色、规范、要求、职业责任而从事教育，教育工作就成了外在于个人日常生活的"它者"，成了谋生的手段。只有当教师超越角色自我，使规范要求变成生命体验的一部分时，两种自我在教师的个性自我中得到统一，教育才会成为他生活的一部分。当职业自我和个性自我的矛盾解决的时候，职业就能转化为事业，教师就会专心致志地从事教育事业，就会像热爱自己一样乐于从教。

教师幸福是一种乐教的职业境界！教师幸福反映了教师在自己的教育工作中自由实现职业理想的一种教育主体生存状态。教师幸福，在很大程度上不是靠别人给予，而是靠教师用心去寻找和体会。教师幸福感的产生，来源于我们的行动，更来源于我们的内心。如果我们以"享受教育，幸福人生"为理念，能以享受的态度从教，那么，我们的教育生涯就是幸福的人生，就能达到"享受教育每一天，幸福生活到永远"的境界。

教师是幸福的。尽管你有沉沉的负累，而你却秉有创造的灵动、舒展和充盈。在你的课堂里，你总能以充满遐思的彩色语言表达富有意义的新观念，你总能以充满智慧的对话催生出富有创意的新结果。你将自己内在的素质"化"进教材，"化"进教学过程，将角色自我与个性自我融为一体，教育就成了张扬个性、肯定自我、升华精神、展示魅力的幸福事业。

（摘自一位教师的博客）

当教师切实地将教育作为"事业"来追求时，他就会积极主动地去创造，热爱学生，热爱教育，心甘情愿地付出。这时，教师将体验到三种快乐：在学生成长中，教师的生命智慧在一个个新的生命智慧中延续，同时感受到因超越而带来成就感的快乐，教师工作得到社会、家长、学生的普遍认同。而感受到生命价值的快乐，职业本身要求教师在知识不断补充、心灵不断净化中得到自我完善的快乐。把教育当成事业来追求，实际上流露出教师深深的"教育爱"。与职业道德相比，"教育爱"是与教师幸福高度相关的德行能力。

三、创造幸福：教师的职业追求

教师职业的本质是创造人的精神生命。

古代意大利有位造船匠，他造了一辈子的船，却从没坐过自己造的船。他的最大愿望和享受，就是当自己造的船驶向大海的时候，能够伏在码头的栏杆上观望，直到那艘船消失在茫茫的大海上……

教师不正是这样的造船匠吗？虽然我们不能同自己造的船一起远航，但是，我们的爱心、希望和生命的智慧已经化作一面风帆，鼓荡着船儿在人生的海洋中驶向蔚蓝色的彼岸。或许，在将来的某一天，我们会从教育过程中隐退。然而，我们的精神却永远融入到了学生的血脉之中，滋润着学生未来的生活。学生快乐成长的过程，正是我们生命增值和价值实现的过程，人生还有什么比这更幸福的呢？

幸福是教育的基本准则，也是教师的职业追求。它有着教师和学生生命质量提升的双重含义，而不是教师"独善其身""独享其乐"。教育生活具有一定的质量，是教师人生幸福现实化的重要体现。马克思曾经说过："人们只有为同时代人的完美、为他们的幸福而工作，才能使自己也达到完美。"因此，作为人生幸福现实化的教育生活质量的提高，与学生的身心健康或可持续发展密切相关。因为，教育生活质量越高、学生在教育生活中所获得的积极情感体验越丰富，他们的发展越有可能是健康和可持续性的。学生感到教育生活是一种人格安全有保障的、有尊严的，紧张活泼、丰富多彩、张弛有度的，能体验学习乐趣、有成功感的生活，他们就会更加热爱教育生活，他们的学习会更加积极、更加主动，因而他们的发展就越有可能是可持续的。如果教育生活缺乏应有的质量和幸福，学生则会厌恶甚至逃避教育生活，这不仅会影响他们发展的可持续性，而且会影响其整个一生的健康发展。

教师幸福的创造

阅读以修炼心智；表达以绽放思想；简单以聪慧大脑；

歌唱以释放压抑；舞蹈以洋溢快乐；运动以享受健康；

微笑以滋润心灵；豪爽以挥洒激情；勤奋以充实人生；

善良以获得坦然；宽容以获取安慰；感激以体验幸福；

平和以净化灵魂；博爱以提高境界；自强以振奋精神；

真诚以换得信任；尊重以赢得尊重；坚忍以成就自我。

教育生活是教师与学生共同创造和生成的过程，教师幸福是创造与享受的统一。杨钦芬等（2007）在《教师幸福的阐释及创造》一文中，根据幸福的主观与客观统一的定律，提出了教师幸福的创造应该努力的方向：

第一，正确定位角色，提升职业境界。角色自我和个性自我的统一，是教师幸福的条件。处于关系场域中的教师，应在全面深刻地认识教育本质和领会教师这一职业价值的基础上，正确定位自己的角色，意识到自己是睿智的人，是有教育思想的人，并恰如其分地扮演自己的角色，尊重学生，做到教学民主，将更多的"隋"和"爱"注入学生的精神世界；在与学生互动的过程中，自主设计教学活动，精心创设课堂情境，努力调动学生的积极性。此时，角色自我被个性自我情感化、感性化、个性化，并沉入到个性层次，成为生命的一部分，教师从师生共度的生命历程中收获尊严和自由，从教学实践的硕果中体悟到职业的内在价值和生命的升华。职业不再是"生存之道"，而是人生中重要的生命历程。只有达到这种境界，教师才会由"工作体"变成职业生命的主体，真正由"他律"走向"自律"，教学使命才会内化为自我信念，教师才会积极投身于教学改革，勇于挑战困难，自觉批判反思，大胆创新，不断超越自我、成就自我。

第二，学习兼顾研究，提高专业技能。教师对教学过程进行创造和享受，是获得教师幸福的重要条件。创造和享受的课堂必定是动态生成的、成功和谐的，是建立在教师熟练地驾驭课堂基础之上的。教师在动态生成的课堂情境中，领悟教材的精神实质，及时捕捉、重组课堂上灵动的课程资源，自主建构教学的过程和方式，教师在教学过程中，能机智地处理出现的意外事件，与学生进行真诚的交往和对话。很难想象，一个业务能力不强、不能很好地处理课堂情境的教师，能从教育劳动中品味到乐趣。教师要达到这种教学境界，需要精深的专业知识、熟知学生心态的条件性知识及处理情境问题的实践性知识等专业能力结构。

第三，施予教育爱，促进人际关系和谐。教育爱是教师幸福的德性能力。弗罗姆说过："成熟的爱乃是保全个体的个性、整体性的结合，是人的积极能动的力量，它打破了把人隔绝的围墙，使人与人和谐相融。（成熟的）爱使人克服孤独感和分离感，然而又让他成为他自己，仍然伫立于其整体中。"（转引自刘志军，2004）。教师教育爱的付出，打破了教师与学生、同事等"我"与"他"的心灵壁垒，双方共同建立起"我—你"的关系世界。在彼此完全平等、相互信任和关怀中，教师体验到生活的温情、职业的价值，不仅增添了教育的乐趣，还能用"良性竞争"和"友好合作"构筑温馨、和谐的幸福家园。

第四，提高审美素养，营造精神空间。幸福是一种客观生存状态，需要教师去创造，但同时幸福作为一种主观心理体验，它也依赖教师的感受能力去发现和体验。审美是解放和升华教师感性的重要途径，因为审美活动是一种超越了狭隘和粗陋的占有与拥有后的一种具有升华性的人类生命活动（转引自何齐宗）。它摒弃各种私心杂念，超越物质功利，追求的是一种精神上的愉悦与满足。通过审美活动，人能够摆脱物质的束缚而获得充分的自由，最终成为自己生命的真正主宰。所以，教师要以审美心态看职业、看自我、看教育过程，尽己所能创造审美境界，在异化的工作空间开辟一片属于自己的精神领地。

教育是一个复杂的多维度、多层次系统，教育的目的有认知、情感、意动上的近期目标，也有牵涉到社会、政治、经济、文化发展的长期目标：教育可能是为了升学、就业、较高的经济收入、提高社会地位等功利性的目的，也可能是为了身心的全面发展、精神世界的陶冶、生活情趣的丰富等非功利性的目的。不管是什么样的教育目的，只有把它置于"人的幸福的关照中"，它才是有意义的。教师幸福是每位教师都向往和追求的，但教师并不必然是幸福的。要想获得教师的职业幸福，需要我们的积极创造与不懈努力，在教育过程中充分挖掘幸福源、培养幸福感、创造幸福实现之条件。

管理幸福：创设幸福的心理环境

一、组织气氛：营造幸福的校园文化氛围

师生脸上洋溢着的友善真诚的微笑，是学校文化的表征。

学校文化是展示学校特色、舒展师生心灵的处所，也是全面实施素质教育的要求。《中国青年报》曾发表了一篇题为《学校应带给每个人幸福与希望》的文章，刊登了对三位专家学者的专访。其中，《明日教育论坛》主编张文质认为："学校文化建设应因于时代，以成全人，带给每一个人幸福与希望，校园文化的核心点应该建立在对每一个具体的个人的陶养、润泽与成全上，这既需要勇气、责任感，更需要一种耐心。"

学者哈尔平在分析学校组织气氛时曾指出：在第一类学校里，教师和校长都充满热情，在工作中处处表现出自信。他们在相互合作中得到乐趣，并感染着学生。……在第二类学校里，教师们显然孕育着不满，校长缺乏领导能力，并力图用他的权威来掩盖其不称职。……蔓延在教师中的病态心理，也感染了学生，使学生生活在一种挫折感中，并反馈给教师一种绝望的情绪气氛。第三类学校，没有欢乐也没有绝望的气氛，但充满着空洞的仪式……以一种奇怪的方式，给人以一种"不真实"感。这一系列内在的特征，就被称为组织气氛。

学校组织气氛是由学校的一系列内部特征所表现的，这些内部特征包括学校的环境、文化、氛围、感觉、风尚等。学校的组织气氛是学校领导作风和领导方式的结果变量，它直接影响教师的工作满意度和主观幸福感，进而又会影响到学校的教育教学质量。有关学校组织气氛与教师职业倦怠的研究表明，两者显著相关。其中，领导效能与职业倦怠各维度呈负相关；管理伦理与情绪枯竭和成就感丧失呈正相关；人际融洽与职业倦怠各维度呈负相关；

校际疏离与职业倦怠呈正相关；校容校貌与职业倦怠呈负相关；教学设施与情绪枯竭和成就感丧失则呈负相关。

一名教师对他的工作集体（学校）是否认同、自己的工作潜力能否发挥、所从事的工作是否有价值、人际关系如何等，这些都是教师工作积极性的表征，即所谓教师工作满意度，它们的发挥受到学校组织气氛的制约。哈尔平等人（Halpin & Croft，1962）从教师与校长之间的行为入手，编制了一套《组织气氛描述问卷》，用问卷调查的方法来确定教师之间、教师与校长之间交互影响的重要方面，并确定了开放的、自主的、管束的、放任自流的、家长式的、闭锁的六种代表不同学校组织气氛的类型。每一种组织气氛都是对教师感受（教师工作满意度）的描述，而学校领导在形成诱发教师工作满意度的组织气氛中起着决定性的作用。

1. 开放性组织氛围

根据哈尔平等人（Halpin & Croft，1962）的研究，开放性组织气氛的重要特征是推进力和精神状态好，推进力是指学校领导的行为特征，而精神状态则是指教师的行为特征。在有开放性组织气氛的学校里，学校领导以个人的榜样作为推动组织的动力行为。学校领导相信教师，全心全意地依靠教师，充分发挥教师的积极性和主导作用，依靠教师的集体智慧和力量来办好学校，他们带头尊重、爱护、理解、信任、关心教师，合理安排教师的工作，扬长避短、人尽其才、才尽其用，使其各得其所，发动教师参加学校管理，听取他们的合理化建议并付诸实施，尽最大努力解决教师生活上的困难，保证教师把主要精力用在教学、科研工作上；尽可能使学校环境整洁美化，令人身心愉快，重视对教师素质的培养和提高，多渠道地给教师接受培训、进修、出国深造提供机会，努力改善学校的信息、实验、科研等硬件设施，以利于教师教学、科研水平的提高，对教师创造性的劳动成果，给予充分的肯定和评价，并给予一定的物质和精神奖励。

2. 闭锁性组织氛围

与开放性组织气氛相反，闭锁性组织气氛的行为特征是推动力和精神状态低。学校领导不相信教师，不让教师参加学校管理与决策，凭长官意志主观决策，只把教师视为单一完成教学任务的工具，一味地发号施令，用僵化的教条、烦琐的规定和指令管理学校，客观上限制了教师的主观能动性和创造性的发挥，他们强调行政事务和琐事细节，工作表面化。他们心胸狭窄，不能容人，对教师的缺点吹毛求疵，他们高高在上、颐指气使，甚至擅作威福，把教师禁锢在一种极其拘束的心理气氛之中。教师和学校领导的行为都极不自然，缺乏和谐的气氛。教师由此产生不满的工作情绪和挫折感，冷漠感，导致行为上不关心学校建设，工作上没有激情，教学上敷衍了事。学校信息渠道是封闭的，沟通是单向的，自上而下命令式的，教师与教师、教师与学校领导、教师与学生之间没有交互作用，关系僵死，充满不满甚至敌意。

在闭锁性的组织气氛中，学校的各种工作和活动没有统一的目标或忽视目标的调节作用，没有合力点，失去了向心力和内聚力，大家各行其是，整个学校工作就像一盘散沙，一片混乱，教育目标无法实现。教师因为人格得不到尊重，潜能难以发挥，自我价值无法实现，成果得不到认可，工作目的性不强，人际关系紧张，而与学校产生疏离感，甚至要求调离学校，放弃教师职业。教师队伍的稳定性受到威胁，学校的教育教学质量和办学效率就会受到严重影响。

我们让校园的每一处都充满温馨，每个办公室的墙上都有一张洋溢着幸福的"全家福"，都有一句句温馨的话语："茫茫人海走到一起就是缘。""当绵绵的爱从你眼中流出，无声中那目光已融化了冬天。"这些温馨的话语告诉我们，互敬互爱、人际和谐才能幸福……我们每个人都珍惜在一起的每一天，在温馨和谐中享受着工作的快乐、生活的幸福。

在松江小学，我们让墙壁流动着生命，诉说着真情，展示着成功，讲述着故事，揭示着哲理，描绘着希望……我们走在校园里，犹如走在明媚的春光里，走在和煦的春风里，走在优美的图画里，走在清新的诗歌里。松江校园是我们每一位师生留恋的精神家园。这里生活着幸福的松江人！

（摘自《打造特色校园文化，营造幸福精神家园》）

和谐开放的组织气氛，是保证组织目标顺利实现的心理环境基础。不和谐的组织气氛会导致组织内部的冲突，影响领导行为的有效性。建立良好和谐的组织气氛，关键在于塑造共同的价值观，培育适应时代精神的组织文化，强化行之有效的各种规范与准则，使全体组织成员达到对组织目标的共识与高度认同。组织气氛是现代学校管理的软要素，它对学校组织发展及其内部成员的影响是潜移默化的。通过建立和谐的组织气氛来规范组织内部成员的行为，是现代化学校组织管理者的重要职责之一。组织气氛的和谐性包括以下四项基本内容：

第一，组织成员的认同感高，即组织成员愿意为组织目标而奋斗的精神状态。个人能认识到组织的目标和使命，积极地服从和服务于组织的共同事业，忠实于组织的理想和宗旨，对组织有强烈的归属感和责任感。

第二，组织成员的协作精神好。个人能克服狭隘的小团体意识，树立全局的观念和群体意识，组织成员间能进行有效的合作。

第三，组织成员的参与意识强。在气氛和谐的组织中，广泛实行民主管理，管理者能让员工合理地分享信息、权力和工作的成果。这不仅使员工在思想上、心理上产生满意感，而且对参与决策的问题能产生亲切感、相关感和责任感。

第四，组织内部的人际关系好。和谐的人际关系是组织气氛和谐的一个重要标志，它表现在组织成员彼此之间相互平等、相互顺应、顾全大局、求同存异、互相帮助、取长补短等方面。

学校组织气氛的形成是依靠学校文化建设来实现的。学校文化是学校的灵魂，它蕴藏在学校教育系统之中，以潜移默化的方式影响着教师和学生在学校教育活动、学校生活中的思维方式、价值观念和教育行为方式、人际关系及其学校生活样式。学校文化是多层面的，既有物质的，又有精神的。精神文化是指学校里的"人的生活方式"，也就是学校里的教师、学生、管理者的生活态度和生活追求。就"学校精神文化"而言，需要引导和培育一种和谐幸福的教师文化、学生文化和管理者文化，营造充满和谐的人文氛围，积极倡导"幸福、快乐"的管理理念，把学校建设成教书育人的师生乐园。

二、心理契约：从心开始的学校管理

在任一组织中，每一成员与该组织的各种管理者及其他人之间，总是有一套不成文的期望在起作用。

提到契约，人们一般都会想到明确的、正式的、具有法律效力的协议和文件。随着社会的规范化、法制化，这种契约已渐渐成为当代社会的一种普遍现象。劳动契约通过把契约双方的责任和义务明确地界定出来，在对双方的行为进行约束的同时，也对双方的权利进行保护。在正式的书面契约之外，每个员工还有一套对自己和组织之间的关系的主观看法，这些看法有可能并没有完全包含在签订的契约中。这些看法内隐于员工心中，并会随着时间、情况的变化而不断发生变化，这就是所谓的"心理契约"。

心理契约在中小学管理中有重要的实践意义，能有效地改善教师在学校中的心理状态，提高工作满意度、主观幸福感、工作参与及组织承诺。其中，工作满意度是最为重要的，在一定程度上对其他几个因素起决定性作用。学校心理契约管理的目的就是通过学校管理提升教师的工作满意度和主观幸福感，实现教师对组织强烈的归属感和对教育教学工作的高度投入。因此，中小学学校管理需要从心开始，及时掌握教师的个性特征和发展动向，了解他们的需要、能力及自我目标，按照教师的个人兴趣、特长和学校需要，实施教师专业发展计划，充分挖掘其潜力，使之真正安心于学校工作并发挥最大潜能，创造出学校与教师持续发展的良好氛围与条件。

共建教师与学校的"心理契约"，有利于树立人本理念和彻底革除用人不育人的弊端。一名优秀的教师如果长期得不到承认和发展，他们的选择只能是调离、跳槽、另谋高就。良好的"心理契约"的维持，就在于学校对教师各方面的看重，学校工作的创新来自于能够提供富有竞争力的职业生涯发展给教师，在教师成功的同时，实现学校教育教学工作的创新发展，使学校与教师结成合作型的双赢关系。

（摘自《科学管理：打造学校与教师牢固的心理契约》）

心理契约是存在于教师与学校之间的隐性契约，反映了教师与学校对彼此责任和义务的期望。一般而言，心理契约包含以下七个方面的期望：良好的工作环境，任务与职业取向的吻合，安全与归属感，报酬，价值认同，培训与发展的机会，晋升。学校心理契约的主体是教师在学校中的心理状态，而用于衡量教师在学校中心理状态的三个基本概念是工作满意度、工作参与和组织承诺。在学校这样的以教育活动为主的组织中，教师的工作满意度是学校心理契约管理的重点和关键。学校要想实现对人力资源的最有效配置，就必须全面介入心理契约的 EAR 循环，通过影响 EAR 循环来实现教师的期望。

所谓 EAR 循环，是指心理契约建立（Establishing，E 阶段）、调整（Adjusting，A 阶段）和实现（Realization，R 阶段）的过程。在 E 阶段，学校应了解教师的期望，并使教师明确学校及其所在部门的现状及未来几年内的发展状况，从而帮助其建立一个合理预期。

在 A 阶段，心理契约建立在对学校未来预测的基础上，当现实与预测产生偏差时，学校应及时与教师沟通，特别是当学校的状况发生重大改变以致引起教师的心理剧烈波动时，管理者的及时沟通，能减轻教师的心理负担，减少负面影响。

在 R 阶段，学校应及时考察实现程度，了解教师的合理预期在多大程度上已变为现实。之后，学校就将随着教师进入下一个阶段的 EAR 循环。

虽然心理契约只存在于教师的心中，但它的无形规约，能使学校与教师在动态的条件下保持良好、稳定的关系，使教师视自己为人力资源开发的主体，将个体的发展充分整合到学校的发展之中。因此，只有充分把握心理契约，参与教师 EAR 循环过程的始终，学校才能创造出永远充满活力的组织，并最终使校园成为师生和谐幸福的乐园。

然而，随着我国基础教育的不断发展，在各种规章制度体系不断完善的同时，却往往又会带来金字塔式的组织结构、僵化的管理体制、一定的官僚气息，学校逐渐忽略与无视教师的心理需求，甚至产生教师心理契约的破裂或违背，致使教师部分或完全丧失工作热情与激情，对学校的生存与发展漠不关心，学校的凝聚力也因此不断降低。

教师心理契约的破裂，是教师对学校未能按照与个人贡献相等的方式履行心理契约中一项或多项义务的认知，它代表了关于契约实现的认知评价，而这种认知评价是教师对其实际收获的东西和许诺得到的东西进行心理运算的结果。心理契约的违背通常被认为是一种"情绪混合体"，以失望和愤怒为基本特征。违背的核心则是源于意识到被背叛或受到不公正对待而产生的愤怒、怨恨、辛酸、愤慨和义愤（谢康，2001）。教师在这种情绪状态的最底层水平上，由于意识到未能收获所期望的和所需要的东西，因而往往会产生对学校的失望、挫折和忧伤。

一个健康、牢固的心理契约可以使学校最大限度地利用教师的能力，从教师所带来的绩效改善中得到发展，教师则从工作内容更为丰富、更具有挑战性、更适合自己的角色中获益。因此，心理契约是形成组织凝聚力和团队氛围的一种无形手段，特别是在和谐校园文化建设中起着实质性作用。研究表明，心理契约的不满足将直接导致人的满意度降低，对领导的信任度减少，认同感、责任感和主人翁精神减弱。因此，作为现代学校，应本着以人为本的柔性化管理思想，从尊重教师的个人发展和需要出发，与教师建立和谐、牢固的"心理契约"。形成坚不可摧的生命共同体，是教师幸福的心理基石，也是学校长足发展的基础。

三、工作设计：人职匹配的环境创设

如果一个环境给你带来了不良症状和障碍，那么你在这个环境中就会遇到许多心理上的冲突。要消除这些症状和障碍，就得去认识你身上存在的冲突。

人职匹配理论是关于人的个性特征与职业性质一致的理论，最早由美国波士顿大学教授弗兰克·帕森斯（FrankParsons）提出。其基本思想是：个体差异是普遍存在的，每一个个体都有自己的个性特征，而每一种职业由于其工作性质、环境、条件、方式的不同，对工作者的能力，知识，技能、性格、气质、心理素质等有不同的要求。进行职业决策（如选拔、安置、职业指导）时，就要根据一个人的个性特征来选择与之相对应的职业种类，即进行人职匹配。如果匹配得好，则个人的特征与职业环境协调一致，工作效率和职业成功的可能性就大为提高。反之，则工作效率和职业成功的可能性就很低。因此，对于组织和个体来说，进行恰当的人职匹配，具有非常重要的意义。

用人好比"砌石墙"，石头不可能是按一定规律生产出来的，而是有棱有角、没有规则的形状。砌墙时要根据每块石头的不同形状来安排它最适合的位置。随着"石头"本身和工作任务的变化，有时候还要不断变换"石头"的位置，以保持最合适的安排。盛田昭夫的"砌石墙"用人理念道出了只有员工的能力和工作岗位相互适应（相互匹配），才能充分挖掘员工潜力，发挥其最大效能，而工作设计为人（人的能力）职（职业岗位）匹配提供了基本保证。

在许多学校，校长简单地认为只要教师在教育教学工作上表现出色，并给予肯定或回报，他们就会感到快乐。实际上，教育教学表现出色并不总是反映或导致工作满意。只有当教师感觉到工作与个人兴趣相吻合时，才愿意长时间在相应的教育教学岗位上持续地投入工作热情，并付出智慧。这种个人兴趣是长期存在的，它与个人的人格紧密相连。它与人们的特长无关，但是它能影响人们是否乐于从事教育工作。在工作上，这种愉悦会影响教师的敬业精神，激励教师努力工作。

工作设计又称岗位设计，是在获得工作信息的基础上，研究和分析工作如何做才能促进组织目标的实现，如何使员工在工作中得到满意，才能调动员工的工作积极性。在学校里开展工作设计，是指根据学校需要，并兼顾教师个人的需要，规定学校每个岗位的任务、责任、权利以及与学校中其他岗位关系的过程。它把工作的内容、资格条件和报酬结合起来，目的是满足教师和学校的需要。工作设计是否得当，对于激发教师的积极性、增强教师的满意感以及提高工作绩效，都有重大影响。

随着二十世纪四五十年代人际关系理论的兴起，管理方式从科学管理时代的重物转向重人，"参与式管理"便是工作设计思想向"人本化"方向迈出的重要步骤，标志着工作设计思想的一次根本性变革。在众多激励理论中，弗雷德里克·赫茨伯格（Frederick Herzberg）提出的双因素理论对现代工作设计产生了极大影响。根据双因素理论，影响工作满意感的因素有激励因素和保健因素两类。激励因素、保健因素的性质和作用不同。只有激励因素才能真正调动工作人的积极性，从而提高工作效率。保健因素并不能使人真正获得满足，它没有激励作用，但能防止不满情绪产生。只有当激励因素被设计到工作活动之中，才能在工作中有效地提高职工的工作动机，而仅仅在保健因素上进行修补改善，无助于工作动机的改进和绩效的提高。

学者赫茨伯格提出的双因素理论认为，工作中影响人们对工作满意感的因素有两类：

第一类：激励因素。包括工作认知、成就感、责任、工作时的进步和个人能力发挥等工作本身的内在因素，决定人们在工作中的高满意感。

第二类：保健因素。包括公司福利政策、管理方式、上下级关系、工作报酬与工作环境、条件等工作中的外在因素，容易造成人们在工作中的不满意感。

虽然每个教师的人格特点存在着差异，但就整体而言，教师作为"知识型员工"，具有自主意识强、价值观鲜明、藐视行政权威等共性人格特点，这是进行教师工作设计必须加以考虑的。教师拥有专业技能，具有独立自主的要求，能力越强，自主意识也越强，不愿意接受上级严格的程序化指示和控制，希望得到充分信任，自我引导、自我尝试，教师有展示自己才能的强烈欲望，从事创造性的脑力劳动不仅仅是为了工资报酬，也是为了发挥自己的专长、成就事业，实现自我价值，在学校里，职称和职别并不是决定权威和影响力的重要因素，教师容易产生清高的心理，藐视行政权威，因此，单纯依靠权力控制这样的群体是徒劳的：学校最重要、最有价值的资源不是资金，而是教师头脑中的知识、技能和不断创新的能力，这种无形资源是天然归属于教师本身的，学校无法控制。

教师从事的不是简单的重复性工作，而是在易变和不确定的环境中充分发挥个人的智慧和灵感，应对各种教学和班级管理上的多变因素，创造性地开展教育教学。教师的工作过程是复杂的大脑思维和人际交往过程，不受时间和空间的限制，也不具备确定的步骤和流程，其自主性、自在性很强，局外人很难窥视和监控。教师的劳动成果都是智力成果，它的成本和价值具有很大的模糊性，难以进行准确合理的衡量，同时，智力成果又大都是教师通过团队的智慧和力量取得的，而要将这些智力成果分割到个人的头上，也是十分困难的。教师的这些工作特点，也是教师工作设计的基本依据。唯其如此，教师工作设计才能做到最大限度地调动教师的教育教学效能，并最大限度地满足教师个人成长和增加个人福利的要求。

教师工作设计有助于减少工作条件产生的压力，增加教师对教育工作环境的满意感。教师工作设计可采用工作轮换、工作扩大化和工作丰富化等多种方法。工作轮换不仅可以为教师提供工作机会分享，而且可以减少可能存在于工作中的厌倦，以避免一个人长期暴露在高压力水平之下可能产生的职业倦怠，工作扩大化可以帮助教师克服教学工作专业化过强，工作多样性不足的弊端，从而提高教师的工作满意度和改善工作质量，工作丰富化也可以为教师提供工作挑战，赋予教师一定的工作自主权和自由度，给教师充分表现自己的机会，通过提高教师的责任心和决策的自主权，来提高其工作的成就感。

教师工作设计的主要方法：

第一，工作轮换。指在学校的不同部门或在某一部门内部调动教师的工作，目的在于让教师积累更多的工作经验。

第二，工作扩大化。指扩展一项工作包括的任务和职责，但是，这些工作与教师以前承担的工作内容非常相似，只是一种工作内容在水平方向上的扩展，不需要教师具备新的技能。

第三，工作丰富化。是指在工作中赋予教师更多的责任、自主权和控制权。工作丰富化与工作扩大化的根本区别在于，后者是扩大工作的范围，而前者是工作的深化，以改变工作的内容。

工作设计直接决定了教师在其所从事的工作中干什么和怎么干、有无机动性、能否发挥其主动性和创造性、有没有可能形成良好的人际关系等。优良的工作设计能保证教师从工作本身寻找到意义与价值，可以使教师体验到工作的重要性和自己所负的责任，及时了解工作的结果，从而产生高度的内在激励作用，形成高质量的工作绩效及对工作高度的满足感，为充分发挥教师的主动性和积极性创造了有利条件。当然，工作设计并非是化解教师的工作不满、增进教师幸福感的灵丹妙药，还必须在职务设计、人员安排、劳动报酬及其他管理策略方面进行系统考虑，这样才能使学校需求与教师个人需求获得最佳组合，从而最大限度地激发教师的积极性，有效地达到构建幸福和谐校园的目标。

四、绩效管理：服务于教师的专业提升

对教师工作绩效的评价，就像教师职业一样古老。

"绩效管理"一词起源于二十世纪七十年代的美国，在九十年代被传入中国，以其完善的体系、优美的流程和持续改进的良性循环深得管理者们的喜爱，被管理学家誉为管理的"圣杯"。单纯从语言学的角度来看，"绩效"包含有"成绩"和"效益"的意思，从管理学的角度看，绩效是组织期望的结果，是组织为实现其目标而展现在不同层面上的有效输出。绩效包括个人绩效和组织绩效两个方面。在学校，绩效管理是对影响教师工作绩效的各要素与各环节进行管理的一个体系，它以实现学校的发展目标为宗旨，是一个经过绩效计划、绩效实施、绩效考核和绩效反馈四个环节的循环，不断地改进教职员工的工作，进而提升教师的专业能力，提高整个学校绩效的管理过程。

绩效管理缘于人力资源管理。在人力资源管理领域，对绩效的管理经历了绩效评估与绩效管理两个阶段。二十世纪九十年代发展起来的绩效管理是

绩效评估的升级版。在世界范围内，教师绩效评价曾经是一个颇有争议但又深受关注的问题。在美国，二十世纪八十年代《国家处于危机之中》和《国家为二十一世纪培养教师》等影响深远的报告，引发了社会对教师问责的强烈要求。在英国，政府一改实施多年的、温和的发展性教师评价模式，于1998年推出了绩效与工资挂钩计划，奖励工作出色的教师。无论问责还是奖励，都需要一个支持系统——教师绩效评价制度。教师绩效评价因而从边缘走向中心，成为备受瞩目而又"有高风险的事业"。在我国，虽然普遍认为需要评价制度对教师的工作表现予以记录和评判，但对评价过程、评价结果的使用仍存在较大争议，在某些地方的教师中出现了"评没了干劲、评出了矛盾"的说法。教师评价成为了运用广泛、但又备受争议的工作。

　　每年一度的教师考核是困扰着学校的一个重大问题，没有几个校长不愿意根据教师的业绩去给教师做一个评定的。这个评定不仅学校需要，教育行政主管部门需要，即便是教师个人也非常需要，但是，这个问题很难解决。年末，管理部门就面临着一大堆的表格要填写，教师本人也要填写一些表格，管理人员要找教师谈话，教师要找主管人员反映他们的意见。等待表格全部填写完毕，校长就要在上面签字，问题总算解决了，纸面上的工作做完了，人事部门也满意了，大家又回到"工作"中去了。学校每年都在重复做着同一件事情，它真的很烦，但是又必不可少，就看成是一项事务性或者程序性的工作吧。

（摘自《学校绩效管理探究》）

　　教师绩效评价是教育界在不断增加的外部压力下，于最近20年才广泛开展起来的一项管理实践。然而，由于教育界实施教师绩效评价制度的能力还有待提高，再加上教师工作难以精确计量，使得教师绩效评价中方法和技术欠缺、各群体利益的矛盾、绩效评价理念与传统教育思想之间的冲突都在所难免。要把绩效评价这种从企业界移植而来、非内生型的制度变成教师，决策者和管理者的共有信念和选择，必然要求教育界不断明确绩效评价理念，总结和思考教师绩效评价中出现的各种问题，规范对教师绩效评价的管理，减少因为实施绩效评价而可能引发的矛盾和冲突，以减少由此给教师带来的工作压力。

　　绩效管理不能等同于绩效评价，更不能简化为绩效考核。绩效管理是一个系统的循环，它是一个流程和体系，绩效考核仅仅是这个体系中的一个核心环节而已。"没有人有权利去评估别人。况且，当你试图迫使别人被动地去改变的时候，绩效评价不可避免地起反作用。"这是管理心理学家道格拉斯·麦格雷戈在二十世纪对绩效考核的批判。目前，理论上对于"绩效"的定义尚无统一的说法，但基本上可以划归为三类，即：绩效是结果，绩效是行为，绩效是缘于员工潜能的未来发展。在实际情况中，"绩效"概念的运用可能只是上述三种认识中的某一种，但也可能是对各种"绩效"概念的重新组合。现实地观察我国中小学的绩效管理，我们可以发现：关注教师教学结果和教学行为的多，而关注教师专业发展的少。

我国教师管理中存在的主要问题：

第一，单一的定期考核，而非系统的绩效管理。很多学校的绩效管理往往只有单一的定期考核，缺乏对教师的绩效实施辅导和及时的绩效反馈，同时缺乏对教师的职业指导，因而不能体现考核对帮助教师实现职业目标的价值。而且，绩效管理过程中，缺乏充分及时的绩效沟通。上下级之间的绩效沟通，常常只有考核后的正式的绩效反馈，鲜有对绩效结果的解释、原因分析及相应的改善建议。

第二，绩效管理中缺乏对教师职业发展的关注和指导。大多数学校在绩效管理中，无论是绩效指标的确定、目标的设定、绩效计划的制订，还是有关绩效的沟通，都只是围绕学校的教学成绩，而缺乏对教师个人的职业目标及职业发展的关注，更不用提学校领导对教师职业发展提供指导和帮助了。

第三，考核结果只跟教师薪酬挂钩。单一的直接跟薪酬挂钩的绩效考核，不可避免地导致教师产生"考核就是秋后算账"的感觉。教师是知识型员工中的一类，根据麦克利兰的激励需要理论，具有强烈成就需要的知识型员工渴望得到怎样进行工作情况的及时反馈，简单的"奖优罚劣"很难激发其工作热情。

第四，绩效考核唯量化的结果指标是尊。有的学校在绩效考核方面陷入了片面追求所谓"客观"的误区，以为只有可以量化的指标才能真正客观地反映教师的业绩。片面追求量化评价往往只看到人的共性，忽视了个体的特性。这是与强调个性化的知识经济时代、与追求个性的学校文化相悖的。

诚然，绩效管理离不开绩效评价，教师的绩效评价究竟是为了检验教师工作的结果还是为了促进教师的发展，这是一个问题的两个侧面。王斌华教授在其《教师评价：绩效管理与专业发展》一书中指出：教师评价制度是一个连续统一体，奖惩性教师评价制度与发展性教师评价制度是这个连续统一体的两个极端，大多数教师评价处于这两个极端之间。既不属于极端的奖惩性教师评价制度，也不属于极端的发展性教师评价制度。他建议应该根据教师评价的目的、教师评价模式的特点等，有针对性地选择教师评价模式，以恰如其分地发挥它们的作用。

第八章

教师永葆教育激情的个体策略

不在胜人，在自胜

在美国麻省大学阿默斯特学院曾进行过一项很有意思的实验。实验人员用很多铁圈将一个小南瓜整个箍住，以观察当南瓜逐渐长大时，对这个铁圈产生的压力有多大。最初，他们估计南瓜最多能够承受大约五百磅（1 磅 = 00.4536 千克）的压力。

在实验的第一个月，南瓜承受了五百磅的压力；实验到第二个月时，这个南瓜承受了一千五百磅的压力，并且当它承受到两千磅的压力时，研究人员必须对铁圈进行加固，以免南瓜将铁圈撑开。最后，当研究结束时，整个南瓜承受了超过五千磅的压力后才会瓜皮破裂。研究人员打开南瓜后发现，它已经无法再食用，因为它的中间充满了坚韧牢固的、一层一层的纤维，试图突破包围它的铁圈。为了吸收充足的养分，以便突破限制它成长的铁圈，它的根部甚至延展超过八万英尺，所有的根往不同的方向全方位伸展，最后这个南瓜独自地接管控制了整个花园的土壤与资源。我们对自己能够变得多么坚强都毫无概念！南瓜能够承受如此庞大的外力，人类在相同的环境下又能够承受多大的压力呢？一般认为，大多数人能够承受的压力超出我们的想象。但是，当个体长期处于高度压力体验中时，他的行为方式很可能发生改变，就像南瓜的畸形改变一样。研究发现，教师在长期高水平的压力下，通常容易诱发职业倦怠。职业倦怠不仅威胁到教育工作者的健康，还可能波及学生。如何快乐地工作，怎样保持心理健康，远离职业倦怠，已经成为现代教师关注的焦点问题之一。当环境一时难以改变时，改变自我就成为解决和预防职业倦怠的最好方法，教师应该也能够成为自我关怀的主体。

压力管理：教师的压力缓解策略

一、问题解决：透因导向的策略

既然压力是无法避免的，那我们就设法排解它！

你对生活现状满意吗？你生活得快乐吗？你感到生活和工作的压力大吗？你的人际关系好吗？2007 年"两会"期间，一位委员称七成知识分子处于"过劳死"的边缘，中年知识分子的死亡率超过老年人的两倍，死亡年龄段多为45—55岁。一项7625人参与的调查显示：85.3%的人感觉自己的生活负担比十年前更重了。这是为什么呢？归咎于一点，那就是现代人压力过大。

现代人追求健康自然的生活方式。身体健康、心理健康、道德健康才是现代人健康的标准。可是，越来越重的压力却让人们越来越远离健康的轨道。工作需要一定的压力，压力可以转化成不断发展的动力。压力好比一把大提琴上的弦，没有一定的压力，不能弹奏出美妙的乐曲；但压力过大，弦就会绷得过紧，最终以绷断而告终。

诱因导向的压力缓解策略，主要就是减少、消除或控制压力源，目的是通过解决问题的方式来化解工作中的压力，也就是我们常说的减压。

1. 化解压力源

压力是压力源和压力反应共同构成的一种认知和行为体验过程。压力源有生物性的，如疾病、睡眠剥夺、噪声、气温变化等；也有精神性的，如错误认知结果、不良心理特点、多疑、嫉妒和怨恨等；还有来自社会环境的，如人际关系变化、家庭冲突等，而让自己感到压力最大的往往是最亲近的人和环境。当你感到有压力时，首先要找到压力源，尽可能地消除压力源。如果你的压力是工作量太大造成的，你可以通过合理的时间管理来区分工作的轻重缓急，对重要的工作马上完成，对次要的和不那么重要的工作可以先放一放，待时间充裕时再完成。

通常，一般人面对自己无法顺利调节的压力时，常采取不太理想的方式，如逆来顺受、逃避、紧张或鲁莽行事。这样做往往无法有效地处理问题，有时还会惹来更大的麻烦。由于问题处理过程是压力调节最重要的把关者，一旦处理过程出了问题，压力严重程度可能大增或持续时间更久。这就可能造成严重的情绪、生理及行为的伤害，导致各种心身疾病的发生，甚至引发精神病体质，形成各类精神病。因此，面对沉重压力，要保持冷静，寻找解决问题的方法，并积极行动起来。一般而言，这一过程包括下列步骤：

（1）认清压力事件的性质，

（2）理性思考及分析问题事件的来龙去脉，

（3）确认个人对问题的处理能力，

（4）积极寻求能帮助解决问题的信息，包括如何动用家庭及社会支持系统，

（5）运用问题解决技巧，拟订解决计划，

此外，还有一部分教师压力大的原因是生活规模过大，超出自己的能力和精力范围。有些教师很忙，不仅要忙学校里的工作，还在校外做很多兼职

的工作，认为这样可以获得更多的收入，使自己的生活质量更好。实际上，这些教师在身体上和心理上付出了很大的代价。如果你是一个非常忙的人，而且感到疲惫不堪，就可以清点一下自己的生活，看一看自己所做的每一件事情是否都是必须做的。像一些兼职的工作，如果不影响到你的生存，就可以考虑缩减生活规模，不要再去做兼职工作，这样就减少了自己的压力源。有时候我们的生活规模过大了，我们的要求就会很高，其中很多的要求是物质上的，而满足这些物质上的要求对我们的身心会造成很大的压力。我们可以考虑一下，这些物质的需求真的能让我们更幸福吗？当我们让自己的生活简单一些的时候，就会觉得不再那么不堪重负了。

2. 维护性行为

电话铃响了。

小丽拿起了电话，是校长打来的，声音很悦耳。

"小丽吗？明天要迎接上级一个检查，你明天中午能加班吗，从中午12点到下午3点就好了。"

"好的，好的，没有问题，明天见！"

"不用那么着急，我中午等你。"

但是，在小丽的脑海中又有了另一种声音："我怎么就那么顺从！她总是让我加班。我是什么？我本来计划明天给孩子过生日呢！现在，一切都泡汤了。"

像这样的场景是不是在你的生活中也经常发生呢？你会发现，当学校领导要求你去处理一件杂事或是一个任务时，如果这件事是你能处理的，那么拒绝就变得非常困难。因为难以启齿的"不"字常会打乱你的生活安排，也会给你带来心理上的压力。当然，在现实生活中，你也会发现，不同的人，遇到类似的情景，会有不同的反应。概括起来，大体可以分为三种行为模式：维护性行为、非维护性行为和好斗性行为。

维护性行为：表达自己的愿望并且满足自己的需要。在这一过程中使自己感到愉快，并且不伤害他人。

非维护性行为：压抑自己的愿望而去满足别人的愿望，牺牲你自己的需要而去满足他人的需要。

好斗性行为：试图通过掌控别人或损害别人的利益来满足自己的需要。

显然，在以上描述的电话场景中，小丽的回答是"非维护性的"。她放弃了自己原有的计划，并且没有表达她内心的感受。维护性行为和压力之间的关系取决于需要的满足。如果你学会维护，那么你在维持有效人际关系的同时，也能满足自己的需要。如果你不会维护自己，那你就满足不了自己的需要，那些不能满足的需要就会变成压力源。如果你行为好斗，你的需要是满足了，但是你和别人的关系成了代价，不好的人际关系又变成压力源。

很多时候，我们的压力来自于太多的外界要求，而这些要求并不是我们都要一一满足的。可是，很多人很难拒绝别人提出的要求，觉得那样会得罪别人、会破坏友谊，会没有面子，结果是让自己超负荷地工作，心里充满了怨气又不敢发作。因此，我们要知道什么时候对别人的要求说"不"。

那么，什么时候我们应该向别人说"不"呢？简单地说，当别人的要求超出了自己的工作和能力范围时，就要考虑拒绝这些要求。有时候只要简单地说个"不"字就拒绝了，不需要任何解释，当别人再坚持的时候，你仍要继续拒绝。如果需要解释拒绝的原因的话，要注意说话的技巧，告诉对方自己为什么不能满足他的要求，让对方知道自己只是拒绝他的要求并不是拒绝他这个人，感谢他能够信任自己，并且肯定两人的友好关系。

为了赶走生活场景中的压力源，在满足自己需要的行为模式中，你需要学习、练习并且采用一种维护性的行为。每人都有一些基本的权利，这是维护性行为需要树立的基本价值理念。在这里，我们为你提供一个 DESC（描述——表达——具体化——结论）公式，它能够有效帮助你维护性地表达自己的需要。

下面是为你提供的一个有组织的维护性回答的 DESC 公式示范，你可以在借鉴的基础上尝试练习。这个问题的情景是：你被要求每周工作六天时间。你可以用以下的方式来表达：（描述）当我被要求一周工作六天时，（表达）我感到非常累并且是在受虐待。（具体化）我更愿意从周一工作到周五。（结论）如果我可以只工作五天，我会更认真地对待我的工作，及时完成并且做好。如果需要，我可以花费一些午饭时间去工作；如果有必要，我还可以下班后晚走一会儿，或者我也愿意把一些工作带回家做。但是，如果周六还要工作的话，我会计划找另一份工作，这就是为什么我要极力保全自己的周末休息权利。

3. 寻求社会支持

社会支持是指一个人通过社会联系从他人那里所能获得的精神支持。社会联系包括一个人的家庭成员、朋友、同事、社会组织。精神支持是指其在社会中被尊重、被理解、被同情的主观体验，不包括困难时在物质上可能提供的支持。精神支持亦以个人的主观感受或体验为标准，因为这是对其产生实际影响的精神力量。当然，主观感受不一定能完全真实地反映客观情况。

满腔热情地支持，可能被人感受为假仁假义，而随便问候两句，反而有可能被体验为莫大的安慰。在这里，主体的个性特征起着折射作用。

通过动物应激试验发现，如果动物处于应激状态下，有同窝动物或动物母亲存在，或有熟悉的实验人员安抚，则可降低其胃溃疡、高血压、实验性神经症、动脉粥样硬化性心脏病的患病率。如果动物自出生后即对其实行"社会隔离"，单独饲养半年至一年后，再与同窝其他动物放在一起，就可发现被隔离的动物有明显的异常行为，需要一段时间才能恢复。

人类也同样不能离群索居，经常需要社会支持，而社会支持的最大来源首先是配偶及家庭成员，其次为朋友和同事。后者的支持作用很重要，不是前者所能取代的。老年人之间的社会联系尤为重要，可以有效地减少孤独和抑郁体验。除此之外，还有各种社会团体，包括政治团体、宗教团体等所给予的社会支持。

构建社会支持系统需注意六点：

（1）要有男有女。因为男女的思维方式不同，他们对事情的看法也不同，从不同侧面看问题，会使自己的判断和决策更科学。

（2）要有老有少。不同年龄者的社会阅历不同，年轻人的激情可以给人增添力量，年长者的稳重可以使人更加冷静，综合起来才能张弛有度。

（3）要有亲人还要有朋友。血缘关系与非血缘关系所起到的作用不完全一样，亲人与朋友同在，才是更趋完满的。

（4）要有"异己"。"良药苦口，忠言逆耳"，既要听赞美的歌，也要听批评的话。

（5）要有绝缘性。社会支持系统之间要互不联系，相对独立，以免一荣俱荣，一损俱损。

（6）支持系统要经常培育。在繁忙的都市，即使不能经常见面，也要常发个短信，常打个电话，经常问候，经常联络。

社会支持系统就是与你分担困难、分享快乐的人，他们由亲人、朋友、同事等构成，也有的人把自己喜欢的自然风景、物品列入其中。社会支持系统就好比是斜拉桥上的钢索，每个人就是每一条钢索，这些钢索按一定的规则排列开来，就会凝聚成巨大的力量，支撑着斜拉桥不倒。社会支持系统注重心灵的相互支撑，在人精神上遭遇打击、困顿、孤独无助时，给予其心灵上的支持和帮助。好的支持系统是：支持、陪伴、无索求。

社会支持评定量表

指导语：下面的问题用于反映你在社会中所获得的支持，请按各个问题的具体要求，根据你的实际情况选择。谢谢你的合作。

（1）你有多少关系密切、可以得到其支持和帮助的朋友？（只选一项）

①一个也没有。

②1—2 个。

③3—5 个。

④6 个或 6 个以上。

（2）近一年来你：（只选一项）

①远离家人，且独居一室。

②住处经常变动，多数时间和陌生人住在一起。

③和同学、同事或朋友住在一起。

④和家人住在一起。

（3）你与邻居：（只选一项）

①相互之间从不关心，只是点头之交。

②遇到困难可能稍微关心。

③有些邻居很关心你。

④大多数邻居很关心你。

（4）你与同学：（只选一项）

①相互之间从不关心，只是点头之交。

②遇到困难可能稍微关心。

③有些同学很关心你。

④大多数同学很关心你。

（5）从家庭成员得到的支持和照顾：（在合适的选项上画"√"）

①恋人

A. 无   B. 极少   C. 一般   D. 全力支持

②父母

A. 无   B. 极少   C. 一般   D. 全力支持

③兄弟姐妹

A. 无   B. 极少   C. 一般   D. 全力支持

④其他成员（如嫂子）

A. 无   B. 极少   C. 一般   D. 全力支持

（6）过去，在你遇到急难情况时，你曾经得到的经济支持和解决实际问题的帮助的来源有：

①无任何来源。

②下列来源：（可选多项）

A. 恋人　　B. 家人　　C. 亲戚　　D. 同学　　E. 学校

F. 党团工会等官方或半官方组织　　G. 宗教、社会团体等非官方组织

H. 其他（请列出）

（7）过去，在你遇到急难情况时，你曾经得到的安慰和关心的来源有：

①无任何来源。

②下列来源：（可选多项）

A. 恋人　　B. 家人　　C. 朋友　　D. 亲戚　　E. 同学

F. 学校　　G. 党团工会等官方或半官方组织

H. 宗教、社会团体等非官方组织　　I. 其他（请列出）

（8）你遇到烦恼时的倾诉方式：（只选一项）

①从不向任何人诉述。

②只向关系极为密切的一两个人诉述。

③如果朋友主动询问，你会说出来。

④主动诉述自己的烦恼，以获得支持和理解。

（9）你遇到烦恼时的求助方式：（只选一项）

①只靠自己，不接受别人的帮助。

②很少请求别人帮助。

③有时请求别人帮助。

④有困难时经常向家人、亲友、组织求援。

（10）对于团体（如党团组织、宗教组织、教师工会等）组织活动，你：（只选一项）

①从不参加。

②偶尔参加。

③经常参加。

④主动参加并积极活动。

计分方法

①第1—4条、第8—10条：每条只选一项，选择1、2、3、4项分别计1、2、3、4分。

②第5条分A、B、C，D四项计总分，每项从"无"到"全力支持"分别计1、2、3、4分。

③第6、7条如回答"无任何来源"则计0分，回答"下列来源"者，有几个来源就计几分。

分析方法

①总分：十个条目计分之和。

②客观支持分：2、6、7条评分之和。

③主观支持分：1、3、4、5条评分之和。

④对支持的利用度：第8、9、10条。

完善的社会支持系统是指在社会关系网络中所能获得的、来白他人的物质和精神上的帮助和支援，它包括亲人、朋友、同学、同事、邻里、老师、上下级、合作伙伴等以及各种社会服务机构的帮助和支援。家庭和谐是社会和谐的基础，然而，面对市场经济与社会转型，许多教师家庭正承受着巨大压力，亲情关系淡薄、离婚率上升、家庭暴力等问题大量产生，而社会支持系统相对缺乏，使得这些问题愈加突出。

二、自我改变：反应导向的策略

能够生存下来的，既不是最健壮的，也不是最聪明的，而是最能够适应变化的物种。

在美国，有这样一群人，他们自称为"彩虹一族"。之所以这样称呼，是因为他们能在工作、生活中寻找最佳平衡点，每天的生活都如彩虹般健康。他们工作、生活两不误，会有意识地为自己减压，注意均衡营养，主动抵制不健康食品，坚持锻炼，确保睡眠充足，坚持定期体检。"不要做金钱的奴隶，要快乐地享受生活"，这是一种积极、健康的生活观和生活方式。人生百味，需要慢慢体会和回味，以消耗健康和未来的生命为代价，换取金钱和地位，就如只获取彩虹中的一种颜色，是不足取的。

彩虹是色彩平衡的结果，同样，在工作和生活、健康和压力、快速发展的社会和个人内心之间，平衡才能保证个体的健康和持续发展。彩虹的七种颜色，象征着拥有全面的生活，而不仅仅是生活的一部分——工作。在现代社会，巨大的工作和生活压力对公民可谓"家常便饭"。注重运动、主动调节心理压力、自觉看心理医生、自觉进行健康检查、自我保健意识非常强，这些都是彩虹一族的生活健康标准。让我们通过积极的自我改变，游刃有余地行走于工作和生活的最佳平衡点，在压力的缝隙之间，更要记得给自己一份体贴，工作虽忙碌却不忘用心经营生活，能积极乐观地直面压力、挑战，有意识地给自己减压。像彩虹族那样，每天都如彩虹般健康、美丽。

1. 改变生活习惯

调查研究发现，那些因压力过大而损害健康的教师中，存在的通病就是生活习惯不好，具体表现为起居无常、饮食不节、营养过剩、劳逸失调、运动减少。导致教师生活习惯不好的主要原因，是其认识上出了偏差。许多教师存在重工作轻生活、重成功轻健康的想法。人的时间有限、精力有限，有所得，必有所失，很难面面兼顾。殊不知失去健康，将付出何等的代价！

大凡教师，谈成功也许兴致勃勃，说起养生也许就没有多大兴趣，甚至认为养生是退休老人的事，自己年轻力壮还需要养生吗？再说，养生是需要时间的，自己工作忙、时间紧，哪有闲暇时间顾及养生呢？这些都是由于对"养生"的含义产生误解所致。

何谓养生？养生就是要培养良好的生活习惯。《千金方》中说：习惯养成了，对身体大有好处，没有好的习惯对身体是不利的。有了好的生活习性，人的身体就不生百病，也就没有祸乱灾害，这是养生的大原则。所以说，养生也就是养性。养性就是在病没有发作之前进行预防、治疗。所以养性的人，不仅要吃药或食疗，还要有多方面的品行。具有各方面的品行，即使不吃药，也能长寿；德行不具备，即使饮食玉液金丹，也不能长寿。

有助于教师养成良好生活习惯的六种方法：

（1）营养全面、均衡、适量。维生素 A 能促进糖蛋白的合成，细胞膜表面的蛋白主要是糖蛋白，免疫球蛋白也是糖蛋白。现今都市人不愿意吃猪肝，其实它含有丰富的维生素 A。维生素 A 摄入不足，呼吸道上皮细胞缺乏抵抗力，常常容易患病。

（2）适度劳逸。适度劳逸是健康之母，人体生物钟正常运转是健康的保证，而生物钟"错点"便是亚健康的开始。

（3）经常锻炼。现代人热衷于都市生活、忙于事业，身体锻炼的时间越来越少。加强自我运动，可以提高人体对疾病的抵抗能力。

（4）培养多种兴趣，保持精力旺盛。广泛的兴趣爱好，会使人受益无穷。广泛的兴趣不仅可以修身养性，而且能够辅助治疗一些心理疾病。

（5）戒烟限酒。医学证明，吸烟时人体血管容易发生痉挛，局部器官血液供应减少，营养素和氧气供给减少，尤其是呼吸道黏膜得不到氧气和养料供给，抗病能力也就随之下降。喝少许酒有益于健康，嗜酒、醉酒、酗酒则会削减人体免疫功能，必须严格限制饮酒量。

（6）心理健康。善待压力，把压力看作是生活不可分割的一部分，学会适度减压，以保证健康、良好的心境。

民以食为天。在教师良好的生活习惯中，健康的饮食是首要的。众所周知，合理的营养能促进机体的正常生理活动，改善机体的健康状况，增强机体的抗病能力，提高免疫力。合理营养可使人们精力充沛，提高工作效率，对抗老防衰、延年益寿具有极其重要的作用。

但是，鲜为人知的是，饮食与心理健康的关系也异常密切。大脑中负责管理我们行为的神经递质会受到我们每天饮食的影响。多巴胺、5－羟色胺、肾上腺素都是神经递质的传导物质。当大脑分泌5－羟色胺时，脑神经处于休息、放松的状态。当分泌多巴胺及肾上腺素时，我们会思考、动作敏捷，也较有警觉性。也许我们认为，每天吃饱就可以了，但是这里的学问很多，饮食对每个人的身心健康是一个非常重要的影响因素。

现代人生活忙碌紧张，许多教师常常被各种压力所迫，严重的甚至出现情绪问题。合理的饮食和适当的食物，确实有减压的疗效。在矫正错误饮食结构、合理调整营养搭配的基础上，可以通过科学合理的营养来帮助人们赢得心理健康和幸福生活。

（1）脂肪：人脑部主管情绪的边缘系统要靠脂肪才能正常运作。有些脂肪对身体比较好，如存在于鱼类中的Omega－3脂肪酸及在菜油、坚果中存在的n－6不饱和脂肪酸。

（2）蛋白质：人体处于压力之下时，不但会抑制高质蛋白的合成，更会不断消耗蛋白质。长期如此，很多身心病变亦随之产生。因此，饮食上应配合脂肪与碳水化合物的摄取，吸收充足的蛋白质。蛋白质含量丰富的食物有鱼类、瘦肉、坚果、乳酪、豆类等。

（3）多种碳水化合物：葡萄糖之于人体及脑部运作，犹如汽油对于汽车运行一样。没有葡萄糖，生命就没有燃料，不能持续。身体需要持久而等量的葡萄糖供应，最适宜的是吃含多种碳水化合物的食物，如马铃薯、蔬果、全麦饼干等。这些食物都会慢慢地转化成葡萄糖，避免体内葡萄糖的存量大起大落，陡增压力。

（4）天然氨基酸：氨基酸是蛋白质的天然合成物，其中一种左旋色氨酸存在于牛奶、肉类及蛋中，对改善睡眠、减低攻击性、改善情绪等相当有效。

（5）维生素B族及维生素C：长期经受压力，身体会大量消耗维生素B族及维生素C的储备。然而，神经系统要正常运作，需要维生素B族。缺乏B_1、B_2、B_6及B_{12}会引起焦虑、烦躁、不安、倦怠以至情绪起伏；维生素C则能增强免疫系统的功能及加速感染后的复元，维生素C及B，对肾上腺的运作亦十分重要。因此，在受压时更要注重维生素B族及维生素C的吸取量。

教师在工作和生活中，总会面对各种压力。针对不同的压力事件，教师也可以为身体补充适当的食物，消除对健康有害的紧张情绪。

（1）忙了一上午，几乎没时间休息：蔬菜沙拉。绿色蔬菜制成的沙拉能提供丰富的 B 族维生素，而 B 族维生素能够合成使人产生幸福感的激素。下午三四点钟，注意力下降：核桃仁和巧克力。巧克力可以释放让你感觉轻松的内啡肽，而核桃仁蛋白能提高注意力。

（2）晚上加班晚归，心情不好：鲑鱼。它能将你的烦恼情绪降低20%。

（3）看电视时，你喜爱的球队比分落后：水果。失望感会使你身体里的肾上腺素分泌降低，坏情绪爆发，此时急需果糖来消除恶劣的情绪。

（4）睡前同事打来电话报喜，你兴奋得难以入睡：牛奶混合燕麦片加香蕉。过度兴奋令你体内的"睡眠激素"——褪黑素大量缺乏。燕麦片和香蕉是为数不多的能提供褪黑素的食物。

2. 改变思维方式

爱迪生说："改变了思维方式，就改变了生活。"我们一直都在强调人要善于适应变化。实际上，当他人的思路与自己不一致时，求同存异、达成共识也是适应变化，并且是更深层次的适应。当自己的想法与他人不同时，如果试着暂时放弃自己的观点，去倾听一下人家的意见、并按他的说法去做一下，结果也许并不坏。这样做的好处至少有三点：第一，人家的观点可能比我们的更好，由此我们可以学习一些新的知识或思想方法；第二，如果他人的看法不如我们的高明，实际效果的好坏能使他人认识到我们的观点的合理性，从而愉快地接受我们的观点；第三，这样做体现了一种高尚的妥协精神，可以带来和谐的人际氛围，收到良好的工作效果。

月光优雅回顾，不夜城里的脚步；流星划过孤独，在空中全心投入；宽容翻开绝交书，明白怎么结束痛苦；脆弱的感情，可以打折付出；彩虹不会被遮挡的爱耽误，雨云总是睡眠充足；透明的玻璃肌肤，阳光中看清楚。七彩心态拱起幸福，快乐紫外线反射出满足；黄昏学会用泡沫缓解两眼黑，夕阳被维生素包围；换个角度欣赏自然美，才知道乐观难能可贵；蓝天要有云点缀，风筝才想飞；暴风后晴朗去面对，地球表面那些不完美，你放松一回就能体会。

在对成功人士的研究中，常发现他们大多拥有着健康的思维方式。美国著名心理学家和心理治疗师阿奇博尔德·哈特经过几十年的临床试验后发现，人的思想决定了他是否会面临健康或疾病、成功或失败、昌盛或衰微，也影响着他寿命的长短、过得快乐还是忧伤。而且，健康的心思意念并非由先天遗传所决定，而是通过长期坚持良好的思想习惯逐渐养成的。确实，坏的思想习惯好比田地里的杂草，不用任何自然条件就会繁衍，而健康的思维习惯好比庄稼，需要人的精心培育和浇灌。

哈特教授在他的著作《优质思考的十个习惯》中，为我们详尽地论述了健康思维习惯的养成对现代人的积极意义，这些健康的思维习惯包括：欣赏别人的优点、允许自己失败、保持良心清醒、按本相接纳自己、不与现实脱节等。其中，对现代社会人士最有帮助的当属允许自己失败、按本相接纳自己和不与现实脱节。

改变思维方式有助于减压。教师如何才能化压力于无形？如果你无法彻底消除这种压力，那么不妨缓解或分散压力。方法多种多样，根本原则只有一条：要么改变你的处境，要么改变你对处境的反应，要么改变你看待处境的方式。

（1）看心理医生。在心理医生面前，并不是所有的教师都愿意把自己的心事全盘托出，许多教师始终都是有所保留的，其实，不愿意把自己的心事说出来也是一种严重的心理疾病。心理学中称之为自闭。"像看感冒一样，去看心理医生吧！"教师心理疾病最大的问题，是不能正视和不够重视自己的心理状态。一方面，很多教师长期存在的失眠、全身疲乏无力的生理问题，却被认为是正常的生理疲惫而忽略了，其实，这些都有可能是抑郁、焦虑等心理疾病出现的预兆，比如睡眠增多或睡眠质量下降、性欲减退或丧失、体重下降、内脏功能尤其是消化系统和心血管系统的功能下降等，都很有可能是抑郁症的躯体化表现。另外，很多人讳疾忌医，延误了治疗和调整的时机。

（2）倾诉。及时宣泄，找人倾诉。教师更容易被人际关系问题、情绪问题、感情问题、心理压力问题等所困扰，而且这些问题也不是吃药就可以解决的，最好的排解方法就是宣泄。当你被悲伤、愤怒、急躁、烦恼、怨恨、忧愁、恐惧等情绪所占据时，可以大声地喊出来或哭出来，同时要勇于向亲友倾诉、唠叨，在他们的劝慰和开导下，不良情绪便会慢慢消失。

（3）放慢工作速度。如果你被紧张的工作压得喘不过气来，最好立即把工作放一下，轻松休息一下，可能你会做得更好。同时，还要注意合理地安排作息时间，比如严格执行自己制定的作息制度，使生活、学习、工作都能有规律地进行。医生说："将承担的压力于一段时间后适时地放下并好好休息一下，然后再重新拿起来，如此才可承担更久。"

（4）保持一颗平常心。要永远保持一颗平常心，不要与自己过不去，把目标定得高不可攀；凡事需量力而行，随时调整目标未必是弱者的行为。职业女性尤其要注意及时自我调节，因为过于沉重的心理压力必将损害健康，出现头晕、偏头痛、失眠、痛经、月经不调等症状。

（5）量力而行。首先要正视自己的精力，凡事不要勉强，把所有事情尽量进行全面安排，分清轻重缓急。同时，要正确、客观地评价自己，对自己的期望值不要过高。讲究方法，寻求支持。在学会合理地安排生活、工作时间的同时，要相信家人和朋友、同事，不要事事亲力亲为，而是要发动大家共同把事情做好。

（6）与人为善。良好的人际交往与事业的成功相辅相成，它们的关系是互动的，要与人为善。"大事清楚、小事糊涂"，郑板桥一句"难得糊涂"传诵至今，就是因为它道出了人生至理。

（7）忙里偷闲。即使生活和工作再紧张、再繁忙，也要保持有规律的生活，有张有弛，尽量避免做过多的事情。重要的是，要尽量挤时间和家人在一起，要注意丰富个人的业余生活，发展个人爱好，彻底放松自己，享受自己的时间。

3. 改变习惯行为

你是一个急性子的人吗？

"性子很急"是 A 型人格的一种典型特征。从国外的研究结果来看，A 型人格的人更容易出现工作倦怠，新浪网与中国人民大学关于教师职业倦怠的一项调查也验证了这样的结论。不仅如此，还有研究表明，A 型人格与冠心病有密切的关系。美国两位心脏病学者弗雷德曼和罗森曼（Friedman & Rosenman）在二十世纪七十年代发现，那些得心血管方面疾病的患者在行为上都有一些共同点，于是提出了"A 型性格"这一名词，提醒这些人要特别注意压力管理，以免赔上健康，甚至产生过劳死。

A 型性格的特点

（1）**强烈的时间紧迫感**。喜欢赶时间是 A 型性格的典型特征。他们喜欢同时从事两个或两个以上的任务，希望以越来越少的时间完成越来越多的任务，因此常常由于不能按时完成任务而认为浪费时间。

（2）**不适当的攻击和敌意**。A 型性格的人经常设定过高的工作目标，并努力保持良好的工作业绩，有过度与他人竞争的倾向。即使面对极轻微的刺激和挫折，也常有敌意和不适当的攻击性。

（3）**对于完成目标没有适当的计划**。具有 A 型性格的人常常并不了解怎样去完成工作而仓促去工作，这通常导致不能完成工作或工作中有许多错误，从而反过来又浪费时间、精力和金钱。具有 A 型性格的人，由于长期生活在紧张和压力中，心理和生理上的负担十分沉重。

A 型性格与一个人的血型无关，它指的是一个人的性格及行为特征。A 型性格的特征包括竞争性强、常同时做好几件事情、急躁不耐烦、追求完美、容易具有敌意和攻击性、苛刻地要求自己及他人等。A 型性格的人因为有着极高的成就动机，凡事好强，凡事都要比别人好，所以很容易产生压力感，而罹患心脏病、高血压、溃疡、慢性头痛等疾病。因此，有些学者认为，如不做适当的处理，A 型性格会是一种自我伤害的行为模式，让人身心俱疲，而无法享受成功带来的好处。

想知道你是不是 A 型性格的人吗？请一起来回答下面的问题。

A 型性格自测

(1) 在谈话中，你是否过分强调一些词，并且对句子中最后几个词一带而过？

(2) 你行动、吃饭、走路的速度是否总是很快？

(3) 当事情进展的速度不能如你所愿时，你是不是会变得不耐烦，或者生气？

(4) 你是否经常在同一时间内干几件事？

(5) 你是否经常把话题转到你所感兴趣的问题上？

(6) 当你休息时，是否有点负罪感？

(7) 你是否经常不注意环境中的新事物？

(8) 你是否更关注结果而不是过程？

(9) 你是否经常在很短的时间内安排很多的事情？

(10) 你是否发现你与同样喜欢赶时间的人在暗地里竞争？

(11) 在交谈时，你是否喜欢用一些有感染力的手势？

(12) 你是否认为行动迅速是成功的关键？

(13) 你是否经常用数字给你的成就打分（比如卖出货物的数量等）？

如果你的答案出现 5 个以上的"是"，那就表示你具有 A 型性格的特征。A 型性格的人应特别注意纾压及抗压，以免一不留神就成了高压的牺牲品。而需特别说明的是，因为 A 型性格指的是一个人的性格及行为特征，所以它具有流动性的特质，有时因为事情突增，原本非 A 型性格的人，就很可能表现出 A 型性格的特征，所以时常检查自己是否最近"A 了起来"，会是重要的抗压功课。

如果你最近"A 了起来"，该怎么办呢？A 型性格的急躁倾向是引发压力感的主要原因。然而，事实的发展往往是"欲速则不达"，因为压力大时，体内的压力激素可体松会破坏大脑中的操作记忆，大脑就好像计算机关了机，当然无法正确做出正确的判断。更何况，只要压力激素一分泌，你我的身体就开始付出健康的代价了。所以，不论怎么看，急躁都不是高EQ的表现。因此，首要之务，就是放慢速度。我们有这么多待做的事，要从早到晚都放慢，也许不完全可行。然而，就好似音乐的节拍有快有慢一样，你我至少也得找出一些时间，适时放慢生活的节奏，以调节生活的韵律，并有效地纾压及放松。

A 型性格的减压处方

（1）制订一个符合自己实际能力的目标。这些目标不应仅仅局限于赶时间，目标要在我们的职业范围内；也要有社交、休闲的目标；还要有与家庭、朋友、个人爱好和个人发展有关的目标。此外，目标不要定得过高，要符合自己的能力，否则只能遭受失意和挫折。

（2）时间规划要有弹性。在时间安排上要预留余地，这样可以应付许多意料之外的事件，从而缓解时间压力带给我们的紧张和焦虑。

（3）严格划清工作与休息的界限。出色的工作者也懂得休息。无论工作还是休息，他们都是最有效率的。

（4）培养业余爱好，增加生活情趣。你最大的兴趣爱好应该与工作无关。那样，你在从事自己感兴趣的活动时，就能从繁忙的工作中解脱出来，得到休息。更重要的是，你能从这些活动中得到乐趣和享受，也许你的业余爱好能增强你在工作中的创造性。

（5）经常参加体育活动，提高身体承受能力。锻炼不仅有益于身体健康，也有利于精神上的放松，帮助你宣泄压抑的情感，摆脱轻度的烦恼和缓解压力。锻炼不一定是昂贵的、体面的、消耗大量时间的才有益处。最好的办法是，选择一个适合自己身体条件并适合在家里进行的体育锻炼项目。最重要的是坚持，养成良好的习惯。

研究学者弗雷德曼和罗森曼在发现易致冠心病的 A 型性格的同时，又把与 A 型性格相反的性格归为 B 型性格。其实，生活中绝大部分人都是处于中间的位置，一般都是偏向于 A 型性格或者是偏向于 B 型性格。现在，医学和心理学界总结出了典型 B 型性格的特征。B 型性格的人不像 A 型性格的人那样过分争强好胜，他们常常满足于现状，知足常乐，内心很平静，没有大的情绪波动。

B 型性格的特点

（1）个性中庸，不尚执拗——性格倾向多不偏不倚，对事物有自己的看法，但态度并不鲜明。对不同的意见，很少进行激烈的交锋，不固执自己的观点，很少发生争辩。

（2）性情温顺，言语低声——性情温和，说话时音调较低而轻柔，态度平和。

（3）遇事从容，节奏缓慢——工作中处理事情从容不迫，工作和生活的节奏缓慢，事情一件一件地做，不强调同时要做几件事，时间表安排得很宽松。有点类似于人们通常所说的"火烧眉毛不着急"的慢性子。

（4）安宁稳重，与世无争——心理和情绪平静，不浮躁，不存在与人争夺的目标，更不会去主动攻击他人。

（5）平稳有余，斗志不足——心态和行为过于平稳，没有竞争的紧迫感，因而斗争的意志不足，缺乏昂扬向上和积极进取的精神。

（6）抱负较少，淡泊得失——缺乏很高的抱负，奋斗目标不高，不太在乎所得或所失，因此，一生的成就并不显著，常常安于现状，容易满足，知足常乐。

（7）深思熟虑，优柔寡断——遇事习惯于深思熟虑，瞻前顾后，缺乏主见，缺乏果断，举止平庸和拖沓。

（8）善于适应，人际缓和——由于心气平和，不存敌意，所以善于适应所到之处的环境和人事，人际关系一般很和谐。

和蔼、宽容、大度、遇事不急躁的刘备，就是典型的 B 型性格。正是因为这种不愠不火的性格特征，致使 B 型性格者较能抵抗压力，很少发生应激反应，神经内分泌功能较少发生紊乱，故 B 型性格者演变为亚健康状态的机会较小，发生心脑血管疾病的危险性也较低。即使发病，其发病的时间也相对较迟。因此，B 型性格者的群体健康水平较其他类型性格者群体更为健康。而且，他们也最易与长寿结缘。调查资料显示，长寿者 80% 以上属于 B 型性格的人。不过，也有一些专家提出，他们可能容易出现龋齿的问题。弗雷德曼就曾经提出要向 B 型性格者学习，改善个性，多听别人讲，学会倾听，不要一个人说了算。

三、身心放松：症状导向的策略

传说中，有一种无足鸟，不畏艰辛，面对困难无所畏惧。其实，无足鸟是一种燕子，学名叫岩燕。它并非无足，也不是一直在飞翔。据了解，岩燕一般居住在峭壁之上，由于人们只看到它们无休无止地在空中飞翔，而看不到它们的栖息地，才使它们有了"无足鸟"的别名和一段段美丽的传说。

当我们长期处于压力状态时，总会表现出各种各样的身心症状。通过一些身心放松的技术，可以在一定程度上缓解压力，从而达到预防职业倦怠的目的。

1. 冥想减压

早晨或傍晚选择一个较安静的地方，避免外界干扰，坐在椅子上，把全部注意力都集中在一个东西或一个字上，冥想 20 分钟。也可运用香水冥想法，给自己喷上香水，采用盘坐式，闭上双眼，集中精力，进入较深的意识状态，幻想自己在一个百花齐放的花园里，微风吹来，飘来各种花香，花园里有一条蜿蜒的小溪，小溪里漂浮着各种各样的美丽花瓣。打开你全身的毛孔，吮吸每一种花香，感觉花香像一股气流，又细又长，慢慢地沉入你的丹田。想象这些花香作用于你的身体细胞后，产生了更多的活力和生命力。在这里，我们为大家介绍一种简便易行、可因人而异的本森（Benson）放松技巧，你需要时不妨一试。

本森放松技巧

本森放松技巧是由本森（H. Benson）博士开发的一种冥想技术，这种冥想可以降低血压及过度的紧张感。

步骤 1：如果可能的话，找一个安静的地方，调暗灯光的强度，并确定你不会被打扰。

步骤 2：找一个舒服的位置躺下来，或安静地坐着。

步骤 3：闭上眼睛。

步骤 4：放松肌肉。从脸部开始，向下逐步放松，直到脚趾。

步骤 5：注意你的呼吸。让空气自然地从鼻子吸入，然后由嘴里呼出。注意你的胃是如何随着气息的吸入和呼出而或升或降的。当你呼吸的时候，不要让你的肩膀向上耸起。

步骤 6：每当你呼气时，在你的头脑里说出一个数字，如1。

步骤 7：继续 5~20 分钟。

步骤 8：自己决定什么时候结束。

请记住，放松的一个黄金法则是不要使劲。经常练习，它就会变得很自然，但是就像许多新的技巧一样，它需要多些努力。如果你愿意多学习一些放松的技巧，如冥想或瑜伽，你可以参加当地的一些培训班，或从音像制品店购买一些放松训练的光盘。

2. 运动减压

运动减压是通过一定的身体运动来达到减轻心理压力的目的。对于长时间处于高压力、高紧张状态下的教师，身体运动可以及时消除疲劳，转移注意力，恢复身体平衡，消除紧张感。通过运动，教师可以劳逸结合、脑力劳动与体力劳动相结合，从而提高工作效率。

当心中被丝丝落寞笼罩，运动会以特有的方式，让生命在有些倦怠之时，犹如点燃一粒火种，为青春燃起熊熊之火。

运动可以有多种方式，你可以做一些诸如散步、清扫屋子等低强度的运动，也可以针对不同的情绪状态进行不同的运动。例如，当你感到疲乏时，抬起下颚做收缩下颚的活动，进行深呼吸并挺直腰杆。当你愤怒时，身体左右转动，在心中缓缓数数，并慢慢进行深呼吸。当你焦虑不安时，跳动身体，并左右转动三分钟左右。

有氧运动是人体在氧气充分供应的情况下进行的体育锻炼，可以提高心肺的耐力，使得个体从事更长时间或更高强度的运动时，身体不易疲劳。因此，有氧运动也是减压和抗疲劳很有效的运动方式。有氧运动是一种恒常运动，常见的运动项目有步行、慢跑、滑冰、游泳、骑自行车、打太极拳、跳健身舞、做韵律操等。

有氧运动的要领

要领1：运动前预热。每次运动前需要有个热身过程，即准备活动，活动关节和韧带，抻拉四肢和腰背肌肉。

要领2：接近而不超过"靶心率"。一般来说，靶心率为170减去年龄的数值。

要领3：自我感觉是掌握运动量和运动强度的重要指标。轻度呼吸急促、感到有点心跳、周身微热、面色微红、津津小汗，是运动适量的表征。

要领4：后发症状即运动过后的不适感觉，也是衡量运动量是否适宜的尺度。

要领5：放松与热身有同样的作用。在运动中，血液循环加快，血液的量也增加了，特别是四肢部分。因此，在运动结束前，放松和整理活动也是很重要的。

3. 音乐减压

一段好的音乐，总是在某一个时刻触动心灵深处那根隐藏最深的弦。音乐不仅能够影响人的情绪，而且不同的音乐对不同的疾病具有一定的治疗作用，现在，世界上大多数医生已对此不再怀疑。人们把这种用音乐来治疗疾病、增进健康的新型治疗方法，叫"音乐疗法"。

在心理学的研究中，音乐疗法的效果与行为、态度、压力改变的关系已得到了证实，它越来越受到人们的重视，广泛地应用于压力处理和健康维护等方面。例如，《高山流水》和《阳春白雪》可以让听者完全融入清幽静谧的大自然中，心灵随着丝竹之声而荡漾在天际之间，心理的压力和烦恼就随之消散了。

在我们成长的时代，信息的高速发展，使人们头脑中冥想的空间越来越小。然而，走进音乐的世界，你会在和音乐的对话中学会独立，学会用自己的感受去激活生命。

不同乐曲作用于人的感觉器官，由于乐曲的旋律、速度、音调等不同，可分别产生镇静安定、轻松愉快、活跃兴奋等不同的作用，从而能调节情绪，稳定内环境，达到镇痛、降压、催眠等效果。

当你感到焦虑、紧张、郁闷时，选用一定的音乐作引导，情绪就会随着音乐节奏而放松。这里推荐一些处于不同心情时可以选用的名曲：

在你感到抑郁的时候，可以听莫扎特的《B 小调第四十交响曲》、西贝柳斯的《悲痛圆舞曲》、巴赫的《A 大调意大利协奏曲》、施特劳斯的《蓝色的多瑙河》、比才的《卡门》组曲；

在你感到焦虑的时候，可以听海顿的《皇家焰火音乐》、罗西尼的《威廉·退尔》、鲍罗廷的《鞑靼人的舞蹈》；

在你失眠的时候，可以听莫扎特的《催眠曲》、门德尔松的《仲夏夜之梦》、德彪西的钢琴协奏曲《梦》；

在你需要振奋精神、愉悦心情时，可以听《流水》《喜相逢》《赛马》《光明行》《喜洋洋》《百鸟朝凤》《八哥洗澡》等。

需要说明的是，不同的音乐疗法适用的时间不同。一般来说，镇静性的音乐应在晚上临睡前听，它有助于睡眠和休息，兴奋性的音乐宜在早上或上午听，它使人精力充沛、意气风发，解郁性的音乐受限制较小，可在任何时间听。但音乐的秉性往往不是单一的，而是多种兼容的。人们可根据自己的情况，在专家指导下选择。另外，也可以采取主动式音乐疗法，如通过卡拉OK、演唱会等形式自娱自乐，效果也很好。

4. 按摩减压

在结束忙碌了一天的工作之后，教师往往面对的是疲劳、苦闷、紧张、焦虑、失眠……按摩是中国最古老的疗法之一。如今，它已在海外悄然兴起。在美国，许多医院的按摩师享有很高的地位。在国内，越来越多的职业人士喜欢通过按摩来减轻压力、缓释疼痛。因而，按摩被用来当作一剂安全有效的减压良方。

越来越多的临床证据显示，保健按摩对背痛、头痛、运动受伤和关节炎等许多病症有很好的疗效。目前，认同和使用保健按摩的人越来越多，许多接受过保健按摩的人都感到身心健康情况有明显的改善。

保健按摩的日益流行，催生了大量不同的按摩技术，比如芳香按摩、泰式按摩、用热石头按摩等。目前流行的至少有 20 种以上的按摩方法，每一种都有不同的程序，最新的模式是在水下进行按摩，被称为水疗（Watsu）。25 年前，哈罗德·杜尔发明这种方法后，许多水疗中心开始将其广泛使用。此外，五元素按摩、韩式 SPA、指压按摩疗法和能量按摩等，都可以减轻人体的疲劳和不适。

过度疲劳会严重危害我们的身心健康。缓解疲劳、减轻压力，对于我们的健康来说，是十分必要的。现在，国内各地的城镇都有相当数量的按摩服务机构，当你工作一天感到非常疲乏时，你也可以选择专业的按摩服务。当然，也有一些自我按摩的方法，简便易行，可随时使用。下面给大家提供了居家按摩减压六法，希望能帮助你减轻压力，释放紧张情绪。

方法（1）干洗脸（搓迎香穴）。双手放在脸上，二中指按在穴位上（即鼻翼两侧凹陷处），从下向上搓至前额发际 36 次。

方法（2）搓耳根部。用双手食、中二指同时夹住两耳根部，从下向上稍用力搓摩 36 次。

方法（3）揉太阳穴。用两手食、中二指按住两侧太阳穴，先顺时针按揉 24 次，再逆时针按揉 24 次。

方法（4）按摩风池穴。用两手食、中和无名三指按在颈椎两侧凹陷处，从上向下搓摩 81 次。

方法（5）挠头皮。两手五指分开抓挠头皮，先前后，再左右，最后旋转抓挠，直至头皮发热为止，也可用木制梳子梳头 200～300 次。

方法（6）旋转脚踝。两手掐住左脚脖抬起，顺时针旋转 24 次，逆时针旋转 24 次，然后换右脚，顺、逆方向各 24 次。

5. 休闲减压

亚里士多德在他的《政治学》一书中曾提出这样一个命题："休闲才是一切事物环绕的中心。""休"在《康熙字典》和《辞海》中被解释为"吉庆、欢乐"的意思，"人倚木而休"。《诗·商颂·长发》中释"休"为"吉庆、美善、福禄"。可见，休闲之事，古已有之。

现代意义上的休闲，是指在非劳动及非工作时间内，以各种"玩"的方式，求得身心的调节与放松，达到生命保健、体能恢复、身心愉悦的一种业余生活。其价值体现在两个方面：一是解除体力上的疲劳，恢复生理的平衡；二是获得精神上的慰藉，成为心灵的驿站。

休闲是个体生命状态的一种形式，也是个体的一种精神态度。在人类社会进步的历史进程中，休闲也扮演着重要的角色。科学文明的休闲方式，可以有效地促进能量的储蓄和释放，它包括对智能、体能的调节和生理、心理机能的锻炼。因此，休闲对于心灵的慰藉、心情的放松有很好的效果，也是一剂重要的减压妙方。

四、时间管理：效率导向的策略

我所知道生活中最悲惨者，莫过于拖拖拉拉地生活着的人。我们都梦想地平线外有一座神秘的玫瑰花园——而忘了欣赏今天盛开在窗外的玫瑰花。

教育工作的复杂性特点，决定了教师无法完全掌控工作环境的各种变化，使得很多教师感到工作中时间压力和最后期限的压力非常大，常常疲于应付。拙劣的时间管理技巧和不良的拖延习惯，都可能增加你的工作压力。进行有效的时间管理，克服拖延的坏习惯，不仅能帮助你提高自己的工作效率，还可以缓解和降低你的工作压力水平。

1. 有效时间管理

现在，"时间管理"是个很时髦的概念，相关的理论和书籍非常多。这里虽然无法给你介绍一个详尽的时间管理方法，但是，我们可以为你提供一些有用的理论，帮助你更加有效地进行时间管理。时间管理理论伴随着工作场所的需求变化而不断变化发展，至今已经经历了三个发展阶段。

阶段（1）：着重利用备忘录和便条，在忙碌中调配时间和精力。

阶段（2）：强调日程表，反映出时间管理已经开始注意到对未来规划的重要性。

阶段（3）：强调依照事情的轻重缓急设定短期、中期、长期目标，再逐步实现计划确定的目标，将有限的时间、精力加以分配，争取更高的效率。

有人发现，这些时间管理方法常常将人绷得死死的，并使人感到非常的郁闷。他们感到自己受到约束后，缺乏必要的灵活性。因此，正在兴起的第四代时间管理理论，主张否定"时间管理"这个字眼，强调关键不在于时间管理本身，而在于个人管理：与其着重于时间与事务的安排，不如把重心放在维持产出与产能的平衡上。

学者斯蒂芬·科维（Setphen Covey）在其代表作《高效能人士的七个习惯》和《要事第一》中，提出了有效时间管理的理论方法。相对于传统的管理理论，科维提出的方法有一个明显的不同。他强调要围绕事情的轻重缓急来安排自己的时间和精力，而不是优先安排自己的工作进程本身。他建议我们将自己的工作任务和项目分成四个类型或者象限。

第一象限内表述的是既紧急又重要的工作，通常是一些需要立刻引起注意的危机或者问题。虽然任何象限内所包含的工作需求，都有潜在的压力，但显而易见，第一象限中所包含的工作任务具有提高自身压力水平的最大潜在性。你向第一象限的工作任务投入的时间越多，任务量就会越膨胀扩大，这是因为你没有积极有效地管理时间以及很好地预防未来可能发生的种种问题。

当你完全沉浸在第一象限工作任务中的时候，你会希望从第一象限的工作中解脱出来，并且去做一些稍微轻松容易的工作，也就是第四象限包含的工作。虽然那样做可能会提供暂时的休息，但是这种做法不可能使第一象限的工作负担以及其内部固有的潜在压力明显地降低。

当人们在第三象限包含的那些紧急但不重要的工作上花费大量时间的时候，通常是因为他们以为这些工作真的非常重要并且包含在第一象限当中。这种做法往往是受他人期望的影响，因为对这些人来说那些事情可能是非常紧急也非常重要的，但是这并不意味着对你自己也是紧急或者重要的工作，除非这些工作任务符合自己的发展目标。

第四象限内的活动通常被称为辛苦忙碌的工作，常常是一些令人愉快的工作任务，可以提供一些短暂的休息机会。要谨慎处理第三和第四象限内的工作，以免在其上面花费过多的宝贵时间，因为那样做将导致对工作的不负责任。成功高效的人士会尽量缩短消耗在第三和第四象限内工作的时间，他们利用这些时间进行片刻的休整，因为无论那些工作是否紧急，它们都是无关紧要的。

有效管理时间的关键就在于将更多的时间用于第二象限内的工作上，这里指的主要是那些重要但不紧急的工作任务。这个象限内包括积极主动以及具有预防功能的工作。这些事情都是我们想要去做，而且应该去做的，但是我们却想要推迟或者拖延它们，这是因为没有最后期限督促我们。但是，我们只有通过去做第二象限内的工作，才能够消除第一象限内的工作带来的压力，并且可以防止危机和问题的出现，从而降低我们的压力水平。

2. 克服拖延习惯

我们每个人都在不同程度上出现过延误时间的情况。很少有人能将非凡的自我约束能力和自我激励能力集于一身，并且不管工作有多么艰难，或者工作量有多大，他们都能够将所有的工作任务安排得井井有条。拖延会给自己造成很多的工作压力，尤其是当我们没有充足的剩余时间去完成那些重要的工作任务的时候。

习惯于拖延的人，一定要等到最后一秒钟才着手工作或者学习，这样会使自己一直处于不知能否完成或者能否做好的忧虑之中。这种忧虑会增加他们的精神负担，甚至影响到他们的健康。充满幸福的生活，是指取得每一天的成就和享受每一天的满足。但拖延使我们裹足不前，每天都生活在遗憾里。

对于拖延者而言，因为总有明天，所以他们总不重视今天。最终，整个生活都会陷入深深的遗憾和后悔中。因为，没有一个人希望看到，本可以在充足时间下做好的工作，因为自己的懒惰和拖延而变得糟糕。生活中那些你没有处理的问题，不会随时间自然而然地消失。未解决的问题，会衍生出更多的问题。

我们参阅了许多关于时间管理和人生规划的书籍，提出了以下这些克服拖延的方法，希望对你有所助益。

第一，承认拖延是一种无益的生活方式。拖延使你将自己置于一个自卑的情绪氛围之中。你真的想过一种挫折、疲倦与厌烦的生活吗？当然不想，没有人愿意。记住，决定改变并有勇气改变，就等于改变了一半。

第二，做事要有条理性和计划性。缺乏组织性将会导致耽搁情况的出现。处理工作如果没有较好的条理性和计划性，你会感到工作压力很大，而且自己往往要消耗更多的时间去完成一项工作。制订一个切实可行、具有弹性的工作安排列表，将非常有助于提高自己的组织协调性。

第三，运用化整为零的方法，把大工作分成许多小工作。这个方法体现了决策和规划的意识。你会发现，一切都在你的控制之中。这会增强你的自信心，不知不觉，你会在一种理想的生活状态中战胜拖延。许多学者认为，它可能是至今发现的最好的克服拖延的方法。

第四，奖励自己。如果两种行为发生的可能性有所差异时，出现可能性较低的行为，可以通过实施出现可能性较高的行为并将其作为一种奖励，从而得到加强。这就是著名的"普里马克"（Premack）法则。这个法则说明了一个事实，就是任何你感觉有乐趣的工作或者活动，都可以当作是一种奖励或激励，它们可以促使你去完成那些自己本想拖延的任务。

第五，善用你的心情。这条法则，就是让你在将心情调整到有利状态时，再去做你在一般状态下不愿意做的事。此外，你应该学会几种让自己快乐起来的方法，它会让你更有效率、更有热情地生活，并且克服拖延。

第六，将错误视为一种信息反馈。研究显示，拖延习惯与完美主义思想之间存在着联系。完美主义与担心失败的思想往往同时存在。如果你坚持抱一种完美主义的态度，你就会更倾向于推迟一项工作，直到你认为自己可以正确处理它的时候为止。犯错误并不可怕，对将要发生的错误采取正确的态度是重要的。其实，错误是一种重要的信息反馈，也是提高自己的一个基本途径。

合理认知：教师情绪管理的自我策略

一、情绪 ABC 理论：随身携带的法宝

如果有人问你，你能控制自己的情绪吗？你可能会说：情绪怎么能随便控制呢？有高兴事就乐，有伤心事就悲，这是人之常情。真的如此吗？

有两个秀才一起去赶考，路上，他们遇到了一支出殡的队伍。看到那一黑乎乎的棺材，其中一个秀才心里立即"咯噔"一下，凉了半截，心想：完了，真触霉头，赶考的日子居然碰到这副倒霉的棺材。于是，心情一落千丈，走进考场，那个"黑乎乎的棺材"一直挥之不去，文思枯竭，果然名落孙山。另一个秀才也同时看到了，一开始他心里也"咯噔"了一下，但转念一想：棺材！噢，那不就是有"官"又有"财"吗？好，好兆头，看来今天我要鸿运当头了，一定高中。于是，他心里十分兴奋，情绪高涨，走进考场，文思如泉涌，果然一举高中。回到家里，两人都对家人说：那"棺材"真的好灵。

为什么两个秀才同样看到了棺材，却产生了不一样的情绪，并导致了不一样的结果呢？用"情绪 ABC 理论"来进行解释就是：第一个秀才落榜是因为他认为"棺材"是不祥的，是倒霉的。第二个秀才高中是因为他认为"棺材"＝"官财"。由于观念的不同，导致两个人有着不同的情绪状态，进一步导致了不同的行为结果。

情绪 ABC 理论是合理情绪治疗（Rational – Emotive Therapy，简称 RET）理论与实践的核心。它是由阿尔伯特·埃利斯（Albert Ellis）于二十世纪五十年代在美国创立的。合理情绪治疗是认知心理治疗中的一种疗法。

情绪 ABC 理论的创立者埃利斯认为：正是由于我们常有的一些不合理的信念，才使我们产生情绪困扰。如果这些不合理的信念长久存在而不加以改变，还会引起情绪障碍。在情绪 ABC 理论中：

A. 表示诱发性事件。

B. 表示个体针对此诱发性事件产生的一些信念，即对这件事的一些看法、解释。

C. 表示自己产生的情绪和行为的结果。

通常，人们会认为诱发性事件 A 直接导致了人的情绪和行为结果 C，发生了什么事就引起了什么情绪体验。然而，你可能会发现同样一件事，会引起不同的人产生不同的情绪体验。同样是报考英语六级，结果两个人都没过。一个人觉得无所谓，而另一个人却伤心欲绝。为什么？这就是因为在诱发性事件 A 与情绪和行为结果 C 之间，还有一个对诱发性事件 A 的看法——解释 B 在作怪。一个人可能认为：这次考试只是试一试，考不过也没关系，下次可以再来。另一个人可能说：我精心准备了那么长时间，竟然没过，是不是我太笨了，我还有什么用啊，人家会怎么评价我？于是，不同的 B 带来的 C 大相径庭。

埃利斯对人的本性的看法可归纳为以下几点：

（1）人既可以是有理性的，也可以是不理性的。当人们按照理性去思维、去行动时，他们就会很愉快、富有竞争精神，行动也有成效。

（2）情绪是伴随人们的思维而产生的，情绪上或心理上的困扰是由于不合理的、非逻辑思维所造成的。

（3）人具有一种生物学和社会学的倾向性，既有理性的、合理的思维，也有不理性的、不合理的思维。也就是说，任何人都不可避免地具有或多或少的不合理思维与信念。

（4）人是有语言的动物，思维借助于语言而进行，不断地用内化语言重复某种不合理的信念，这将导致无法排解的情绪困扰。

情绪 ABC 理论是埃利斯合理情绪疗法理论的精华所在，它不但说明了人类情绪困扰产生的原因，也阐释了消除情绪及行为困扰的心理治疗之道。如果我们能够透彻地理解这种理论，经常有意识地运用这种理论，那么我们就很难陷入自己设置的情绪陷阱之中。

其实，完整的合理情绪治疗模式由 ABCDE 五个部分组成。

A：activating events，指发生的事件。

B：beliefs，指人们对事件所持的观念或信念。

C：emotional and behavioral consequences，指观念或信念所引起的情绪及行为后果。

D：disputing irrational beliefs，指对非理性信念的辩驳和干预。

E：effect，指治疗或咨询后所产生的良好感觉和行为效果。

人们面对外界发生的负性事件时，为什么会产生消极的、不愉快的情绪体验？人们常常认为罪魁祸首是外界的负性事件 A。埃利斯却认为，事件（A）本身并非引起情绪反应或行为后果（C）的原因，而人们对事件的非理性信念（B——想法、看法或解释）才是真正原因所在。因此，要改善人们的不良情绪及行为，就要通过劝导和干预来驳斥（D）非理性信念的发生与存在，而代之以理性的信念。等到劝导干预产生了效果（E），人们就会产生积极的情绪及行为，心理的困扰就会因此而消除或减弱，人也就会有愉悦充实的新感觉产生。

情绪 ABC 理论并不复杂，但确实是有效的解决心理问题的方法。它几乎可以作为我们中小学教师冲破心理牢笼的一个可以随身携带的法宝！

二、舍理认知：健康情绪的基石

人们的情绪及行为反应与人们对事物的想法，看法有关。在这些想法和看法背后，有着人们对一类事物的共同看法，这就是信念。合理的信念会引起人们对事物适当的、适度的情绪反应，而不合理的信念则相反，会导致不适当的情绪和行为反应。当人们坚持某些不合理的信念、长期处于不良的情绪状态之中时，最终将会导致情绪障碍的产生。

因为情绪是由人的思维、人的信念所引起的，所以，埃利斯认为，每个人都要对自己的情绪负责。他认为，当人们陷入情绪障碍之中时，是他们自己使自己感到不快，是他们自己选择了这样的情绪取向。不过，有一点要强调的是，合理情绪治疗并非一般性地反对人们具有负性的情绪。比如，一件事失败了，感到懊恼、有受挫感，是适当的情绪反应，而抑郁不堪、一蹶不振，则是不适当的情绪反应了。

两个同事一起上街，碰到他们的校长，但对方没有与他们招呼，径直过去了。这两个同事中的一个认为："校长可能正在想别的事情，没有注意到我们。即使是看到我们而没理睬，也可能有什么特殊的原因。"而另一个同事却可能有不同的想法："是不是我上次顶了校长一句，他就故意不理我了，下一步他可能就要故意找我的茬儿了。"两种不同的想法就会导致两种不同的情绪和行为反应。前者可能觉得无所谓，该干什么仍然干什么；而后者则可能忧心忡忡，以致无法平静下来干好自己的工作。

从这个简单的例子中，我们可以看出，人们对事物的想法和看法直接影响到人们的情绪及行为反应。不合理信念常会导致不良的情绪和行为反应。那么，常见的不合理信念有哪些呢？埃利斯研究发现，人们常见的不合理信念主要有：

（1）人应该得到生活中所有对自己重要的人的喜爱和赞许；

（2）有价值的人应在各方面都比别人强；

（3）任何事物都应按自己的意愿发展，否则会很糟糕；

（4）一个人应该担心随时可能发生灾祸；

（5）情绪由外界控制，自己无能为力；

（6）已经定下的事是无法改变的；

（7）一个人碰到的种种问题，总应该都有一个正确、完满的答案，如果一个人无法找到它，便是不能容忍的事；

（8）对不好的人应该给予严厉的惩罚和制裁；

（9）逃避可能的挑战与责任要比正视它们容易得多；

（10）要有一个比自己强的人做后盾才行。

三、认知改变：理智与情绪的博弈

改变不了环境，就改变自己的想法。

情绪 ABC 理论是埃利斯通过切身体验感悟和总结出来、用于帮助自己和他人进行心理自我调节的方法。它可以帮助人们培养更实际的生活哲学，减少自己的情绪困扰与自我挫败行为，也就是减轻因生活中的错误而责备自己或他人的倾向（消极目标），开始学会如何有效地处理未来的困难（积极目标）。

有这样一个关于禅的故事：

一位父亲很为他的小孩苦恼，孩子都已经十五六岁了，一点男子气概都没有。他去拜访一位禅师，请求这位禅师帮他训练他的小孩。禅师说："你把小孩留在我这边三个月，这三个月你都不可以来看他。三个月后，我一定可以把你的小孩训练成一个真正的男人。"三个月后，小孩的父亲来接小孩。禅师安排了一场空手道比赛来向孩子的父亲展示这三个月的训练成果。被安排与小孩对打的是空手道的教练。教练一出手，这个小孩便应声倒地。但是，小孩才刚倒地，便立刻又站起来接受挑战。倒下去又站起来……如此来来回回总共 16 次。禅师问父亲："你觉得你小孩的表现够不够男子气概？""我简直羞愧死了，想不到我送他来这里受训三个月，我所看到的结果是他这么不经打，被人一打就倒。"父亲回答。禅师说："我很遗憾，你只看到表面的胜负。你有没有看到你儿子那种倒下去立刻又站起来的勇气及毅力？那才是真正的男子气概。"

这个故事告诉我们，我们完全可以通过改变认知的方式来改变我们的"世界"。任何事物都有它的一体两面性，就如同太极图，你可以专注于黑色部分，也可以专注于白色部分。

第一只狐狸跳了多次仍然够不着，笑了一笑说："一定是酸葡萄。"然后，心安理得地走了。

第二只狐狸高喊："下定决心，排除万难，吃不到葡萄死不瞑目！"一次又一次地跳个没完，直到累死在葡萄架下也没吃到葡萄。

第三只狐狸因为吃不到葡萄而整日闷闷不乐，责问自己怎么没有长高点，抑郁成疾，不治而亡。

第四只狐狸心想："我连葡萄都吃不到，活着还有什么意义呢？"于是找了附近一根树藤上吊了。

第五只狐狸吃不到葡萄便破口大骂，被路人一棒打死。

第六只狐狸抱着"我得不到，别人也别想得到"的心理，想一把火把葡萄架烧了，刚刚点着火便被众狐狸发现，遭到毒打，以致身亡。

第七只狐狸因为吃不到葡萄而抓狂直至发疯，蓬头垢面，整日口中念念有词："吃葡萄不吐葡萄皮……"

第八只狐狸到附近找来一架梯子，结果满载而归。

第九只狐狸企图通过偷骗抢的方式从第八只狐狸处获得葡萄，结果遭到惩罚。

看一看，你是哪只"狐狸"呢？你有着什么样的观念，又有什么样的行为结果？虽然这只是一个有趣的寓言故事，但是作为一名人民教师，你在工作生活中，是否也有着各种各样的情绪困扰呢？想一想，是哪些不合理信念在背后作祟呢？

合理情绪治疗专家经过归纳研究，总结出了不合理信念的几个特征：

（1）绝对化要求。它是指人们以自己的意愿为出发点，对某一事物怀有认为其必定会发生或不会发生的信念，它通常与"必须""应该'这类字眼连在一起。比如，"我必须获得成功""别人必须很好地对待我""生活应该是很容易的"，等等。怀有这样信念的人极易陷入情绪困扰之中，因为客观事物的发生、发展都有其规律，是不以人的意志为转移的。就某个具体的人来说，他不可能在每一件事情上都获得成功；而对于某个个体来说，他周围的人、事物的表现和发展，也不可能以他的意志为转移。因此，当某些事物的发生与其他事物的绝对化要求相悖时，他就会受不了，感到难以接受，难以适应并陷入情绪困扰之中。

（2）过分概括化。这是一种以偏概全、以一概十的不合理思维方式的表现。埃利斯曾说过，过分概括化是不合逻辑的，就好像以一本书的封面来判定其内容的好坏一样。过分概括化的一个方面是个体对其自身的不合理的评价。如面对失败的结果时，往往会认为自己"一无是处""一钱不值""是废物"等。以自己做的某一件事或某几件事的结果来评价自己整个人、评价自己作为人的价值，其结果常常会导致自责自罪、自卑自弃的心理及焦虑和抑郁情绪的产生。过分概括化的另一个方面是对他人的不合理评价，即别人稍有差错就认为他很坏、一无是处等，这会导致一味地责备他人，以致产生敌意和愤怒等情绪。以埃利斯的观点来看，以一件事的成败来评价整个人，这无异于一种理智上的法西斯主义。

（3）糟糕至极。这是一种认为如果一件不好的事发生了，将非常可怕、非常糟糕，甚至是一场灾难的想法。这将导致个体陷入极端不良的情绪体验（如耻辱、自责自罪、焦虑、悲观、抑郁）的恶性循环之中，而难以自拔。当一个人讲什么事情都糟透了、糟极了的时候，对他来说往往意味着碰到的是最坏的事情，是一种灭顶之灾。埃利斯指出，这是一种不合理信念，因为对任何一件事情来说，都有可能发生比之更好的情形，没有任何一件事情可以定义为是百分之百糟透了的。当一个人沿着这条思路想下去，认为遇到了百分之百的糟糕的事或比百分之百还糟的事情时，他就是把自己引向了极端的不良情绪状态。糟糕至极常常是与人们对自己、对他人及对周围环境的绝对化要求相联系而出现的，即当人们认为的"必须"和"应该"的事情并未像他们所想的那样发生时，他们就会感到无法接受这种现实，因而就会走向极端，认为事情已经糟到了极点。合理情绪疗法认为，非常不好的事情确实有可能发生，尽管有很多原因使我们希望不要发生这种事情，但我们没有任何理由说这些事情绝对不该发生。我们必须努力去接受现实，尽可能地去改变这种状况；在不可能改变时，则要学会在这种状况下生活下去。

在人们的不合理信念中，往往都可以找到上述三种特征。每个人都会或多或少地具有不合理信念，而那些有严重情绪障碍的人，具有这种不合理信念的倾向尤为明显。个体一旦形成情绪障碍，往往是难以自拔的，此时就急需进行治疗。如果我们能够根据情绪 ABC 理论，检查自己的不合理信念，并通过改变认知的方法改变情绪，就能够避免不良情绪在心里的燃烧，并预防严重心理健康问题的产生。

当你被不良情绪所困扰时，就请按照情绪 ABC 理论给我们提供的操作模式来进行心理自助。具体操作模式如下：

（1）找出使自己产生异常紧张情绪的诱发性事件（A），如当众讲话，考试，工作压力，人际关系等。

（2）分析挖掘自己对诱发性事件的解释，评价和看法，即由它引起的信念（B），从理性的角度去审视这些信念，并且探讨这些信念与所产生的紧张情绪（C）之间的关系，从而认识到异常的紧张情绪之所以产生，是由于自己存在不合理信念，这种失之偏颇的思维方式应当由自己负责。

（3）扩展自己的思维视角，与自己的不合理信念进行辩论（D），动摇并最终放弃不合理信念，学会用合理的思维方式代替不合理的思维方式。当然，也可以通过与他人讨论或实际验证的方法，来辅助自己转变思维方式。

（4）随着不合理信念的消除，异常的紧张情绪开始减少或消除，并产生出更为合理、积极的行为方式。行为所带来的积极效果，又促进着合理信念的巩固与情绪的轻松愉快。最后，个人通过情绪与行为的成功转变，从根本上确立合理的思维方式，不再受异常的紧张情绪的困扰（E）。

四、自助案例：拨开迷雾见明月

职业倦怠就像五线谱上高高低低的音符，总是埋伏在工作情绪之中，伺机而动。比方说，你的部门即将改组，被不合理的工作量压得喘不过气来，人际关系如箭在弦上，或者升官不成、加薪无份，都可能使你陷入一片"愁云惨雾"之中。请拿起情绪 ABC 理论这个随身法宝，来解决自己的情绪问题吧！下面让我们来一起看一个例子，相信对你有所借鉴。

她是一个中师毕业的年轻教师，为使自己更具有职业竞争力而参加高等教育自学考试。在一次考试中，由于情绪过度紧张，头天晚上还记得牢牢的东西，等她看见考试题目时却怎么也想不起来了。结果，三门功课成绩都很差。她非常沮丧，更糟糕的是从此对考试产生了强烈的恐惧心理。每次考试前，她总担心自己没有学懂，复习不够全面，在忧虑、急躁的情绪中夜以继日地学习，搞得精疲力竭。上考场的时候，她情绪万分紧张，记忆与思维受到严重抑制，考出的成绩总是很不理想。在一段时期内形成了恶性循环；越紧张，就越考不好；越考不好，就越害怕考试，在考场上就更紧张，成绩也就越差。

眼看原定的进修计划不能按时完成，于是，她决心调整自己的情绪，设法控制、消除这种有害的紧张情绪。她采用了合理情绪疗法进行自我调适。

1.（诱发事件）：考试失败。

2.（自己对考试产生的一些不合理信念）：成绩必须超过别人，否则就是糟糕透顶；考试成绩代表了我的价值，门门都得好成绩，我的人生才有价值；教师各方面都应该为人师表，考试也是这样，教师考不好是最没面子的事，同事和学生都会笑话我，我就没脸站到讲台上；一次考不好，就证明自己能力差，以后也同样会失败；自己每次考前都复习得不全面，因此，在考场上必定会碰到不会做的题目；不管对知识熟记到什么程度，也是靠不住的，到了考场上仍然会忘记。

以上不合理信念，有的对自己提出了过分完美的要求，有的歪曲了考试分数对人的意义，有的是缺乏根据的自我怀疑、自我挫败。这表明，我的思维是缺乏理性的，有绝对化、以偏概全和主观臆测的倾向。

3.（由以上不合理信念导致的不良情绪和行为后果）：考前害怕、担忧，焦躁不安，考场上万分紧张，导致身心疲惫，考试成绩下降。

4.（与不合理信念展开辩论）：——将其驳倒。

（1）成绩必须超过别人，否则就是糟糕透顶。——每个人的能力和特长都不一样，在有的方面可能优于别人，在另一些方面可能比不上别人，这是正常的。只要尽了自己最大的努力，即使考得不如人家，又能怎样呢？天又不会塌下来！

（2）考试成绩代表了我的价值。——考试只是检查学习成效的一种手段，考试成绩只能表明学习中的成绩与不足，说明不了更多东西。一个人的价值由许多部分组成，表现在品德、知识、能力、个性、理想、事业、家庭、友谊等多方面，有学习上的缺点与不足，并不能否定一个人的全部价值。

（3）我应该门门都得好成绩。——金无赤足，人无完人。大多数人只能在其擅长的方面做得优秀，而其他方面平平，这并不妨碍他们事业有成。我也不例外，我并非全才，尽了自己最大的努力就应该满足了。个别科目若能发挥自己的专长、达到名列前茅，当然最好，但是没有必要斤斤计较，苛求自己十全十美，否则只会给自己造成难以承受的精神负担。

（4）教师各方面都应该为人师表，考试考不好，没脸上讲台。——考试成绩差，对自尊心的确是一种打击。但是，教师也是人，教师不是神，偶尔经历失败情有可原，大家应该能谅解。而且，考试并不是为人的面子设立的，是为了检查前一阶段的学习效果。如果我能够不为面子所累，就会以更平实的态度对待学习中的每一个缺点与不足，就会在平静的心态中稳步前进。而背负沉重的面子压力，只会在忧虑不安中越走越累，越走越慢。

（5）每次考试前都复习得不全面，因此在考场上必定会碰到不会做的题目。——考试既然是对学习成效的检验，那么它必然符合我们所学知识的范围。自己每次考前复习得相当仔细、深入，应当相信考题不会超出自己力所能及的范围。正是因为不必要的担心，才使我在考前忧虑不安，分散了注意力，接着又迫使我超量复习，搞得疲惫不堪，而考试中又神经紧张、思维迟钝，结果导致失败。这种无根据的担心使我自我挫败，必须清除。

（6）一次没考好，就证明自己能力差，以后也同样会失败。——偶然的失败不能证明能力差，重要的是客观，全面地总结经验教训，找到原因，针对可改变的因素千方百计地改进。对那些自己无法控制的因素，不必怨天尤人，纠缠不休。一旦我真正改正了自己的缺点，下一次考试就一定有希望成功。倘若因暂时的失败把自己彻底否定，那么这种毫无自信的心态，会埋下再一次失败的祸根。

（7）不管知识熟记到什么程度，也是靠不住的，到了考场上仍然会忘记。——如果不是我的大脑出了毛病，那么我应当同正常人一样服从记忆的一般规律，即只要对某一材料达到一定的熟记程度，就会在一定时间内保持完好的记忆。我在考场上忘记有关的知识，并非我的大脑记忆功能低于常人，而是我的心理状态出了问题。紧张的情绪妨碍了我对头脑中储存的信息进行成功的提取，出现所谓"意识窄化"的现象，严重降低了解决问题的效率。因此，我不必怀疑、贬低自己的记忆力，要紧的是恢复自信心，以放松、镇定的情绪去迎接考试，表现出自己的真实能力。

5.（产生的效果）：放弃关于考试的种种不合理信念之后，我开始用更为理性的态度去看待考试，情绪与行为随之产生了明显的变化。以后的考试中，我不再担心自己考不过别人，也不再把得高分看得那么重要，在复习时把注意力集中于学习本身，不再分心，不再焦躁不安，心情平静而稳定。上考场时情绪平和，头脑清晰，充满自信，遇到难题时能充分调动所学的知识，做出合理的假设与推理，考试的结果令自己十分满意。这使我信心大增，恐惧考试的情绪被有效地遏制了。

后来，这位教师再也没有出现过考试焦虑，顺利地取得了高教自考专科文凭，又圆满地学完了本科课程。

让我们来看另一个例子

她是一个年轻的小学教师，长久以来有件事一直令她相当烦恼，那就是她所在的办公室里气氛相当沉闷。通常的情形是：同事们经常在办公室做事，却很少有人说话，也没有笑声。每当她从教室回到办公室，本想放松一下，可是遇到这种所有人都沉默的情形，她就感到特别难受和压抑。她常常忍不住猜测其他人不说话的原因，想来想去总是担心自己做错了什么，从而惹得他们对自己不满，因而个个都显出不高兴的样子。

偶尔，办公室里的气氛也会轻松一会儿，四五个人在一起聊天，说说笑笑。那时，她的心情会稍稍放松一些。但是，这种时候实在太少了，多数时间里她都特别紧张，生怕做错了什么，每天小心翼翼，别人不讲话，她也就闷不作声。这样的日子令她难以忍受。

为了改变这种处境，她开始尝试用合理情绪疗法进行自我心理调适。以下是她对心理调适过程的描述。

1. （诱发性事件）：办公室里气氛很沉闷，很少人说笑。

2. （自己的不合理信念）：

（1）办公室里的同事不爱说笑，一定是他们不高兴，在生气；

（2）他们都不愿说话，都在生气，而我却愿意说话，我并没有生气，那么，他们一定是在生我的气，认为我某些方面做错了；

（3）我不能做错事或者说错话，否则一定会惹得他们对我不满；

（4）如果我做错事或说错话，冒犯了他们，他们就会冷淡我、疏远我。那全怪我自己不好，没有用。接下去，周围其他的人也会不喜欢与我交往。

3. （造成的结果）：每天我的神经都处于紧张状态之中，说话、行动都特别谨慎、小心，唯恐做错了什么，感到特别压抑、紧张、疲惫。

4. （与不合理信念的辩论）：

（1）办公室里总是很沉闷，大家都不说笑，就一定是他们在生气吗？——他们不说话，可能是因为工作太紧张，他们要思考自己的问题，要备课和改作业；也可能是他们累了，需要喘口气，并不一定是在生气。有的人天性喜欢安静，不爱大声说笑，总是少言寡语，并不一定是在生气。

（2）即使他们真的在生气，难道一定是生我的气吗？——每个人都会遇上不如意的事情，难免有心烦的时候。当他们不高兴的时候，也许是工作中碰到了困难，生活中遇到了挫折，师生之间产生了矛盾和冲突，并不一定是在生我的气。我没有理由总是把别人的不愉快看成是由我造成的。

（3）即使他们真的生我的气，那就一定很糟糕吗？——每个人都会有弱点，不可能永远不做错事，我也不例外，这是正常的。如果我真的做错了事，冒犯了他们，那么他们生我的气也是可以理解的，这并不说明他们对我存有特别的、一贯的不满态度。我不可能、也不应该要求自己不在任何事上出错。只要不是我故意造成的，就不必过分自责。

（4）即使我做错了，令他们对我不满，他们就一定会因此疏远我吗？而且其他人也必定会疏远我吗？——我做错了，会令他们对我不满，但那也并非罪过，只是暂时的错误，我会吸取教训并改正。他们不会因此对我产生"深仇大恨"，不会不理睬我、故意疏远我。其他人更没有理由疏远我。以往我太过于担心被别人拒绝了。往最坏处设想，就算很多人都冷淡我，我就一定一无是处了吗？我既然生存在这个世界上，就有自己存在的价值，而且只有我自己最了解自己，我应当对自己充满信心。

5.（产生的心理效果）：通过与自己辩论，卸下了一些心理包袱，我心情轻松了许多。我开始主动与办公室里的同事交谈、说笑，并进行工作、学习和情感等方面的交流。我从中了解到他们之所以不爱说笑，也是因为没有别人说笑，他们也不想、不敢说笑，完全出于与我相同的想法。逐渐地，我在办公室里不再感到过分压抑和紧张了，办公室里的气氛比以前好多了。虽然有时遇到别人都沉默不语的时候，我仍然觉得有点不自在，但心理上不再像以前那样背包袱了。

从容应对：教师工作与生活平衡的艺术

一、两难困境：工作向左，生活向右

研究表明，工作与家庭冲突对职业倦怠存在直接作用。工作对家庭冲突或家庭对工作冲突的增加，会直接导致个体职业倦怠感的增强这种生活上的不平衡，会导致以下两种情况出现：一种情况是失去工作的激情。很多人在职业生涯的 10 年或 20 年后，便拥有了令人羡慕的职位和头衔。但从某种程度上讲，我们其实是进入了一种惯性模式中。在这种惯性模式里，我们没有惊喜，也并不快乐，对工作更没有激情。当大多数人把过多的时间花在工作而不是家庭上的时候，会感到疲惫不堪，因为我们在并不能给自己带来满足感的事情上花去了太多的时间。另一种情况是，工作耗费了我们太多的激情，以致于让我们忽视了生活的其他方面，从而导致婚姻和健康出现问题。我们一心一意地扑在事业上，罔顾生活中能给自己带来满足和愉悦的其他方面。这种人有个专门的名字——叫做"工作狂"。这两种情况都是职业倦怠的表现。

工作和家庭是成人毕生发展中的两个重要领域。对于工作与家庭之间的关系，科学家们做了大量的研究，其中比较公认的是溢出理论。溢出理论认为，尽管在工作和家庭之间存在着身体上的暂时分离，但在一个领域建立的情感、态度、技能和行为会带到另一个领域。这种溢出可以是积极的，也可以是消极的，消极的溢出即工作—家庭冲突。工作—家庭冲突被定义为一种角色内冲突，是指当来自工作和家庭两方面的压力在某些方面出现难以调和的矛盾时，产生的一种角色交互冲突。也就是说，由于工作任务或者工作需要使得个体难以尽到对家庭的责任，或是因为家庭负担过重而影响工作任务的完成。

小张是一位32岁的妻子、一个孩子的母亲和一个六年级的教师。她每天早晨非常忙乱，要送孩子去日托学校。丈夫的工作需要经常出差，他很少在家。每周一早七点半的学校例会，打乱了她早晨的程序。她每天晚上的时间都被做晚饭、洗衣服、改作业、照顾孩子占满了。

在学校里也是异常地忙碌，每天都有四节以上的课，还担任六年级一个班的班主任。在这个有58个学生的班里，有6个需要特殊帮助的学生，还有几个阅读能力低于年级水平的学生，她必须挤出时间给他们补课。班上的3个学生有行为问题，使班级总是处于不断的混乱中，必须予以特殊的关注。面对作为教学水平标志的不断的考试和频繁的测试，她又不能掉以轻心，总是担心自己班上学生的成绩太低。此时，还有一些家长提出他们那个"天才儿子"，在她的班级要给予特殊照顾；有的家长又会抱怨她的工作影响了孩子，而此时校长却不能提供直接的帮助。最近，小张很烦——她天天想着要休息。

在我国社会中，教师，尤其是那些在大城市工作的教师，生活节奏快，岗位竞争激烈，工作强度大，这些因素的综合作用使教师的工作与家庭的冲突日益显现。有研究证明，我国大部分城市中学教师对工作的投入影响到其家庭角色的扮演。平衡工作和家庭两个角色的要求，已经成为越来越多教师的日常事务。保持工作和生活的平衡与协调，对教师来说是非常重要的。当个人需要、工作和家庭平衡起来的时候，人在精神上就会感到和谐、平静。在当前的形势下，教师的工作环境和生活状态不容乐观。下面是一位教师网友对教师现状的描述，虽然个别地方有些夸大，但基本反映出了如今教师工作环境的事实。可想而知，处于这种生活状态的教师，其心情和健康状况不得不令人担忧。

教育生涯成功几乎是所有教师追求的目标。教师职业生涯成功与家庭生活成功之间有着怎样的联系，取决于学校和教师的价值观。一般而言，职业工作与家庭遵循着并行发展的逻辑关系，职业生涯的每一阶段都与家庭因素息息相关，或协调或冲突。传统的学校管理系统倾向于假设教师开始工作时，将家庭和自我留在家里，组织唯一需要考虑的是为工作导向的发展活动创造机会（EdgarH. Schein，1992）。随着研究的深入，工作、家庭和自我事务在个人生活中强烈的相互作用甚至冲突的情况，逐渐得到了重视。

教育生涯与家庭责任之间的平衡，对于教师特别是女性教师尤为重要。学校组织中的教师除了过教育生活外，同时还经历着家庭生活。家庭对教师本人有重大意义，也会给教育生活带来许多影响。工作与家庭间的潜在冲突对教师职业生活的影响，甚至超过个人发展目标对职业的影响。家庭成员的意见对教师的工作成效有重大影响。现在，很多人更看重事业、金钱和享乐，而把家庭放在其后，但他们获取成功后，在家庭方面却背上了沉重的包袱，或是忙于离婚，或是穷于应付来自家庭内部的烦恼。因此，工作与家庭生活之间的影响是深刻而全面的，工作与家庭关系及其平衡计划已成为学校人力资源管理与教师职业生涯管理的重要内容。

二、工作—家庭冲突：生活就像一所"房子"

每个人都想拥有平衡的生活，但是，在繁忙的现代社会中，生活的平衡极其脆弱。工作常常占据了生活中太多的时间，还有各种各样的问题困扰着我们。这种工作与生活的不平衡，不仅会导致工作热情的丧失，还会严重影响个体的婚姻关系和身心健康。

学者埃丽卡·奥尔洛夫（Erica Orloff）在她的《工作向左，生活向右》一书中，把生活比喻成房子，而生活的各个部分：财务状况、工作、人际关系、健康、家庭、自我空间等组成了房子里的各个"房间"，以此形象地让我们了解自己生活的不平衡状况。现在，请你按照埃丽卡·奥尔洛夫的指导，来画一画你"家"的房子。看一看你能发现什么？

第一，把你的生活想象成一所"房子"，每个"房间"都是你生活的一部分。

第二，设计一所你自己的"房子"，每个"房间"都代表一样对你来说至关重要的东西。这些东西应该包括：

第一间：工作。你的工作时间比自己愿意工作的时间或者应该工作的时间要长吗？你的工作是你梦寐以求的职业，还是一个让你毫无工作热情的职业？你是否曾经觉得你的工作枯燥乏味？你喜欢你的同事吗？你的工作是不是在你回家以后，仍然给你无休止的压力？你的领导讲不讲道理？你的学校是否在实施教师考评，甚或实施末位淘汰制？你的报酬是否合理？……如果你对自己的职业感觉不错，那么这个房间的面积大小在你的平面图上应该比较合理。但是，如果你认为目前的职业偏离了你的期望，这个房间将占据比你所希望的大得多的空间。这种感觉就像家里有一间巨大的房屋，由于没有足够的家具来填补，使人感到屋里太冷清。

第二间：财务。你正负债累累吗？你是否办了房贷？你在为将来存款吗？你是否买了保险？……如果安排合适，财务就会在你的生活中占据适当的空间，否则就会给你带来压力。

第三间：孩子和成家立业。你的孩子是不是到了青春期，开始出现青春期少年的情绪问题？你是不是努力安排出时间和孩子在一起？你有没有继子或继女，是不是生活在一个重新组合的、还有些不和谐因素的家庭中？你的孩子是否有以下问题：注意力不集中、发育迟缓或者有疾病？你的孩子是否也像你一样，因为二十一世纪的飞速发展而感到疲惫不堪？有些人没有孩子，但仍要面对其他亲人、年迈的父母带来的问题，当然也包括其他一些家庭问题。

第四间：婚姻和其他重要的人。你是否在保持和伴侣之间的激情和快乐上，花费了足够的时间和精力？你是不是因为工作而忽视了伴侣和其他重要的人，还是正好相反？

第五间：朋友和社交生活。你的生活中是否一直有朋友？你有没有那种在午夜两点出现紧急情况时，可以打电话求助的朋友？你能享受社交生活，还是已经被工作占去了大部分空闲时间？你的业余爱好也包括在内。

第六间：精神生活。不管你去哪里，或者哪怕是出门拥抱大树，你都必须有精神生活的时间，包括静思或反思等。

第七间：问题和包袱（已经过去但一直困扰你的事情）。如果过去的问题都被解决了，不再影响你的心情，那么这个部分在你的生活中应该占很小的位置。但如果家庭中曾有人酗酒、儿童时期遭受虐待，或者小时候遭受家庭不幸等，一直到你成年仍旧给你带来痛苦，这个房间的面积就不会太小了。

第八间：社区和志愿活动。如果你因为时间不够用而没有考虑过参加志愿活动，就应该好好考虑参加一下。对很多人来说，志愿活动能带来自我满足感。可能你总想去做志愿者，又没有时间，那你生活中的这一部分就太小了，希望你能真正去做。

第九间：身心健康。你每周至少运动4次吗？我们都知道这些道理——正确饮食、减少摄入咖啡因、少喝酒、不吸烟等，但有时候生活的压力使我们不能好好照顾自己。同样，如果你做得正确，你生活中的这部分就是正常的。否则，就会出现麻烦。

第十间：自我。这可能是一间储藏室大小的房间。是的，该你了。也许你会问，自我是什么？如果是这样，这一部分应该画得极小。

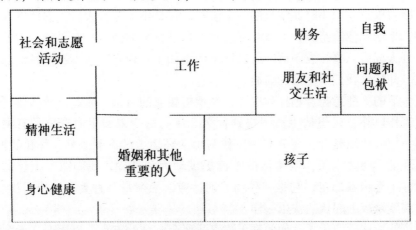

社会和志愿活动	工作	财务	自我
		朋友和社交生活	问题和包袱
精神生活	婚姻和其他重要的人	孩子	
身心健康			

第三，如果你已经画好，或许像上图一样。

第四，再画一张你理想中的"房子"。

第五，对比两张图，看一看你能发现些什么？

如果你是诚实而且认真地按比例画的，你也许会惊奇地发现，工作占据了最大的空间，就像上面这幅图一样。或许，你并不希望这样，你希望的是家庭或者其他重要的事情，能在生活中占据更大的空间，但是，如果你总是从学校匆匆回到家，仓促地吃点便饭，打发女儿去做作业，然后坐在写字台前批改学生的作业或准备明天的课程，那么，无论是你的家人还是其他重要的事情，在你的生活中所占据的空间都会比你自己希望的要小。最糟糕的是，你的"自我"空间会小到可以忽略不计的程度。原来，我们最容易忽视的，是我们生活中最重要的人——自己。

一所房子如果是理想的，那么，整体看起来应该是让人感到愉快的。一所房子的空间不可能非常均匀地分成八份或者十份。想想你梦想中的房子，不管你现在住的房子是不是符合你的梦想，你梦想中的房子也许有一个很大的房间用做客厅。此外，还有几个相对小一些的房间，像舒适的小卧室或者小小的客房，而主卧室可能大到可以做起居室用。不管怎样，你肯定找不到一套所有房间都一样大的房子。如果你的生活经过了一段不平衡的时期，也没有出现重大变化来使它恢复平衡的话，那就让人难以接受了。你想要恢复生活的平衡，首先要认真找出问题所在。现在，你已经知道了你的生活是否平衡，就应该继续把生活的每一个部分都逐个地加以改善，最后让你的生活变得协调。

三、左右逢源：跷跷板的艺术人生

跷跷板是我们小时候常玩的一个游戏，只是不知道长大后，它照样存在。其实，生活就像跷跷板，上也好下也好，总是在尽力地维持着平衡。怕就怕，在高处太久后，蓦然发现那一头已然是空空如也！现在，它不再供我们玩耍，但是，却能给我们以生活的启迪。

生活的平衡意味着选择和取舍，并承担相应的后果。因此，教师要明白，除了工作以外，还想从生活中得到什么。我们每个人的生命资源是有限的，需要我们有效地整合，充分利用工作与生活环境中的有利条件，优化我们的生存环境，使之为工作与生活的平衡提供动力和基础。我们需要记住的是，平衡并不意味着稳定，它是一种动态的适应。平衡是一种美，就如同我们孩提时在跷跷板上起伏的快乐一样。

当然，这种快乐无论如何都无法离开那个坚强的支点。以这个支点为界，可以把生活划分为家庭和工作两个范围。美国学者克拉克（S. C. Clark）于2000年提出了工作与家庭边界理论，试图为我们解释边界跨越者和他们的工作与家庭生活之间复杂的作用，并解释冲突出现的原因，给出保持平衡的方法。工作与家庭边界理论认为，人们每天在工作和家庭的边界中徘徊。工作与家庭系统之间的主要联系不是感情，而是人。诸多的原因使得人们每天在工作和家庭两个范围内转移。人们塑造两个范围和他们之间的边界，影响边界跨越者与这个范围以及其中的成员之间的关系。

工作—家庭失衡的主要原因：

（1）工作职责对时间的要求（工作时间）与家庭职责对时间的要求相互影响，就造成了基于时间的工作—家庭冲突。

（2）承担工作领域的角色而产生的紧张、焦虑、疲劳、郁闷、易怒、冷漠等精神状态，使得个体难以顺利履行家庭角色的职责，久而久之就会导致基于精神的工作—家庭关系的失衡。

（3）工作中对行为秘密性和客观性的要求，与家庭中对行为开放性和情感关注的期望相互影响，从而会导致基于情感的工作、家庭关系的失衡。

近年来我们注意到，学校领导和教师，对工作与家庭冲突问题的关切显著增加。"如何找到自己工作与家庭的平衡点"，现在也已经成为教师最为关注的问题之一。

教师如何做到丰富的家庭生活与充实的工作生活两者相得益彰呢？学者彼得·圣吉在《第五项修炼》中，为我们建构了一个具有可操作性又易于理解的工作与家庭平衡的理论模型，为我们寻求答案提供了一个有益的思维路径。圣吉认为，在工作与家庭不均衡的背后有一个系统图式。这个图式称为"富者愈富（Success to the Successful）"，它包括两个反馈环路（图1）。分开来看，每一个环路都倾向于逐渐成长，却争用同一个资源。在这一图式的背后，个人、群体或组织不断地为一项有限的资源而竞争。成功的一方，因为其所在优势，倾向于得到更多的资源，而其他竞争者的资源则相对减少。这些资源可能是多个事业部门竞相争取的有限投资金额；也可能是一间坐满学生的教室中，某位教师有限的赞美，或者是一位忙碌的管理者有限的时间。

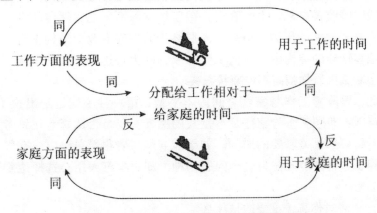

图1 工作与家庭"富者愈富"的系统基模

图1的上部，显示一个人在投入工作的时间和对工作的承诺不断增加的情况下所出现的反馈环路：个体在工作上投入更多的时间，则工作的表现就会更好；工作表现好，致使个体产生更多的工作意图和机会，从而使得工作时间更长。而图2.1下部的图形显示一个人在投入家庭的时间与对家庭的承诺增加时所呈现的反馈环路：个体用于家庭的时间增加，提高了他的家庭生活品质（满意的家庭关系、健康的子女、欢乐的家庭），从而导致他想投入更多的时间于家庭。然而，当这两个反馈环路被连接起来，用在工作上的时间增加，则用在家庭的时间相对减少，反之亦然。

像其他由反馈回路所主导的结构一样，"富者愈富"这个图式的不安定是内生的，只要开始向其中一方偏移，就有继续朝此方偏移的倾向。朝工作时间愈来愈长这一方偏移，有几个理由：第一是收入，工作时间影响收入的多少，经济上的压力使我们投入更多时间在工作上。第二是"用于家庭的时间"这个反馈环路，朝向负的、恶性循环发展的倾向特别强。如果你发现自己用于家庭的时间减少，家庭关系不佳，可能会有强烈的心理压力，而更避开家庭问题。此时在工作上力争上游，便成了一个方便的借口，避免回家看到不快乐的"另一半"与令人头痛的子女。如果你用于家庭的时间减少，家庭方面的表现将进一步缩减，因此，把时间用于家庭的渴望更为低落。第三，成功的专业人士为保持出色，必须投入比别人更多的工作时间以及花更多的时间处理来自同事钦羡的压力，使花在工作上的时间多于花在家庭中的时间。

因为"富者愈富"的不平衡结构是由反馈回路所主导，所以，如果没有外力介入，不平衡的状态不会自动调整，而且会愈来愈恶化。这就是为什么工作与家庭问题间的冲突如此难以解决的原因。由这个结构我们可以了解到，只从这个结构内部来改善工作与家庭间的不平衡常常是无效的。例如，人们若花一段时间改善在家庭中的表现，在工作方面不久之后就会因投入时间不够而产生愈来愈大的压力。最后，人们终于明白除非改变结构本身，否则会一直深陷在这样的结构中，而使工作与家庭间无法达到稳定的平衡，因为这个结构会一直推着你朝向不均衡状态移动。

因此，要改善工作与家庭之间的不平衡，第一件事就是走出这个结构，诚实地自问：兼顾工作与家庭是不是我的愿景？我是否认真地在思考这个问题？这不是一个无关紧要的质问。如果能兼顾二者很简单，应该有很多的人已经做到了。有许多人在为这个问题伤神，却很少有人用心选择达到他们所想要的平衡。

（1）认清对你真正重要的是什么。

（2）做一个选择（承诺于真正重要的）。

（3）诚实地对周围的人说出你所作的选择。

（4）不要勉强他们同意或表面上支持你的选择。

以工作与家庭之间的人为界线，从系统思考的观点来看是毫无道理的，一个人的工作与生活的其他方面之间，本来就是环环相扣的。用心选择会使我们将设定用于家庭的时间，视为明确的人生目标。譬如：你晚上几点回家？那么晚餐会议将如何安排？周末将如何安排？这些看似无关紧要的行动，正是把兼顾的愿景化成确切目标所必需的基本动作。当你只设定目标而没有一个真诚的愿景时，一旦发现目标很难实现，你很可能因此退缩，生活的跷跷板就容易倾向于工作一边。

四、从容应对：制订你的行动计划

你有无发现，金钱不一定能使人幸福，位高权重不一定令人快乐？

你是否感慨，为什么你付出很多，疲于奔命，亲人朋友却不理解、不领情？

你是否愧疚，为什么在亲人、朋友需要时，自己没能在一旁陪伴照顾？

当热闹和忙乱平息下来，静夜独坐时，你是否感到深深的寂寞与苦闷？

你是否希望，自己在获得事业成功的同时，能够身心健康、人际和谐、享受温馨幸福的家庭生活？

面对工作与家庭生活失衡的压力困境，拖延、逃避、自欺欺人，悲观厌世、日理万机，均无助于问题的真正解决，相反可能使冲突加剧、困难加深，甚至造成严重后果（无数事实已经证明这一点）。你需要行动起来，调整认知，重塑理念，促进自我人格修养不断成长，澄清工作和生活价值观。正确认识和看待家庭与工作之间的关系，协调二者之间的矛盾，积极应对工作与生活压力，缓解由于工作与家庭关系失衡造成的矛盾冲突，促进工作与家庭相得益彰，使工作因家庭而更增力量与效能，家庭因工作而更有活力、更加充实，使每个人的生命因工作与家庭的和谐而更加快乐精彩！

工作和生活是跷跷板的两端，互为补充，互为因果。生活幸福和安宁的人，才能保持持续的工作热情，使得事业有成，进而家庭和睦，形成生活的平衡。不要以被人称为"工作狂"为荣。长期自我强迫、超负荷工作，可能会导致没有生活情趣，逐渐变得情急浮躁、性情冷漠、刚愎自用，以自我为中心、忽视家人的感受，缺乏付出和获得爱的能力。

对教师个人而言，可以通过以下方法来维持工作与家庭的平衡：

第一，弄清家庭与工作之间的重点，确定优先次序。如果"鱼与熊掌不可兼得"，就要确定工作与家庭的优先次序。最好的方法就是用长远的眼光，看看未来五年或十年里最要紧的事情是什么。因为站在长远角度来看，工作或家庭中的大部分问题似乎就并不那么严重了。如果某事打破了你工作与生活的平衡，导致你长期夜不成眠，或感到身心疲惫，或对手头的工作很难集中精力，那么明智的做法是自省一下你是否试图在太广的范围里做太多的事情。分清主次，学会态度坚决地说"不"，是多数人要解决的重要问题。

第二，要更新观念，改变传统家庭观念和模式所带来的内疚因素。工作与家庭之间的失衡常常会给职业父母带来内疚感。如果妈妈加班了，爸爸带着孩子去吃快餐，有人就会认为这个家庭乱套啦。其实不应该这样认为。因为，现代职业家庭需要有与传统家庭不同的家庭与工作关系标准。要在家庭生活和事业发展这两件重大事情之间寻求达到平衡的方式，就必须打消由此而产生的内疚感。因此，改变观念、调整心态，对促进平衡会很有帮助。

第三，家庭实用对策。一对夫妇至少可以通过四种具体的方式来减少家庭对工作的影响：

①采取延期生育孩子或者雇请保姆等方法来减少家庭对工作的影响；

②夫妇之间进行恰当的分工，轮流将精力投入工作和家庭；

③夫妇从事同样的职业或选择同一个单位，相互促进；

④夫妇双方从事完全不相干的工作，各自追求自己的事业。但无论采取哪种方式，人们都有必要根据情况认真思考工作和家庭之间的关系。而且，随着工作挑战性的加强以及家庭结构的变化，要不断探索工作和家庭之间新的协调与平衡方式。

随着教育教学工作要求的不断提高，教师维持良好的家庭关系和养育孩子的难度也在与日俱增，做好个人的平衡计划也就越来越重要。当你把要改变自己与你想要什么东西相比的时候，你更容易想到的是那些生活中你不想要的东西。如果问大家不想要什么，很多人会说"我不要肥胖"或者"我不想再做事拖拖拉拉"。不过，应该花点时间想想你要什么。由于你想要的东西总是充满诱惑力，所以要避免自己想入非非。要想从容地应对生活，恢复自己生活的平衡，现在就开始制订你的行动计划吧。

你的个人目标是什么？（记住，目标要详细具体，要选择可以度量的目标）如果现在你可以改变某些事情，你想改变什么？

1.

2.

3.

4.

5.

接下来的部分很重要。想象一下你已经完成了自我改变清单上的所有条目。回答下面的问题：

当你完成了这些自我改变的时候，你的生活会是什么样子的？在目前没有做的事情中，你准备做什么？

1.

2.

3.

4.

5.

最后，再花点时间想想，然后回答下面的问题。这个问题很重要，它是你取得更大的个人满足感道路上的第一个里程碑。

如果你正朝着正确的方向前进，远离以前生活中让你疲惫、拖你后腿的那些问题，那么你能看到的最小的改变是什么？

第九章

教师永葆教育激情的群体策略

教师虽然是职业倦怠症状的表现者，却不一定是完全的责任者。在这个问题上，百分之百地苛责教师个人是有失公允的。如果把职业倦怠理解为燃烧殆尽，那么要负责的是那个点火的人，火源可以在内，也可以在外，而多数情况下则是火上浇油、内外交困。目前，职业倦怠越来越明显地呈现普遍和流行的趋势，此时审视一下教师所处环境中潜在的致病因素，无疑具有重要价值。

以人为本：重整校园文化

一、工作至上：传统文化酿制的苦酒

学校作为一种社会组织，必然具有其文化特性。所谓学校文化，是学校内有关教学及其他一切活动的价值观念及行为形态，是学校的行为规范和共同的价值观念，是学校共有的哲学观、信仰、期望、态度，是"学校全体成员或部分成员习得且共同具有的思想观念和行为方式"。学校文化不仅包括学校全体成员共同遵循的一些观念和行为，还包括部分成员共同遵循的观念和行为；学校文化既可能给学校预定教育目的的达成带来积极意义，也可能阻碍教育目的的达成，起消极作用，学校文化的核心是学校各群体所具有的思想观念和行为方式，其中最具决定作用的是思想观念，特别是价值观念。

长期以来，学校奉行的是以学生发展为宗旨的教育伦理观，教师必须以促进每一个学生的健康发展为天职，倾向于强调教师的职业牺牲精神，逐步形成了工作至上的学校文化特质。学校价值观在工具化、实用化、功利化的路途中，逐渐迷失了它的真义。由一种以"关涉师生幸福，关注师生发展"为主旨的教育应然状态，逐渐演变为缺乏对教师的生命关怀、消解职业幸福、教学效能低下的实然状态。

人是为了自身价值的实现才充当社会角色、担当社会职能的。在这里，个人的生命发展和价值实现是目的，职能则是手段。然而，社会往往把教师职业的职能和手段价值，看得高于其生命发展。我们习惯于以职业牺牲精神作为教师职业活动的显著特点加以弘扬，缺少对教师个人利益和生命本体的关爱。

二、人本主义：校园文化的理论根基

"人本管理"是以人为本的管理，是与"物化管理"相对的概念。有的学者将人本管理概括为3P管理，即从管理对象角度看，是"对人"（of the people）的管理，从管理主体角度看，是"依靠人"（by the people）的管理：从管理目的角度看，是"为了人"（for the people）的管理。也有学者将人本管理分为五个层次：情感管理、民主管理、自主管理、人才管理和组织文化管理。总而言之，人本管理就是把人作为管理的主要对象和管理的最重要资源，尊重人的价值，全面开发人力资源，以谋求人的全面自由发展为最终目的的管理。

层次1：情感管理。情感管理是人本管理的最低层次，也是提升到其他层次的基础。在该层次中，管理者与员工不再是单纯的命令发布者和命令实施者，还有除工作命令之外的其他沟通，这种沟通主要是情感上的沟通。

层次2：民主管理。在这方面，强调管理者与员工一起来讨论员工的工作计划和工作目标，认真听取员工对工作的看法，积极采纳员工提出的合理化建议。员工参与管理会使工作计划和目标更加趋于合理，并增强了员工工作的积极性，提高了工作效率。

层次3：自主管理。随着员工参与管理的程度越来越高，对业务娴熟的员工或知识型的员工，可以实行员工自主管理。员工在自己的工作范围内有较大的决策权，所以员工的工作主动性会很强，并且能够承担相应的工作责任。

层次4：人才管理。为进一步提高员工的工作能力，组织要有针对性地进行一些人力资源开发工作。员工工作能力的提高主要通过三个途径：工作中学习、交流中学习和专业培训。

层次5：组织文化管理。组织文化说到底就是一个组织的工作习惯和风格。组织文化的形成需要组织管理的长期积累。组织文化的作用就是建立一种导向，而这种导向必须是大家所认同的。

在学校管理的所有要素中，教师是第一要素。所以，在"以人为本"的管理理念指导下，应确立"以教师为本"的管理思想，即在学校管理的一切活动中，始终把教师放在核心位置，追求教师的成长、发展，做到尊重人、信任人、激励人、发展人，走规范化、制度化、人性化的管理之路，从而最大限度地调动教职工的积极性和创造性，使人性得到完善发展，使学校工作获得最大化效益。2007年6月，《吉林教育》报道了梅河口市外国语学校实施人本管理的一些主要做法，对当前中小学学校管理有一定的借鉴意义。

人本管理的教师队伍。健康向上的多彩生活

第一，尊重、理解教师。在我们这个100多人的集体中，由于存在能力及水平的差异、兴趣爱好的差异、年龄结构的差异、身体状况的差异等，所以不能用一个尺度和标准来测量所有人，对每个人都要尊重和理解。现代管理制度越来越强调对员工的尊重，对教师的尊重与信任是调动教师积极性的重要因素。要根据每个人的能力大小发挥其作用。在学校管理中，我们必须尊重教师，尊重教师的人格，尊重教师的工作，尊重教师的合理需要，做到关心每一个教师。

第二，信任、赏识教师。"知人善任、量才为用"是外国语学校的用人标准。2007年，梅河口市进行教育机构改革，层层签订责任书，申报自己所要从事的岗位，实现了干部竞争上岗。每当开学初做人事调整时，学校都特别注重征求教师个人的意见，尽可能地把教师的个人意愿同工作实际需要统一起来，使教师心情愉快地投入工作。

第三，满足教师的需要。人本主义理论重视人的需要，通过认识人的需要去实现对人的管理，通过促进人的需要的满足去实现对人的管理，通过唤起和促进人的需要的生成去实现更为积极主动的管理。外国语学校十分重视如何妥善解决教师的物质需要和个人生活需要问题，十分重视如何妥善解决教学工作需要问题，以调动教师的积极性。教师工资有较大幅度的增长，工资补贴、办公条件的改善，教具和教师用书的供给，满足了教师对物质的需要。教师的工作单调而乏味，年复一年，日复一日，所以组织教师进行学习、娱乐、健身等文体活动，使广大教师充实了生活，愉悦了精神，调节了身心，增强了凝聚力，充分满足了教师的乐教需要。

第四，采纳教师的建议。通过民主管理途径，组织教师参与教育教学工作的决策，重视并采纳其合理的建议，不仅达到了"用众力，无敌于天下；用众智，无畏于圣人"的效果，更满足了广大教师对主人翁地位的需求，充分发挥了教师的聪明才智和主观能动性，实现了教师的自我约束和自我完善。

人本主义认为，人是最大的资源与财富，管理应该以人为本。这种理念渗透到学校管理中，就需要彻底改变传统的工作至上、效率第一的学校文化。在单纯对人"管束""要求"和"制约"的管理情境中，教师丰富的情感、广泛的兴趣、多样的生活追求被忽视了，教师的价值取向被单一化了，教师作为人的主观能动性没有充分发挥出来，更谈不上教师个人的发展，教师的教学效能也无从谈起。人本化教师管理需要学校能超越制度规范，创造教师自主发展的空间，为教师的幸福人生搭建平台，为教师教育创新创造条件，从而为学校可持续发展奠定坚实的基础。

三、后喻文化：学校变革的文化定位

玛格丽特·米德（Margaret Mead，1901—1978）是美国当代杰出的文化人类学家，她在《文化与承诺》一书中，从文化传递方式的差异出发，将整个人类文化划分为三种基本类型：前喻文化（pre – figurative culture）、并喻文化（cofigurative culture）和后喻文化（post – figurative cuIture）。前喻文化是按照自上而下的方向传递文化，即晚辈向长辈学习，在这种文化里，教师是"传道、授业、解惑"者的角色，并喻文化，是指晚辈和长辈的学习都发生在同辈人之间，如同伴之间、友伴之间、同学之间以及师兄弟之间等，后喻文化，则是指长辈反过来向晚辈学习。

自人类进入文明社会以来，就文化传承的方向而言，总是从上一代人向下一代人呈直线式流动，学校文化亦是如此。在学校的教师文化中，年长的教师总是扮演教导者的角色，年轻教师则是扮演被教导者的角色，在学校的师生文化中，教师扮演教化者的角色，学生则扮演被教化者的角色，在学校的管理文化中，管理者总是扮演着规训的角色，而被管理者则扮演着被规训的角色。

然而，随着信息技术的迅猛发展和社会快速的变迁，各种新观念、新事物以及新的生活方式被引入到正常的社会之中。年轻人因其触觉敏锐，接受和吸收新生事物的能力较强，而长者则常常受到传统经验的束缚，这样，文化传承关系开始被颠覆。新青年开始拥有了对长者发话的权力，年轻一代在神奇的未来后喻型理解中，获得了新的权威。"嗷嗷林鸟，反哺于子"的生物现象演绎在社会生活和学校文化之中，形成了极具时代特征的"文化反哺"现象。

今天的中国社会，在全球化浪潮下，大踏步地走向了信息社会、网络社会。在急速的社会变迁中，很快出现了传统的教育者和受教育者的位置变得模糊甚至颠倒的现象。例如，年轻人在网上或学习，或搜索信息，或玩游戏，或聊天，已经使其长辈感到手足无措。同时，年轻人在各种新观念、新思潮、新知识乃至各种新器物、新的生活方式的引进和接受中，都扮演了"时代先行者"的角色。"文化反哺"现象是现代社会文化急剧变革和发展的产物，并不否定传统教育的意义和作用。它表明传统社会的单向社会化方式，正在向现代社会的双向乃至多向社会化方式转变。事实上，这一社会化方式的出现，不仅为年长一代继续追赶、引导历史潮流提供了可能，同时也加重了年轻一代的历史责任感。

教师专业发展和教育革新的可能空间和限制因素，在很大程度上蕴涵于教师文化之中。教师作为一种职业，既是特定社会角色的承担者，也是个人谋生的基本手段。教师从事教育工作以满足自我、家庭的生存需要，并实现自我的价值。对于教师而言，在工作过程中，必然少不了与同事和领导打交道，进行交往，同时，为了与同事和领导进行有效的沟通，或是为了获得群体的认可，以便创造良好的工作关系或向上谋求更好的发展，会自觉或不自觉地学习这一群体的文化，竭力使自己融入这一氛围中，使自己与工作群体达到步调一致，在交往过程中，教师个体也会不自觉地受这种文化的熏陶。因此，这种文化的传递内容具有专业性、转换性、经验性等特点，并且这种文化是以一种潜移默化的方式进行的。

然而，受传统文化的影响，在教师文化中存在着一种马赛克现象，它体现出教师之间貌合神离的特征，这一现象可称之为"教师马赛克文化"。教师马赛克文化有两大类：一是个体马赛克文化，表现在教师对自己的要求是独立成功观，对其他教师的态度是不干涉主义，二是群体马赛克文化，是指整所学校分裂为一个个独立的有时甚至是相互竞争的团体，教师个体分别忠诚、归属于某一派别群体。

教师马赛克文化，是在教师个人主义文化和教师派别文化的不断演变和渗透的背景下产生的。然而，教师个人主义和派别文化的本质，却是前喻文化的思想桎梏，是传统权威主义文化心理在教师专业交往和活动中的显现。这种文化强化了学校中管理者与被管理者之间、教师与教师之间以及教师与学生之间的社会距离，阻碍了自我的彼此开放，导致相互关系异化和对立，如过分认同、敷衍认同、痛斥教师权威主义等。

权威主义教师文化下的教师，往往会有貌合神离的合作，而个体之间却是相互独立的，对于教学经验和技能多采取自给自足的方式，他们很少进行相互交流和合作。在不良的学校人际关系中，教师要想达到所期望的权威者身份，付出的努力也要随之大大增加，而对教学效果的控制越来越难以达到预期的目标，对学生也越来越难以控制，这使得越来越多的教师难以相信自己的行为能有助于现实的改善，只好降低对工作的投入以求得心理平衡。久而久之，最终将发展为职业倦怠。

后喻文化也被称为"青年文化"，它"颠覆"了中国社会以前的"年龄大就必定资历深，年龄大就必定工资高，年龄大就必定职位高"的定论。基于对后喻文化的体察和洞识，学校的文化变革，应该是基于多元文化并存的思路，积极把学校文化引入后喻文化的轨道，努力构建一种自我导向与自然合作相结合的新型教师文化，积极推进教师专业化发展，为教师营造健康的文化心理氛围，以满足教师身心发展的需求，舒缓由于工作关系带来的一系列的焦虑情绪或疲劳状态，摆脱工作压力和倦怠。同时，多元文化并存的后喻文化也成为教师参与工作、学习等社会生活所必需的心理"加油站"。

四、弹性制度：教师生命的本体关怀

所谓弹性工作制是指在完成规定的工作任务或固定的工作时间长度的前提下，员工可以自由选择工作的具体时间安排，以代替统一固定的上下班时间的制度。多年来，人们一直推测灵活工作时间有助于雇员的身心健康，可以帮助他们更好地平衡工作与家庭之间的关系。因此，从二十世纪七十年代开始，弹性工作制在欧美得到了稳定的发展，美国一些脑力劳动占重要地位的行业也在积极推行弹性工作制。

弹性工作制的形式有如下几种：

形式1：核心时间与弹性时间结合制。一天的工作时间由核心工作时间（通常5~6小时）和环绕两头的弹性工作时间所组成。核心工作时间是每天某几个小时所有员工必须到班的时间，弹性时间是员工以在这部分时间内自由选定上、下班的时间。

形式2：成果中心制。对员工的劳动只考核其成果，不规定具体时间。只要在所要求的期限内，按质按量完成任务就照付薪酬。

形式3：紧缩工作时间制。职工可以将一个星期内的工作压缩在两三天内完成，剩余时间由自己处理。

弹性工作制可以使员工更好地根据个人的需要，安排他们的工作时间，并使员工在工作安排上能行使一定的自主权。其结果是，员工更可能将他们的工作活动调整到最具工作效率的时间内进行，同时更好地将工作时间同他们工作以外的活动安排协调起来。最新科学研究发现，相对于那些工作时间固定的人，在工作时间支配上拥有更多灵活度的人们，生活方式可能更加健康，而健康的员工会更加有效率，用于医疗保障方面的支出也会少一些。由于弹性工作制的推广应用及其激励的效果，它已成为目前组织发展和变革非常关注的重要内容之一。

目前，我国各中小学普遍实行的是"坐班制"，部分学校还实施了所谓的"封闭式管理""军事化管制"等，一般中小学教师每天的"坐班"时间为8—9小时，班主任大多超过10小时。如果按每月工作22天、每年工作9个月计算（寒暑假加班时间不在之内），每位中小学教师在校工作时间大约为1584个小时，班主任在校工作时间要在1980个小时以上，有的高三教师的工作时间甚至更长。学校对教师管理普遍存在着重管事轻管人、重管结果而轻管过程的倾向。更有甚者，有些学校要求教师每天上班签到、坐班定时和下班点名。相比之下，欧洲许多教育发达国家的中小学教师每年的在校时间要比我国教师少得多。

据《环球时报》报道：世界经济合作与发展组织的最新教育质量调查结果显示，芬兰拥有世界上最好的中学教育。芬兰学生的数学和阅读名列全球第一，在科学方面则与日本、中国香港和韩国并列第一，但芬兰中学生上课的时间最短，每年只上课808小时；而芬兰教师的工作时间仅为570个小时。芬兰教师在不及我国中学教师工作时间1/3的情形下，却创造了教育的奇迹。国际教育专家认为，芬兰中学教育之所以如此突出，主要有赖于以下三种做法：一是上课时间短；二是假期长；三是尊重教师。

"良好的教育是一种解放的力量。个人的自由，群体的和谐，社会的公正，人类的福祉与尊严，全系于良好的教育。"教育是培养人和塑造人的事业，教育管理有其内在的规律。对学校教师采取物化管理的模式，用行政手段实施强制性管理，一味地增加中小学教师在校工作时间的做法，都是不符合教育教学发展规律的，只能禁锢教师的行动，长此以往必将引起不良的后果。在全社会关注素质教育的今天，在呼吁给广大中小学生"减负"的同时，更应该首先给教师"减压"。其中，学校根据实际情况，实施有效的弹性工作方式，对于增强校园生活的吸引力、提升教师的校园生活质量，都有十分重要的意义。

教师的大部分时间都是在校园度过的，关怀教师必须从教师的校园生活开始，使学校教育成为人的解放力量、推动教师发展的力量。现代人面对匆忙的工作、拥堵的交通、纷繁的生活，工作与生活的平衡点很容易被打破，给教师的教育教学工作带来了困惑，甚至影响到了教师的身心健康。在中国的传统观念里，往往只强调工作，而忽视生活。然而，现代社会却需要树立工作与生活的平衡是为了更好地工作和生活的观念。学校实施弹性工作制度，可以有效帮助教师平衡工作与家庭的关系，既体现了学校对教师的尊重，又赋予教师以工作环境和心理空间的"自由度"，有利于教师身心舒畅地工作，从而提高教学水平和科研能力。

作为一项管理制度，弹性工作制并非十全十美，优势尽显。实施这项制度的学校，要充分考虑各种潜在的风险，以下三个方面是必须充分考虑的：

第一，要以学生的发展为指导原则。学校是教书育人的场所，弹性工作制的推行要以有利于学生发展为根本目的。如果因为新制度的实施，对教师的松动和柔性管理，出现了学生无人管理的真空局面，那么，无论这是多么好的制度，也无论初衷是什么，结果只能是美梦一场。这是弹性工作制不容回避的现实问题，不能关注了教师权益而忘却了对学生的责任与义务。

第二，制度与文化相得益彰。弹性工作制作为一项制度，有基本的实施要求，包括制定工作的绩效考核制度、制定详细工作的流程和规范、具备畅通高效的沟通渠道、能获得各级管理人员和教师的共识与支持等。在这些完备的制度条件下，还有必要在学校内部营造"自律、务实"的文化，通过文化去影响、约束员工的行为。这在教师呼唤人性化管理的今天，可能比设计任何防范制度都更为有效。

第三，争取最大化社会资源。弹性工作制是有别于"坐班制"的新工作制，学校要充分取得社会、家长、主管部门的支持，建立最广泛的支援系统，为制度执行营造良好的气氛，更要善于建立监督评估体系，让社会各方参与其中，充分感受到各方的存在，共同促进制度的建设与完善。

参与管理：凝聚教师智慧

一、控制型参与：在倾听纳谏中贴近心距

"霍布森选择效应"给学校管理带来的很重要的启示是：对教师而言，如果学校管理的决策都是没有选择余地的"选择"和"判断"，就等于无法选择和判断，就等于扼杀教师的想象能力和创新能力。杰克森（Jackson，1975）通过实验证明，"决策参与"对减少角色冲突和角色模糊具有重大影响，从而可以有效地降低教师因为角色冲突与角色模糊所带来的工作压力。

控制型参与管理强调控制，在传统的自上而下的管理模式中，引入自下而上的管理反馈机制，让教师的建议和意见有一个正式的反馈渠道，但渠道的建设和管理仍然由管理人员负责。严格来说，它不属于真正意义上的参与管理，只是从传统管理向现代管理的一种过渡。如果学校刚开始导入参与管理模式，使用控制型参与管理则较为适宜。

控制型参与管理也叫情感沟通管理，是参与式管理的最低层次，也是提升到其他层次的基础。在该层次中，管理者与员工不再是单纯的命令发布者和命令实施者。管理者和员工有了除工作命令之外的其他沟通，这种沟通主要是情感上的沟通，比如管理者会了解员工对工作的一些真实想法，或员工在生活上和个人发展上的一些需求。在这个阶段，员工还没有就工作中的问题与管理者进行决策沟通，但它为决策沟通打下了基础。

当前，这种控制型的参与管理在我国学校中已经得以普遍实施，也取得了较好的管理效果。《中小学管理》杂志 2005 年第 7 期上发表的《教师参与

管理的制度设计》一文，对控制型参与管理的制度安排以及在应用中应该注意的问题，做了较为详细的描述，可供学校管理者参考。

（1）建议箱制度。建议箱是教职工参与学校民主管理和监督的一条最便捷的途径。这种途径既不受时间限制，又可以不记名，还无面对面交谈可能导致的尴尬，因此，它是一条既方便又受欢迎的途径。许多学校的"建议箱"原来都叫"意见箱"，但"意见箱"内往往空空如也。有关人员经调查分析得知，许多教师认为"意见箱"就是给学校领导提意见的箱子，谁投稿，就表明谁对校领导不满，因此，大家都有顾虑。改名叫"建议箱"后，效果果然不同，校长每次开箱都有"收获"。江西泰兴市黄桥初级中学不仅设置了"建议箱"，而且，还设立了教师"金点子奖"，真正做到了"凡教师的建议，学校一律尊重；凡教师合理的建议，学校一律采纳；凡教师优秀的建议，学校一律重奖"。

（2）领导接待日和随时随地面谈制度。领导接待日和随时随地面谈是教职工参与学校民主管理和监督的一条最快捷、最具亲和力的途径。许多学校都建立了领导接待日制度，一般是一周有一个固定的半天，由学校领导轮流在"领导接待室"值班，接待来访教师。但这种途径受时间和地点的限制，因此，受访的绝大多数学校除了有领导接待日制度外，还都默认随时随地面谈这种直接的沟通方式。教师与校领导"不期而遇"，只要不是"非常时期和非常地点"，都可以沟通、交换意见。这两种方式由于是面谈，所以，具有"直接、便捷、高效"的特点，同时也有利于缩短校领导与教职工的心理距离，促进双方的情感融合，从而有效预防和消除由于校领导与教职工情感隔阂或对抗而导致的教职工在执行学校决策中产生的消极态度和怠慢行为。

（3）听证会制度。听证会是教职工参与学校民主管理和监督的一条新途径。听证会原是政府行政部门的一种民主管理方式，政府在出台某种直接涉及广大民众切身利益的政策、措施之前，召集各方人士，听取各方意见，进而调整或改变改革方案，使其更具有可行性。有的学校把听证会制度引入到学校民主管理中来，开辟了教职工参与学校民主管理和监督的一条新途径。听证会是"按需"召开的，不像教代会那样具有"定期性"。在学校重大改革方案、措施，特别是与教职工切身利益直接相关的政策出台之前，都可以召开听证会。在听证会上，学校要广泛听取广大教职工的意见和建议，尽量吸纳其中的合理成分，并对改革方案做必要的调整。河北一所中学就"奖金分配办法"召开听证会，最后学校决定放弃"按学生考试分数发奖金"的原方案，采纳听证会土教职工提出的"按教师职称和年终综合考核结果发奖金"

的意见。听证会制度，不仅降低了决策风险，而且使广大教师对出台的方案产生较强的认同感，从而确保了各项方案、措施的顺利实施。

当然，这些措施的实施，确保管理者和教师都能从参与式管理者中受益是重要的。参与式管理必须尊重教师的意见和建议，最终决策应以教师的建议为基础。如果不能采纳教师的建议，就应说明情况，阐明理由。否则，教师会认为是走过场、搞形式，其结果是教师大失所望，甚至觉得受到愚弄，以致造成严重的负面影响。

二、授权型参与：在知人善任中汇聚群力

作为一校之长，他们最重要的角色应该是学校制度的建立者和学校文化的领导者。如果陷入到"事事过问样样管"的境地，也会面临许多管理的压力。不可否认，许多落后的管理理念仍占据着一些学校管理者的头脑，落后的管理理念必然导致陈旧的管理方式，如主仆式、家长式、工厂式管理等。这些管理方式与以人为本的管理理念相违背，教师得不到激励，看不到发展，丧失工作的热情与兴趣，其结果只能是：教师缺乏专业发展的动力，减少工作投入或择机跳槽。

1. 传统管理方式及其后果

（1）主仆式管理：管理者单方面做决策或按旧式的服从制度简单地要求教师接受其命令。这种主仆式的管理必然造成信息的不对称，导致教师唯唯诺诺，事事迎合，有时教师对管理者的指令不得不阳奉阴违。教师慢慢积累许多不满情绪，不满情绪又很容易传染和扩散。管理者在不能给予教师足够的金钱诱惑时，将使自己的权威完全丧失。

（2）家长式管理：教师是从事教育教学的专业人员，可管理者却把他们当成没长大的孩子，既不放心，也不放手，每时每刻地给教师发指令或命令，教师总有一种受到捆绑的感觉，从而缺乏责任感，失去主动参与的兴趣和热情。

（3）工厂式管理：这种管理忽视知识分子和教育工作的特点，将教师当成工厂的工人去管理。比如，不考虑教师的专长与兴趣爱好，不考虑教师的发展与需要，不尊重教师的个人空间，把教师当成一颗"螺丝钉"使用。

学校管理教师的策略的核心应是以人为本，即依靠人、发展人、激励人。传统的"以物为中心"的权威主义管理模式，已经不能适应现代社会和教育发展的需要。学校管理必须接受社会变革的挑战，顺应管理民主化浪潮，树立以人为中心的理念，主动面向校内潜在的丰富人才优势，吸引教师参与学

校管理。一个成功的学校领导者，并不需要事事亲为，而要通过适当的授权，让下级充分发挥积极性和创造力，从而实现自己的目标。

是指领导者将自己一定的职权授予下属去行使，使下属在其所承担的职责范围内有权处理问题，做出决定，为领导者承担相应的责任。如果在学校里，管理者能够通过有效授权，营造一种人人都参与的机制和氛围，把教师吸纳到学校管理的行列，让教师有更多的机会去了解学校现状、理解学校要达到的目标，主动承担促进学校发展的责任，并在此过程中获得成长，就能够很好地激发教师的工作热情，并提高工作效能。由此看来，教师分享学校管理决策权，也是缓解教师工作压力、治疗教师职业倦怠的一剂良药。

2. 授权型参与的主要类型

（1）刚性授权：对所授权力、责任、完成任务的要则、时间均有明确规定与交代。被授权人必须严格遵守，不许有任何逾越。刚性授权适用于重大事项。

（2）柔性授权：只需出一个大纲或轮廓，让被授权人有较大的自由做随机应变的处理。柔性授权适用于领导不甚清楚、复杂多变的事情，而且被授权人又精明能干。

（3）惰性授权：领导者将自己不愿也不必处理的繁杂事务或领导者本人也不知如何处理的事务，交由下属处理。

（4）模糊授权：与柔性授权相似，只是权力限度和权力容量比较模糊。

通过授权进行领导也称之为"委托式领导"。学校管理者不能陷入繁杂的事务当中去，而要学会有效授权，掌握授权的艺术。一般而言，若是觉得对影响自己的事物有一定程度的控制权，通常工作时会觉得更胜任、更愉快。因此，学校管理者通过有效的授权，鼓励教师在适当时负起责任、自己做决定，有助于让教师觉得自己的工作更专业、肩负的职责更重大，也能让教师在自己的专业领域日益成长。授权型参与管理的意义在于使教师养成自主决策并对决策负责的工作习惯。

3. 校长的有效授权

在学校的日常管理中，校长如何实现对下属的有效授权呢？

（1）授权必须同岗位目标责任制结合起来，授权不能"越位""错位"，更不可"缺位"。

（2）在授权时必须因时、因事、因人、因地、因条件不同，而确定授权的方法、权限大小、内容等。

（3）授权时要将责任和权力一起交给下属。只有责任而没有权力，不利于激发下属的工作热情；只有权力而没有责任，则可能使下属不恰当地滥用权力。

（4）要信任下属，不能搞无效授权或重复授权，做到"用人不疑，疑人不用"。

（5）授权不是弃权，要通过监督和反馈实现对被授权人的调控。

授权型参与管理与控制型参与管理不同，教师已经被赋予少量的决策权，能够较灵活地处理本职工作以内的一些事务。管理者和教师的沟通也不仅仅局限于对教师的嘘寒问暖上，教师已能够参与到学校发展的决策中来。在学校里，如果校长学会了有效授权，就不会被繁杂的学校事务所拖累，就能做一个高明而轻松的学校管理者，也会带动学校的各级管理者学会授权，这样就能真正营造参与管理的学校氛围。

三、自主型参与：在任务驱动中的内生责任

教师自主型参与管理也简称教师自主管理，是指教师在内化学校组织目标的过程中为自身发展和实现自我价值而自觉、主动、积极地开发自己的潜能，规范自己的言行，调控与完善自己心理活动的自我认识、自我评价、自我教育和自我控制的完整活动过程。学校实施教师自主管理，需要唤起教师的主体意识、自主意识，使教师能对自己的思想和行为表现有客观的清醒认识，并能与社会规范、要求相对照，在自我反省的基础上，调整或修正自己的行为方式，从而找到一个有利于自身全面发展的途径和平衡点。

对教师进行自主管理，给教师更大的发挥空间。才会使教育教学具有更大的创造性。我们要求学生有创造力，如果连我们教师都没有创造力可言，那我们还谈什么创新教育？

教师专业化促使教育教学作为一种专业日趋成熟。作为专业工作者的教师，更应该享有专业的自主权，即在专业领域内自主决策、自我管理，同时，教师对于学校中与自身或专业密切相关的事务必然也要求参与，这可以说是教师专业自主权的自然延伸。知识经济的到来，使教育面临着复杂而又迅速变迁的环境。显然，传统的那种远离情境的决策已不适应目前的情境。作为教育情境中的教师更了解情境，也更有发言权，因此，当前的学校管理也更需要教师的自主参与。当今的时代是弘扬人文精神、注重人性提升的时代，更要求人们将关注的目光转向教师的自主成长与管理，并努力创造条件促进教师的自主成长与管理。

教师自主管理的范畴包括：

（1）教师对学校"引导方式"的认同程度；

（2）对学校特定文化价值体系的理解和兴趣程度；

（3）教师的自律感、羞耻感、自我约束力以及自我激励能力；

（4）教师在工作中所表现出的主动性和能动性；

（5）对所承担工作和达到组织所设定目标的自信心；

（6）克服困难和战胜挫折的勇气；

（7）对同事的尊敬和在工作中体现出的协作精神等。

自主不等于自由，也不等于放任。"自主管理"并不是领导者完全不管，而是从尊重员工、肯定员工的重要作用开始，给予员工最大的空间，从而实现"无为而治"的管理境界。教师自主管理需要在学校统一目标和共同价值规范的前提下，在沟通、协作、创新、竞争的平台上，教师自我管理、自我规范，合理使用自己的工作方法、技巧，进而形成学校与教师共同发展、共同成长的双赢局面。

四、团队型参与：在合作中协力共赢

在组织中，两个或两个以上的团体、单位加入决策制定的过程，在此过程中所决定的事项将会影响所有参加决策制定过程的人员。

每当秋季来临，我们都会看到天空中成群结队南飞的大雁，这是一个完美的团队。一群迁徙的候鸟，能够通过分工合作达到省力、提速的目的，知道如何为群体共同的目标而做出个体的自我牺牲，翱翔的雁阵把"人"字写在天空上。作为学校管理者，你能够从中得到什么样的启迪和思考呢？

科学研究发现，大雁组队飞行具有以下特点：

（1）特点1：大雁组队飞行要比单独飞行提高22%的速度，在飞行中大雁的两翼可形成一个相对的真空状态。飞翔的头雁是没有条件形成真空状态的，漫长的迁徙过程中总有大雁带头搏击。

（2）特点2：在雁群进食的时候，巡视放哨的大雁一旦发现有敌人靠近，便会长鸣一声发出警示信号，群雁便整齐地冲向蓝天、列队远去。而那只放哨的大雁，在别的大雁都进食的时候自己不吃不喝。

（3）特点3：雁群在飞行过程中，大声嘶叫以相互激励；通过共同扇动翅膀来形成气流，为后面的队友提供了向上之"风"，而且V字队形可以增加雁群70%的飞行范围。

（4）特点4：在雁群中，如果有任何一只大雁受伤或生病而不能继续飞行，雁群中会有两只自发留下的大雁来守护、照看受伤或生病的大雁，直至其恢复或死亡，然后它们再加入到新的雁阵，继续南飞直至目的地。

（5）特点5：雁阵中的领头雁一直在换，因为只有这样才能使领头雁永远保持充沛的体力在前面飞，定期或不定期地有大雁上去领飞，后面就是坚定的追随者。

团队模式或团队工作模式是二十世纪的管理学理论与实践研究留下的宝贵财富，是未来组织的一个基本特征。在当前社会环境急剧变化、教育内部压力逐渐增大的情况下，学校面临教育系统内外环境变化不确定因素及复杂性的挑战。学校纷纷以组织的变革来应对挑战，构建教师团队、实施团队化管理，已经成为许多学校构建学习型组织的现实选择。

美国管理学家斯蒂芬·罗宾斯如是描述："工作团队是为了实现某一目标而由相互协作的个体组成的正式群体。"这一界定告诉我们，团队是一个正式群体。它是围绕着组织目标而创立，并且得到组织承认的工作群体，但团队又不是类似于工作小组那样的正式群体，而是介于组织和个体之间的组织形态。大量调查和经验总结表明，一个成熟的团队，不管是企业，还是学校，都必须具备以下五项基本要素（简称为5P）：

（1）团队目标（Purpose）。任何一个团队都有一个共同的目标或愿景，使团队具有凝聚力和认同感。

（2）团队定位（Place）。定位是由团队的目标决定的，指的是团队在整个组织结构中的位置、与整个组织及组织中其他群体的关系。

①团队计划（Plan）。计划所要回答的是团队应该如何分配和行使组织赋予的职责和权限。

②团队职权（Power）。是团队目标和团队定位的延伸，指团队负有的职责和享有的相应权限。

③团队成员（People）。团队在成员构成上有两个基本原则：小型化和多元化。研究表明，团队的成员数在10人左右为佳；此外，团队成员在技能、学识、经验和才干等方面应各有所长，形成功能互补。

我们欣赏天空飞翔的雁群，收获的是美丽和震撼。正如研究所揭示的那样，它不是几只大雁排在一起飞翔那么简单。同样，学校为了实现发展目标而实施团队管理，也绝不是让一组教师在一起工作就会自然而然地达成。团队式工作要比个人主义的工作方式复杂得多，它不仅需要团队成员在工作上分工协作、配合默契，还需要团队成员以娴熟的社会交往技能来建立信任、凝聚人心。那么，学校应该如何来打造教师团队呢？一般而言，团队建设最基本的途径主要有以下四条：

（1）途径一：角色界定。界定团队角色是深受团队建设者喜爱的一种方法。团队是一种小型高效的合作性组织，其高效的奥秘就在于团队成员能在工作中配合默契、分工协作，扬己之长、补人之短，从而达到 1 + 1 > 2 的效应。

（2）途径二：价值观。团队建设的核心就是在团队成员之间就共同价值观和某些原则达成共识或共同愿景。一所学校的领导团队，首先要就学校目标定位、办学理念、管理思想达成共识，为全体教职工确立一个学校发展的共同愿景，使之成为凝聚人心、共赴事业的原动力。

（3）途径三：任务导向。如果说愿景是指向较为长期的未来，相对而言，任务导向途径则是针对近期工作的，是针对比较现实的目标。任何团队的愿景，只有通过具体的一项项任务的完成，才有希望接近或实现。所以，任务导向途径是现实主义的。

（4）途径四：人际关系。团队的成熟与发展意味着在团队中、在团队成员之间建立起一种积极的相互依赖的关系。也就是说，团队成员围绕着团队的目标和工作，在相互信任、理解与相互协作、配合的基础上，形成了良好的工作关系与人际关系。

雁群是由许多有着共同目标的大雁组成。在组织中，它们有明确的分工合作，当队伍中途飞累了停下休息时，它们中有负责觅食、照顾年幼或老龄大雁的青壮年大雁，有为雁群安全而放哨的大雁，有安静休息以恢复体力的领头雁。团队力量远大于一群人力量的简单相加！团队要在变幻莫测的环境中生存、发展，最重要的是领头人，而这个领头人就像飞行过程中的领头雁一样需要有胆识、有魄力，敢于带领全体同仁勇往直前，并确保方向是正确的。只有这样，才能实现既定的发展目标。同样，对于学校领导者来说，高效教师团队的形成需要精心的组织建设和有效的团队管理。学校领导者若能运用恰当的策略，将使教师团队管理事半功倍。

（1）第一，确立愿景，设立目标。"学校将来会成为什么样？"从教师个人到教师团队直到学校组织，都要确立共同的愿景。这是凝聚教师力量的核心。教师团队的每一个成员都应致力于共同的目标设立和愿景确立，致力于在团队中承担角色来帮助整个学校组织获得成功。

（2）第二，参与领导，聚集人才。作为教师团队的领导者，不仅要是一名优秀的教师，而且还要是名"领导者"——他要能够帮助其他教师成长。领导者要从"管理者"的角色转变为"合作者"的角色。他要能够倾听教师团队成员的困难与需要，能够为教师的教育教学活动提供切实的帮助和可靠的支持，并与他们联合分担团队中的责任与义务。

（3）第三，高效沟通，建立信任。在教师团队中实行高效的沟通，首先应清除沟通障碍，建立信任，其次应营造平等、公平的良性团队氛围，最后，要开发多种沟通渠道，突破时空的阻碍，打破地域的界限。

适时激励：点燃教师激情

一、成就激励：基于教师成功的追求

学者米切尔认为，当自我描绘的积极心理图式在早期的探索阶段一再受挫时，个体就会变得无所适从，转而陷入一种停滞观望的状态。虽然这种状态无助于目标的实现，但当初因为执着于理想目标追求而屡遭挫败的局面得以终止，是个体乐于接受的退而求其次的结果。由于教师职业成就目标、社会价值的体现方式往往偏低，会严重挫伤其热情，而对教育工作的倦怠状态是一种习得性的自我保护适应行为。

美国哈佛大学教授戴维·麦克利兰于二十世纪五十年代提出了著名的"三种需要理论"，并就成就激励进行了广泛深入的研究。在大量的研究基础上，麦克利兰对成就需要与工作绩效的关系进行了十分有说服力的推断。首先，高成就需要者喜欢能独立负责、可以获得信息反馈和中度冒险的工作环境。他们会从这种环境中获得高度的激励。麦克利兰认为，动机是可以训练和激发的，因此可以训练和提高员工的成就动机，以提高工作效率。麦克利兰的理论对于组织了解员工的需要与动机，合理建立激励机制具有十分重要的理论意义，是西方经典的激励理论之一。

麦克利兰认为，个体在工作情境中有三种重要的动机或需要：

（1）成就需要：争取成功、希望做得最好的需要。

（2）权力需要：影响或控制他人且不受他人控制的需要。

（3）亲和需要：建立友好亲密的人际关系的需要。

麦克利兰认为，具有强烈的成就需要的人渴望将事情做得更为完美，提高工作效率，获得更大的成功，他们追求的是在争取成功的过程中克服困难、解决难题、努力奋斗的乐趣，以及成功所带来的个人成就感，他们并不看重成功所带来的物质奖励。个体的成就需要与他们所处的经济、文化、社会、政府的发展程度有关，社会风气也制约着人们的成就需要。麦克利兰发现高成就需要者的特点是：他们希望得到有关工作绩效的及时明确的反馈信息，

183

从而了解自己是否有所进步，他们喜欢设立具有适度挑战性的目标，不喜欢凭运气获得成功，不喜欢接受那些在他们看来特别容易或特别困难的工作任务。高成就需要者事业心强，有进取心，敢冒一定的风险，比较实际，大多是进取的现实主义者。

既然成就激励是可行的，而且也是很有成效的，那么，校长就应当把此项工作认真落实好。要关心教师的工作，帮助教师"成名成家"。美国心理学家阿特金森（J. W. Atkinson）认为，个人的成就行为往往为取得成功的需要和避免失败的需要所激励。工作有成绩，科研有成果，成名成家，这是教师精神上的需要，也是最高层次的需要。作为学校领导，要尽心尽力创造条件、搭设舞台，诚心诚意地指导和帮助教师实现自我价值，满足其成长的需要。

为教师创造宽松、和谐、进取的工作环境，有三点特别重要：

（1）是管理科学。有人群就需要管理，要管理就需要方法、制度。不论采取何种方法，建立何种制度，都应该有利于崇德、敬业、和乐、进取等良好氛围的形成。

（2）是大胆用人。校长必须具有识人慧眼、容人气量、用人胆识。用人切忌嫉才妒能，切忌求全责备，而应广开用人渠道，知人善任，用人所长。

（3）是物质保证。教师的教学、科研、进修等都需要一定的资金、财物，学校应最大限度地予以满足。

人的所有行为，都是由某种原因所引起的动机促使产生的，个人积极性的高低、干劲的大小，全在于他工作动机的强弱。而动机的形成，除了个人的需要和愿望这种内在原因外，还有客观诱因和刺激等外在原因。麦克利兰的研究显示，尽管几乎每个人都认为自己有"做出成就的动机"，但是在美国大约只有 10% 的人受到成就欲的激励。这给我们学校管理的一个重要启示就是，教师教学潜能的激发、健康积极心态的形成，除了教师要有强烈的成就欲望和职业动机之外，还必须有良好的工作环境。因此，学校要充分利用各种资源，不断地创造条件，提高教职工成就实现的几率。

二、情感激励：基于教师感情的尊重

情感是人的社会性需要是否获得满足的一种心理感受和体验。情感激励则是通过满足人们的社会性需要而使之发挥积极性、主动性、创造性的一种激励方法。学校管理者要引领教师达成教育的目标，除了采用物质激励外，更多地应采取情感激励的方式，使教师的社会交往、受关爱、受尊重及自我价值等社会需要获得满足。曾听一位老师诉说，有几次她在来校上班的途中碰到校长，便主动地与之打招呼，但这位校长表情冷漠，总是摆出一副爱理不理的神态。这位老师觉得校长根本没有把她放在眼里。从此，就对该校长避而远之。试想，对你避而远之的人，能为你积极工作、尽心尽力吗？

1. 情感激励的原则

（1）真诚：管理者以真心换真情，从关心爱护教师的角度出发，适时、适宜地给予情感激励。管理者切不可戴一副假面具装模作样、逢场作戏、随意滥用情感激励。

（2）尊重：管理者应该保护教师的自尊心，尊重教师的个人价值，充分发挥民主，集思广益，适当放权，放手让教师发挥潜能。

（3）实惠：情感激励应该与适当的物质激励相结合，使情感激励发挥更有效的作用。

教师作为一个特殊的知识分子群体，有着强烈的自尊心。对于自己一时的错误，他们希望得到能充分顾及其自尊心的得体的批评，而不是急风骤雨、毫不考虑其内心感受的批评。幽默风趣的批评，不仅显示了管理者自身极高的内涵、素养，也充分照顾到了教师的面子，更容易让教师从中深刻认识到自己的错误，改正自己的错误。英国小说家毛姆也曾说过："人们嘴上要你批评他，其实心里只要赞美。"所以，学校管理者应该在各种场合，毫不吝啬地给教师以各种各样的赞美。赞美可以产生积极的情感力量，"士为知己者死""情不通，理难达"，这些话都说明了情感激励在人事管理中的重要性和必要性。

2. 情感激励的途径

（1）相互平等尊重人。希望被别人尊重，是人们交往中的一种最基本的情感需要。真正的感情应当是尊重、体贴、爱护教师。我们要把"感情投资"的工夫花在沟通心灵、促进情感交融上。比如，采取朋友谈心的方式，有针对性地解决教师的思想问题，使他们感到亲人般的关怀、家庭式的温暖。不能摆出我是上级，你是下级，我比你高的架势，要让教师觉得你可亲、可信、可敬，没有心理隔阂。这样，才能在交流感情的基础上交流思想。

（2）无微不至关心人。作为一个学校管理者，最先要考虑到的就是关心教师，为教师提供服务。要关心教师的生活，解决教师的后顾之忧，如妻子、孩子、房子、票子等问题。学校领导要本着少说空话、多办实事的精神，尽力、尽快、尽好地去办。事实告诉我们，哪儿的学校和领导是这样做的，哪儿的教师队伍就比较稳定，工作积极性就比较高。

（3）真心实意赞美人。赞美人是管理人员鼓励人的最佳方式，因为赞美使人成功。美国心理学家威廉·詹姆斯提出：人类本性中最深的需要是渴望得到别人的欣赏。赞美具有建立个人自信心的神奇功效，一个人由于每个小成就都能受到赞美，就会有信心去尝试取得更大的成就。这就是"积小胜为大胜"的道理。

（4）合情合理批评人。批评是管理者最常用的方法，它不像行政处分和经济处罚那样无情，它通过批评者和被批评者的语言、感情的交流，帮助违规者认识错误，产生信心，改正错误，从深层次上产生激励的作用。但批评人必须讲究一些技巧，如：语气要婉转，点到为止；批评与赞美相结合；不要在公共场合批评人等。否则，会具有极大的破坏性。

三、公平激励：基于教师比较的心理

公平理论是美国心理学家亚当斯（J. S. Adams）1965年提出的。该理论的基本要点是：人的工作积极性不仅与个人的实际报酬多少有关，而且与人们对报酬的分配是否感到公平更为密切。人们总会自觉或不自觉地将自己付出的劳动代价及其所得到的报酬与他人进行比较，并对公平与否做出判断。公平感直接影响职工的工作动机和行为。因此，从某种意义上讲，动机的激发过程实际上是人与人进行比较，做出公平与否的判断，并据以指导行为的过程。

亚当斯公平理论的基本内容

（1）公平是激励的动力。公平理论认为，人能否受到激励，不但根据他们得到了什么而定，还要根据他们所得与别人所得是否公平而定。

（2）公平理论的模式（即方程式）：QP/IP·QO/IO。其中，QP代表一个人对他所获报酬的感觉，IP代表一个人对他所做投入的感觉。QO代表这个人对某比较对象所获报酬的感觉，IO代表这个人对比较对象所做投入的感觉。

（3）不公平的心理行为。当人们觉得自己受到不公平待遇时，在心里会产生苦恼，出现紧张不安，导致行为动机下降、工作效率下降，甚至出现逆反行为。

亚当斯认为，在管理工作中，组织领导者必须十分重视在工作待遇上不公平、不合理的现象对人的心理状态及行为动机的消极影响，努力在工作任务的分配上，在工资、资金以及工作绩效的评价中，力求公平合理，以调动人们的积极性。公平理论对我们有着重要的启示：首先，影响激励效果的不仅有报酬的绝对值，还有报酬的相对值；其次，激励时应力求公平，使等式在客观上成立，尽管有主观判断的误差，也不致造成严重的不公平感；最后，

在激励过程中应注意对被激励者公平心理的引导，使其树立正确的公平观。

亚当斯的研究表明，为了削弱所感受到的不公平及其相应的紧张焦虑水平，个体会从下列方法中选择若干项采取行动：

（1）采取增加或减少投入以达到其所认为的公平水平。

通过改变其产出以恢复公平感。

（2）对自己的投入与产出进行心理曲解，从而达到心理平衡。

（3）离职或者要求调到其他部门工作，到新的环境中去寻求公平感。

（4）通过更换新的参照对象以减少不公平感。例如，某重点高中的学生没有获得北京大学的录取通知书，便自我安慰地认为，也许西南财经大学这样的财经院校更适合自己。

（5）对他人的投入与产出进行心理曲解。

人都有估价自己报酬与贡献的倾向。激励的过程，实际上就是人与人之间进行比较、做出判断，并以此指导行为的过程。人们在组织中判断公平与否，并不完全取决于他所获得的报酬的绝对值，还取决于与他人相比较的相对值。公平感指的就是人们对报酬的分配，尤其是涉及自身利益的分配是否公正合理的个人判断和感受。它是一种强有力的激励因素，对人的工作积极性能产生很大的影响。

公平与不公平是一种主观感受，这种主观反映受人的知识经验、意识倾向、世界观等因素的影响。因而，对于本来比较公平的客观现实，主观也有可能判断为不公平。由于教师劳动方式的个体性和独立性，决定了教师在工作上多见自己少见别人。在学校内部，教职工的"贡献"与毕业早晚、受教育程度高低，当然也与教育教学能力、经验和努力程度相关。教职工的"报酬"包括工资级别、职称、奖金、工作岗位、受重视程度等。教职工在进行纵向和横向比较后，如果认为自己的"贡献'与"报酬"相符，就有公平感，因而心里平静、心情舒畅，工作积极性高。反之，如果发现"贡献"与"报酬"不符，甚至相差很大时，则会产生心理上的不平衡，有时会以减少贡献来求得公平、合理，严重的还会影响学校工作的正常进行。

因此，我们在具体的学校管理过程中，运用公平理论不应将其取向指向完全的公平，因为这种绝对化的公平在学校管理中是不可能存在的。即使我们设计出一个理性的完全符合公平要求的理论和实践框架，但由于主观期望值的不同，也将使其无法实现。而我们所能做到的是，分析学校成员在面对公平问题时选择参照物的取向、衡量投入与产出之间的关系以及在他们做出公平或者不公平结论后的行为表现，以期从中发现我们在学校工作中还存在着哪些不足之处。面对不足，从公平着眼，从不公平处着手，学校管理者可以采取以下策略：

（1）客观—主观公平策略。客观公平是指学校领导在客观上必须做到公平合理，主观公平是教师主观认知上的公平。人们所认为的投入是主观上的东西，由于看法不同，它是可以改变的。对投入和结果的评价，都是主观的东西。这同时意味着，通过改变对投入和结果的看法（知觉），也能够消除心理上的不公平感。学校领导在教师管理中，务必使客观公平和主观公平得到协调统一，即：一是要在客观上确实做到公平公正，对下级一视同仁、公平对待，二是要使下级在主观上感到并承认这种公平。只有二者完美地结合起来，才能使教职工真正产生"公平感"。

（2）纵向—横向公平策略。公平理论相当强调个人的纵向与横向比较所产生的公平与不公平感。纵向公平是指国家教育行政部门、学校领导和教职工之间在情感上的平等沟通、政治和经济利益上的公平分享。横向公平主要指领导者之间、教职工之间在提职晋升、评先评优、住房分配、子女升学就业等方面被公平对待。学校领导应审查处事是否公平合理，进而调节上下级之间的矛盾和冲突，重新建立新的平衡关系。因此，一方面必须消除地位上的障碍，另一方面要克服水平上的障碍。这里的水平，包括觉悟水平和知识水平。

（3）合理—合情公平策略。坚持公平合理，既要有原则性，又要不乏灵活性。一方面，为使学校各项工作高速有效地运行，必须建立一些硬性标准和规范，学校领导在处理那些常规性的问题时，一定要从合理的角度出发，力求做到合理公平，另一方面，对那些非常规性的特殊问题，又要从合情的角度出发，努力做到合情公平。

（4）分配—程序公平策略。我们对公平的理解也不应该仅仅局限于亚当斯所提出的分配公平的角度，还应把它扩展到程序公平的领域，因为许多公平的分配方案有时并不是设计上出现了问题，而是由于程序上的问题导致了不公平的结果。要确保用来确定分配的程序是公平的，就必须要吸引学校成员尽可能地广泛参与到学校各项政策和计划的制定过程中。让受到决策影响或实施决策的人们参与决策的制定，他们才更可能接受这一决策，并可能鼓励他人也接受它，进而形成学校承诺，增强政策与计划的民主性和合法性。只要做到了这一点，即使学校成员对自己的报酬和投入的比率不满意，也会以更加积极的态度去对待它，因为"群体成员不愿违背他们自己参与做出的决定"。

四、期望激励：基于教师赏识的需要

在西方管理学中，弗罗姆提出了著名的期望理论，认为人之所以能够从事某项工作并达成组织目标，是因为这些工作和组织目标会帮助他们达成自己的目标，满足自己某方面的需要。弗罗姆认为，人们采取某项行动的动力或激励力，取决于其对行动结果的价值评价和预期达成该结果可能性的估计。换言之，激励力的大小取决于该行动所能达成目标并能导致某种结果的全部预期价值乘以他认为达成该目标并得到某种结果的期望概率。

用公式可以表示为：$M = V \times E$。其中：

M——激励力，是直接推动或使人们采取某一行动的内驱力。这是指调动一个人的积极性，激发出人的潜力的强度。

V——目标效价，指达成目标后对于满足个人需要的价值的大小，它反映个人对某一成果或奖酬的重视与渴望程度。

E——期望值，这是指根据以往的经验进行的主观判断，达成目标并能导致某种结果的概率，是个人对某一行为导致特定成果的可能性或概率的估计与判断。

很显然，只有当人们对某一行动成果的目标效价和期望值同时处于较高水平时，才有可能产生强大的激励力。

在弗罗姆的期望理论中，虽然目标效价和期望值都是依据被管理者的需要而进行的主观判断，但管理者对教师较高的期望、委以重任（俗称"压担子"），是一种赏识，是一份信任，能够影响教师的认知活动，能激活教师的工作潜能。正如朱永新教授所说："渴望被人肯定，是人类最本质、最殷切的要求。"现代管理学的研究也表明，如果学校内部的教师长期处于一种缺乏奋斗目标的工作环境中，整天无所事事，没有一套行之有效的绩效考核标准对其加以约束和鞭策，那么，这些教师必然会在庸庸碌碌的日常工作中变得懒散，缺乏进取心，甚至对工作产生抵触情绪。因此，通过适当增加外部压力，如高期望激励、严格的绩效考核等措施，能使教师始终保持一种高昂的工作态势，并充分调动其工作积极性，促使教师更加努力地工作。

可在现实中，有些校长给年轻教师"压担子"，似乎遵循着这么一种规律——"鞭打快牛"，给新教师分配较多的工作，而这些工作并不是计划性的，往往让人措手不及。在这种规律的指引下，难干的工作让年轻教师干，最不好管理的班级让年轻教师管。由于工作经验不足、工作难度大，他们只好被动地应付各种事务，凭着干劲盲目做事，结果是身心疲惫，工作成绩平平，自身的业务水平也得不到提高。在学校管理过程中，运用期待激励教师，需要注意以下几个方面：

第一，做到以人为本。善于管理学校的校长，要充满人文关怀。人本管理的实质就是完整而全面地关怀人、发展人、提升人、关爱人，满足人的理性及情感需求，促进人持续，均衡、协调地发展。校长要以"真"、以"诚"、以"情"来赏识优秀教师，同时更要信任那些"失败者""自卑者""爱发牢骚者"，还有那些幕后的"辛劳者"。

第二，宽容理解教师。要从每位教师的合理需要出发，营造机遇，扶一把、带一程，在教育教学中为教师提供成功的平台，使教师获得成功，实现价值。美国第16任总统林肯说过，"关键的一句话有时会影响人的一生。"校长的言行举止都可能会对教师的发展和成长产生相当重要的影响。校长要在生活、工作中发现每一位教师的细微闪光点，为他们创造施展才能和获得承认、表扬的机会，让每位教师的充分发展和人生幸福成为学校的共同愿景。

第三，尊重和信任教师。对教师的尊重与信任是调动教师积极性的重要因素。"校长的生命在教师之中。"校长要尊重教师的人格、尊重教师的工作、尊重教师的合理要求，努力做教师的知心朋友。要给予教师充分的信任，不要事必躬亲，该放手的时候要放手，以激发教师工作的主动性、创造性和积极性。

第四，关注教师的个性和特长。"世界上没有完全相同的两片叶子。"教师是最富有个性、特长的群体。他们有着不同的家庭背景和生活环境，有独特的成长经历与心路历程，在道德水准、人格修养、心理素质、学业水平、工作能力乃至个性爱好上都是千差万别的，而教育是一份沉甸甸的、富有创造性的工作。学校管理要关注到教师的个性和特长，认可教师对工作所做出的尝试和努力。

第十章

教师永葆教育激情的干预策略

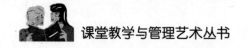

自我干预：自我概念的扭曲

一、人性本善

罗杰斯是马斯洛之后人本主义心理学的主要代言人，著名的心理咨询与心理治疗专家，他对人性的看法不仅是乐观的，而且是富有积极性的。

1. 实现趋向

罗杰斯假定人身上有一种最基本的，先天具有的，驾驭人的生命活动的驱动力量，它表现为一个人最大限度地实现各种潜能的趋向，他把它称作"实现趋向"。在罗杰斯的心目中，这是一切有机体的共有属性，差不多和"生命"一词具有同等的意义。它是任何生物都具备的天赋之物，体现着生命本质的东西，就像马斯洛用非常形象的方法表达的那样："一颗橡树籽可以说'迫切需求'成长为一棵橡树；一只虎仔可以看成正向老虎的样子'推进'……"实现趋向实际上包括了两个方面的含义

（1）生物学方面，是指一切生物都共有的成长、成熟的趋势。

（2）心理学方面，即表现为人类所独有的自我实现的趋向。这种实现趋向给人提供了强大的生存动力，使人勇敢顽强地追求发展。蹒跚学步的孩子，一次次跌倒、摔痛，可并未因此就放弃了尝试；相反，孩子走的愿望更加强烈，因为行走是他的实现趋向所要求的。

2. 机体智慧和机体估价

个体所遭遇的一切，他生活中所发生的任何变化，都要以是否有利于自我实现趋向来确定它们对于个体的意义。符合自我实现趋向的，有助于个体成长、发展的，对人就具有积极的价值；反之则是消极的。但是，个体借助于什么来判断一件事情或一种外部影响是否有积极意义，是否符合个体自我实现趋向呢？罗杰斯认为，个体不是去寻找某种外部标准，而是自身具有某种能力来作出判断，这种能力是源于有机体本身，是一种机体智慧。个体借助于机体智慧来估价什么是好的，什么是不好的。在人身上，这种机体估价的直接体现形式是感受和体验。那些符合自我实现趋向的让人感到满足和愉快，使个体倾向于它们、接近它们；反之，那些与自我实现趋向相矛盾的，起阻碍作用的，会引起个体的不快，从而回避它们，或歪曲它们。

3. 人性本善

既然人的本性富有建设性，人性的核心指向自我保存和发展，那么，一旦跟环境中的他人相互作用，与社会发生关系，会不会妨碍他人，损害社会利益呢？罗杰斯回答："人的基本属性自由发挥作用时是建设性的，可以信赖的。……我们无须问谁将使他社会化，因为他自己最深切的需要之一就是与人亲近和交往，我们无须问谁将控制他的侵犯冲动，因为当他对他所有的各种冲动都更为开放时，他希望得到他人的爱和给予他人以爱的倾向将如同他想与人争斗或为自己攫起东西的冲动一样强烈。"对于怎样解释人的恶行，罗杰斯说："我的经验使我相信，文化的影响才是造成恶行的主要因素。"而在有利于成长和选择的心理氛围中，人们总是趋向社会化，改善与他人的关系。

二、心理失调：自我概念的扭曲

1. 经验世界与自我

在罗杰斯看来，与其说个体是生活在一个客观现实的环境中，不如说他生活在自己的主观经验世界中。每个人的主观经验世界是不同的，因为一个人在现实世界中如何观察，观察到什么，有什么感受，是因人而异的。这个主观的经验世界才是这个人的真正现实，因为他的行动、思想、感觉直接受这个经验世界所制约，同样的事件、同样的刺激，不同的人做出不同的反应。

在罗杰斯看来，自我并不是等于自我意识，而是自我知觉和自我评价的统一，二者共同构成实际经验中的自我即自我概念，它的主要内容包括：

（1）个人对自己的知觉及与之相关的评价，如"我是个好教师"。"教师"是知觉认识，"好"则是评价。

（2）个人对自己与他人关系的知觉和评价。如"学生都很喜欢我"。这句话本身包含着知觉认识，潜隐的评价可能是"我极具师德"，"我对每个学生都施以同样的爱心。"

（3）个人对环境各方面的知觉及自己与环境关系的评价。如"教师职业能发挥我的才干"，"学校宁静的氛围很适合我"。

2. 条件关注和自我异化

在论及自我发展时，罗杰斯试图用"无条件关注"来加以解释。自我发展的特殊道路，有赖于儿童在婴儿时期所得到爱，而且，无论怎样，爱总是有益健康的。在自我开始发展时，孩子总是寻求积极的经验，学会要求爱，形成人人都具有的追求积极关心的需要，对于积极健康的人格的形成来说，最基本的必需品是在婴幼儿时期得到"无条件的关注和满足"。当母亲给予自己的孩子以慈爱和热爱，而较少注意他们如何行为时，这种关注和满足也就实现了。在这种情况下成长出来的儿童在任何时候都感觉到自己是有价值的，在自我和现实知觉间不会有不一致。

3. 心理失调

当儿童有了初步的自我概念后，孩子会在自我实现趋向这种基本动力的驱动下，在环境中进行活动，与他人进行交往。在这些过程中，获得了大量经验，通过机体估价的作用，有些经验使孩子感到满足、愉快；有些经验使孩子感到沮丧。孩子逐渐在意识中赋予其积极的评价或消极的评价，并且在今后的活动中倾向于寻找、保持那些积极的经验，回避消极经验。这是一条有利于孩子发展的合理道路，因为孩子寻找的那些经验恰恰是有助于自我实现的经验。

在罗杰斯看来，只要经验与自我之间存在着不一致和冲突，只要个体否认或歪曲经验，这个人就存在着心理失调。因此，几乎一切人都会体验到失调，只是轻重程度有所差别而已。失调程度较轻的人对经验较为开放，否认、歪曲经验的比重较小，客观准确的知觉经验的比重较大；失调程度较重者则相反。

定位意识：教师心理的自我定位

一、"自我"的两面性和矛盾性

1. 自我的形成历程

婴儿刚出生不久，自我意识还是混沌一片，婴儿还不能区分是自己的与不是自己的东西，会把自己的手、脚当作玩具来摆弄，视为同样的东西。当到了出生后的第一年末，他抓、咬自己的手、脚产生了抓、咬玩具时未曾有过的感觉时，就产生了初级的自我，这宛如天地之间出现了一丝光华。当儿童饿了时，他知道拉动桌子上的布从而得到桌子另一边的食物时，他已经意识到了自己的力量，他所做的动作就是自己的动作，自己就是动作的发出者，这时，自我又进一步萌醒。

到了第二年，儿童已能用词来标志自己身体的主要部位，知道了耳朵、鼻子的位置。同时也知道了自己的名字，像别人那样来使用它。饿了的时候，会说："明明饿。"这是自我发展的巨大飞跃。

3 岁左右，儿童从称呼自己的名字变为称呼"我"，用"我要"、"我有"、"我的"、"我自己做"等来表达自己的态度、自己的愿望。这表明儿童已能把活生生的、有力量的自己与无生命的物体完全区分开来了，自我已经形成，儿童的独立性大大增强。

2. 自我的两面性

当个体在认识自己的身体、观察自己的内心、体察人情时，好像从自己的灵魂中分离出一个观察者、一个被观察者，观察者的"我"把被观察者的"我"当作观察的对象。心理学家一般把前者称之为主体的"我"，即对自己活动的觉察者；后者称之为客体的"我"，即被觉察到的自己的身心活动。美国社会学者 G. 米德则把前者称为"I"，后者称为"me"，即主格的"我"与宾格的"我"。二者的综合就成为完整的自我，因而，每一个自我都具有两面性，集觉察者和觉察对象于一身，自己认识自己的一切，他像看别人那样来看自己。也正因为如此，自己能主宰自己，对自己的行为加以控制和调节，而且形成对自己的情感体验，自豪或自卑、自爱或自怜。

3. 自我的矛盾性

随着年龄的增长，自我形成之后，逐步分化为主体的我与客体的我两个方面，既有作为观察自己的一面，又有作为被观察的一面。处于前者地位的自我，往往代表了社会的要求，或自己对自己的期望，在自己的头脑中塑造一个"理想的自我"的形象；而处于后者地位的自我，实际上代表着"现实的自我"，即自己实际存在着的形象。理想的自我向现实的自我不断发出符合社会要求或自己的期望的信息，当"理想的自我"高于或低于"现实的自我"，就会产生十分复杂的情感体验，或沮丧或惊喜，或自卑或自豪。

自我的这种矛盾性虽然会给个体带来不安、焦虑等消极的自我情绪体验，但也可以作为一种动力，促使个体为摆脱不安与焦虑，力图使现实的自我符合或接近理想的自我，将二者统一起来，这种统一实际上是新的水平上的一致，是自我的提高。

二、自我认识与自我定位

心理学家柯里指出："人与人之间相互可以作为镜子，都能照出他面前的人的形象。"别人对自己的态度、看法，是自我认识、自我评价的"一面镜子"。因为人都处在一定的社会关系中，是通过与他人相关，从他人对自己的评价中看到自己的形象。当然，他人的评价这面镜子，并不是指某个人某一次的评价，而是指某些人，特别是自己信赖、亲近的人的多次评价中概括出来的比较稳定的评价，把它作为认识自己的基础，以其为标准来评断的。

以人为镜，进行自我定位，还表现在确定自我价值过程中进行的社会比较方面。美国社会心理学家菲斯汀格曾提出"社会比较理论"。他认为，个体对于自己的价值是"通过与他人的能力和条件的比较而实现的"，是一个"社会比较过程"。他指出，个体为了适应生活必须十分清楚地了解自己及其周围环境的情况。如果对自己周围的环境不了解，就会产生不安与焦虑，甚至会产生紧张，不知道应该怎样表现自己。尤其是当个体处于一个新的环境，很想了解自己的能力与观点在群体中有什么地位，发生什么作用时，"社会比较"就显得更为迫切。

从以上可以看出，个体在进行自我认识、自我评价、自我定位时常须借助于他人对自己的看法和评价来确立稳定的自我观。

三、教师的角色选择

角色是由人们的社会地位决定的，表现出符合社会所期望的行为和态度的总模式，即要求：现实的自我与理想的自我的统一。教师选择什么样的角色，实际上就是要确立一个理想的自我，并使现实自我与其统一。社会对教师期望的多样性，教师活动的多样性，决定了教师应当担当的角色是多样的。

1. 教书育人的角色

（1）知识的传授者。在人们的心目中，教师就是一座知识的宝库、一部活动的教科书，他把自己所拥有的知识原理和技巧源源不断地传授给学生，并培养学生解决问题的能力。因此，在现代社会中，教师应把自己定位于一个"博学精深新"的知识拥有者。博学，就是能传授给学生丰富的知识，拓宽学生的视野；精深，就是能成为自己所授学科的专家，能给学生以规律性的东西，引导学生钻研下去；新，就是要跟上时代步伐，了解所授学科的最新发展，带给学生去领略最新科技成就的知识。但要使知识能积极有效地被学生吸纳，教师还应帮助和指导学生学习，从这个意义上说，教师又是学生学习的激励者，课堂教学的组织者和培养能力的辅导者，学生成绩的测定者。

（2）教师—榜样。教师不仅要向学生传授知识，同时还要向学生传递社会文化价值观和准则，对学生进行思想品德教育。由于从事教育人的工作，这就要求教师凭借个人修养，使他在众人心目中具有一定的威望，通过言传身教来教育人、感染人。

教师榜样的作用不仅体现在品德教育方面，在对自己所教的学科和对学习的态度上，也要时常作为榜样显示在学生面前"，如果教师对他所教的学科持积极热情的态度，那么他会形成和加强学生对此学科的这种态度；如果教师对自己所教的学科马虎了事、漠不关心，那么他的学生也很少会去积极热情地学习这门学科。

2. 管理者的角色

(1) 课堂纪律的管理员。一个良好的班集体必须有良好的纪律，以使课堂教学能够顺利进行，并取得预期效果。因此教师必须充当课堂纪律管理员的角色，要使每个学生都遵守学校所规定的纪律条例，建立良好的课堂秩序。这要求教师在讲解教学内容的同时，必须督促学生自觉遵守纪律，评价学生行为正确与否，实施奖励和惩罚措施。当一个好的管理员的角色要求教师帮助学生形成自觉遵守纪律的习惯，当他不在场时，学生也能自觉地约束自己的行为，而不是压制、强迫学生，把主要精力都放在对纪律的控制方面。如果教师对纪律管理不当，会降低学生课堂学习的专心程度。在课堂管理中，教师要树立信心，只有相信自己的才能，才能取得学生的信任和尊敬，才有可能维持良好的课堂纪律。

(2) 学生集体的领袖。由于教师的年龄、地位、知识、经验等原因，教师似乎天然成了学生集体的领袖。在学生集体中，教师领袖角色的职能主要为：选拔学生干部，组织各种活动，形成班小组、团队，培养积极分子等。班集体的各项工作通常要教师直接领导，良好的班风需要教师有意倡导来形成。培养学生高尚的精神面貌和自觉遵守纪律的品行，充分调动每个学生的积极性，发挥每个学生的聪明才智，更需要教师具备良好的领袖作风和心理素质。

3. 父母的形象

在教育过程中，教师还要常常充当父母的形象这一角色。年幼的儿童在入学之前，主要与父母接触；入学后，也常常把教师当作父母的化身，对待教师的态度如同对待父母的态度一样，希望教师像父母那样对待他们。实际上，大多数优秀教师，多半兼当了父母的角色，像父母那样对学生充满着热情、期望和关怀，出现了所谓"妈妈教师"。

4. 朋友与知己

教师如果以平等的心态，抱着理解的态度与学生对话，就易为学生所信任，成为学生的朋友与知己，学生也就有可能把心里话告诉他。这也为教师了解学生提供了一个崭新的途径，为转变学生的态度提供了新的方法。但是教师在扮演学生的朋友和知己的角色时，必须时时提醒自己别忘了教师的身份，不能完全受感情支配，更不能为了取得学生或学生干部的支持，而无原则地迁就学生。如果失去了原则，难免会建立起低级庸俗的师生关系，建立一种表面友好而实际上是相互利用的师生关系，这种师生关系有碍教育功能的发挥，是"画虎不成反类犬"。

5. 敏而好学者

教师要教给学生一杯水，自己必须要有一桶水。孔子在论及教师的品质时曾说过要"学而不厌"、"诲人不倦"。无论是教给学生"一杯水"，还是要"诲人不倦"，教师都必须孜孜不倦地去学习。只有通过不断的学习，丰富自己的知识，才能教好学生；只有自己拥有渊博的知识，才能选择最佳的教学方案，自如地传授给学生知识；只有学而不厌，方能诲人不倦。加里宁曾向教师指出："既然你们今天、明天、后天就得把你所有的一切都贡献出去，但同时，你们如果不日新月异地补充自己的知识、力量和精力，那你们就连什么也不会剩下来。所以，教师们一方面要献出自己的东西，另一方面又要像海绵一样，从人民中、生活中和科学中吸收一切优良的东西，然后再把这些东西贡献给学生。"

6. 心理咨询员

现在的中小学乃至大学的学生基本上由独生子女构成，独生子女有其优势，如聪明、自尊心强等，但也有其许多心理弱点，如依赖性强、嫉妒、猜疑、冲动、执拗、孤僻等。现代社会的剧烈变化，大量单亲家庭的出现，使得许多儿童心理变得更复杂、更脆弱，心理失常、心理障碍已不鲜见。因此教师还必须充当心理咨询员的角色，帮助学生走出心理阴霾，保持心理健康。

7. 人际关系专家

传统的教师认为教学不过是教师教学生学，不过是自己与学生个人之间的一种关系，不理解人际关系在教学中的作用和地位。现代社会心理学研究认为，集体中的人际关系既有促进作用，也有促退作用，班集体中的学生关系既有可能妨碍学生的学习进步，又有可能激励学生的学习情绪。一个精神振奋，团结一致，有凝聚力的集体比一个涣散的集体更能促进学生有效地学习。因此教师应充当人际关系专家的角色，努力帮助学生彼此了解和信任，乐于在一起学习，共享材料，分享体验，互帮互助，团结友爱。在处理师生关系时，教师应有意识地调节和控制自身的态度和行为，热爱学生，尊重学生，坚持做耐心细致的思想教育工作，建立亲密和谐的师生关系，让学生在愉快的心境中接受学习。在协调好学生之间、师生之间关系的同时，还要加强与同事、领导、学生家长沟通，促进相互间的了解，共同搞好教育工作。

教师应该意识到，富有成效的沟通和交往也是教师的主要任务之一。

当教师选择了以上这些角色，也就基本确定了自己在教育工作中的地位和作用，进行了自我定位，使自我有了一个牢固的立足点，不至于自我飘浮不定。